생태 영성과
기독교의 재주체화

생태 영성과 기독교의 재주체화

2010년 9월 7일 초판 1쇄 인쇄
2010년 9월 14일 초판 1쇄 발행
2011년 6월 10일 초판 2쇄 발행

지은이 | 이정배
펴낸이 | 김영호
펴낸곳 | 도서출판 동연
편   집 | 조영균 디자인 | 이선희 관 리 | 이영주
외주 제작 | 이춘희
등   록 | 제1-1383호(1992. 6. 12)
주   소 | 서울시 마포구 망원2동 472-11 2층
전   화 | (02)335-2630
전   송 | (02)335-2640
이메일 | ymedia@paran.com
홈페이지 www.y-media.co.kr

ISBN 978-89-6447-121-0 93200

생태 영성과 기독교의 재주체화

이정배 지음

동연

머리말

생태 영성과 기독교의 재주체화를 펴내며

이제 막 그 끝을 보이는 2010년 여름은 참으로 무덥고 잦은 비에 시달리는 한철이었다. 세계적으로는 가뭄과 지진으로 고통받은 지역도 많았다고 하니 이곳의 태풍과 홍수가 달리 생각되기도 한다. 환경 폐해로 인해 세계 곡물시장의 추이도 염려할 만한 상황이란 보도도 숫하게 접했다. 기후 변화란 말 대신 이젠 '기후 붕괴 원년'을 살고 있다는 비관적 소리도 들린다. 그토록 4대강 개발을 말렸건만 정부의 속내는 일단 끝까지 밀고 갈 작정인 듯하다. 환경 생태계에 관한 한 목적 지향적 가치관은 금물이란 것이 오랜 정설이다. 대신 결과 예상적 가치가 지배적이어야 할 터인데 정작 토목 건설에 목메는 정책 시행자들은 '아니면 말고' 식이다. 본래 종교란 사람을 달리 만들겠다는 신념의 산물이다. 자신의 욕망대로 살지 않고 하늘 가치의 실현을 천명天命이라 가르치는 의지의 표출인 것이다. 그것이 구원이나 영생이란 단어로 표현될 수 있겠으나 그 속살은 어느 종교와도 소통이 가능한 내용을 품고 있다. 하지만 목하의 기독교는 세상과 불통不通하는 모습을 보이고 있다. 너무도 강렬한 자기 주체성의 올무에 걸려 오만하며 스스로 기만에 빠져 있다. 성서와 자연이 하느님 계시의 두 지평이란 사실조차 망각해 버렸다. '새로운 가난한 자'인 자연의 의미를 신앙 속에서 탈각시킨 것이다. 창조와 자연, 아니 오늘의 생태계를 주제로 하여 자신 있게 하느님 말씀을 풀어낼 사람들이 얼마나 있을지 모르겠다. 일체 피조물이 탄식하고 있는데 그 고통의 소리를 들을 수 있는 내적 고요함을 지닌 목회자, 평신도가 100사람 아니 10사람이라도 존재하는지 묻고 싶다.

언제부터인가 필자는 기독교인의 재주체화를 선교의 과제로 인식하게 되었다. 왜냐하면 생태계 파괴는 하느님이 할 수 없는 일을 인간이 행했던 결과라 보기 때문이다. 이는 부지불식간 인간이 하느님 이상의 존재가 되었다는 반증이기도 하다. 아무리 신실한 교인이라 하더라도 욕망의 주체인 한 그는 하느님을 능가한 존재로서 하느님처럼 되길 바랐던 옛사람 아담의 재현일 수밖에 없다. 이런 기독교인의 양산은 하느님 나라의 열정을 품었던 예수의 심장을 마비시켜 버릴 것이다. 하여 필자는 생태학적 위기 상황에서 기독교 됨의 자각을 새로운 방식으로 말하고 싶었다. 당시 예수가 화석화된 유대의 율법문화를 거부했듯 오늘의 생태 영성은 인간 중심주의, 자본주의 색조로 덧입혀진 인습화된 교회 문화의 근원적 치유를 지향하는 까닭이다. 지난 이천년을 돌이켜 보면 기독교가 로마를 기독교화했다기보다 로마가 기독교를 로마화시켰다고 보는 것이 좀 더

솔직한 고백일 듯싶다. 당시의 로마는 오늘의 경우 생태계 위기를 초래한 자본주의적 물신숭배라 말해도 좋다. 이런 고백이 있어야 우리는 새로운 기독교인을 열망할 수 있고 예수의 심장으로 이 세상과 조우할 수 있는 것이다. 영적으로 달라져야 한다는 이야기에 익숙해진 나머지 무의미한 말이 되어 버렸으나 이제는 다시금 생태 영성의 이름으로 우리를 재주체화시키려는 하느님의 음성을 가슴으로 들어야 할 때가 되었다. 자신의 정체성을 되묻는 기독교를 생태 위기 시대에 생태 영성의 이름으로 기대해 본다.

이런 심정으로 2-3년에 걸쳐 틈틈이 쓴 글을 체계적으로 묶어 이렇게 한 권의 책을 세상에 내놓게 되었다. 흔히들 생태계 문제에 있어 불편한 진실의 '진실'은 환경운동을 앞서 행하는 사람조차도 생태적 삶을 살기 어렵다는 데 있다. 그래서 책을 펴내는 마음이 한없이 무겁고 죄스럽다. 그럼에도 용기를 낸 것은 이런 내용을 전하는 책자가 그리 많지 않기 때문이다. 무엇보다 동연출판사의 김영호 사장께서 필자에게 본 책의 출판을 적극 권해 주었다. 판로를 염려해야 함에도 이 책의 의미를 그보다 먼저 생각해 준 것이다. 미진한 부분이 많음에도 불구하고 논리로 시시비비를 따지기보다 가슴으로 먼저 공감하여 삶이 달라지는 일들이 여기저기서 생겨날 수 있기를 하느님께 간구하며 머리말을 마감한다.

2010년 9월 2일 연구실에서

이정배 씀

차례

서론

기독교인의 재再주체성을 위한 고민[1]

생 태 적   자 아 를   향 한   여 정

들어가는글

공교롭게도 2009년은 칼빈 탄생 500주년이자 다윈이 태어난 지 200년
이 되는 시점이었다. 기독교계와 과학계 곳곳에서 저마다 두 사상가의
업적을 기리는 학술제가 분주하게 열렸다.[2] 주지하듯 신의 결정적 '예정'
을 신뢰하는 칼빈과 모든 것을 자연 선택적 '우발성'Contingence으로 보는
다윈의 진화론[3]은 기독교와 과학을 대표하는 것으로서 내용상 공존, 양
립하기 어렵다. 서양인을 상대로 했던 한 설문조사에서 지난 1천 년 동안
역사에 공헌한 위대한 인물 순위에서 다윈은 9위를 차지했고 칼빈은 50
위권에 머물렀음을 보았다. 물론 구텐베르크에 이어 루터가 2위를 차지

했지만 기독교 문명을 지닌 서구 여론에서 조차 진화론은 기독교적 담론을 능가하고 있었다. 더구나 진화 생물학에 근거한 무신론적 과학자들의 기독교 비판은 이전 경우와 달리 설득력을 확산시킨다.[4] R. 도킨스의 『만들어진 신』[5]의 기획단계에서 한때 김영사 출판사에서 설왕설래가 많았다고 한다. 1년에 500권도 팔리지 않을 책이라는 기획 담당자의 소극적 평가가 있었기 때문이었다. 그러나 판단을 뒤엎고 이 책은 출간 1년 만에 30만 부가 넘게 팔렸던바, 출판계는 이를 기이한 현상으로 파악했다. 이런 결과에 대해 출판업계는 한국에 의외로 반反기독교적 정서를 지닌 무신론자들이 많았던 까닭이라 평가했다. 잠재되어 있는 이들의 목소리가 언젠가 수면 위로 떠오를 경우 한국 사회 및 교계에 미칠 파장이 적지 않을 것이란 우려도 있었다. 안타까웠던 것은 신학자들조차 도킨스를 비롯한 진화 생물학에 의한 기독교 비판에 대해 일방적 내지 편향적인 부정의 언어로 일관했다는 점이다.[6]

물론 필자 역시 도킨스의 기독교 이해에 있어 일천한 점이 적지 않음에 실망한 바 크다. 하지만 9.11사태와 아랍 지역 선교 등 일련의 대내외적인 사건 속에서 불거진 기독교에 대한 반감을 이 책을 계기로 깊게 이해하는 일이 무엇보다 중요하다. 온라인상에서는 '개독교'란 말은 이미 옛것이 되었고 지금은 '돼질교회'란 말이 공공연히 나돌고 있다. 예수는 'Yes', 교회는 'No'란 말도 이젠 너무 온건한, 지난날의 언표방식이 되어 버렸다. 향후 다윈 진화론과 기독교 신학 간의 대화는 별도의 학문적 과제로 진척되어야 마땅할 것이다. 그보다 중요한 것은 언급했듯 『만들어 진』을 매개로 촉발된 반기독교, 반교회적 시민정서를 정확히 읽고 대처하는 일이다. 신문지상에는 기독교에 대한 비판서뿐 아니라 역사적 기독교의 실상을 알리는 '좋은' 책들이 널리 소개되고 있다.[7] 목회자들보다 이런 신학 책을 더 많이 읽고 고뇌하는 평신도, 지성인들이 적지 않음을 알아야 한다. 교회 공동체에 속해 있되 교회란 단체가 神(거룩)을 미명삼아 얼마나 큰 잘못을 은폐하고 있는가를 여실히 알면서도 침묵하는 평신도들도 부지기수임을 반증한다. 문제를 알되 평신도로서 제도 종교의 틀 아래서 어찌할 수 없는 한계를 절감하고 있을 뿐이다. 생각하는 목회자라면 이런 현실을 모를 수도, 모를 리도 없다. 어느 경우 둔감, 무지한 사람도 있겠으나 대다수는 이런 현실이 부담스러워 외면하고 있을 뿐이다. 가톨릭교회 수장이었던 故 김수환 추기경은 교회 개혁에서 제일 걸림돌이 되는 존재들이 사제인 것을 천명한 바 있다.[8] 이런 상황에서 문제없는 듯 목회하는 것은 초로의 어느 목사가 말했듯이 그것은 '목회〈질〉'일 뿐이다.

필자가 학술세미나를 위해 요청받은 주제는 크게 세 가지이다. 첫째 한국 기독교의 현실적 지평 분석, 둘째, 신학적 관점에서의 비판적 진단, 마지막으로 교회의 미래적 비전을 위한 실천적 대안이 그것이다. 짧은 지면에 역량도 적은 사람이 얼마만큼 본 주제를 감당할 수 있을 지 걱정되지만 주일마다 설교하는 학자로서 현실을 외면할 수 없어 '진정성'을 갖고 마음의 언어로 본 주제에 접근해 보고자 한다.[9]

1. 한국 교회의 현실적 지평 분석

한국 교회라 하면 일견 세계에서도 유래 없는 몇몇 대형 교회들의 실상이 떠오르지만 그것만이 전부가 아닐 것이다. 두세 명의 노인과 씨름하는 시골 교회도, 도시 건물 지하에서 상층으로의 도약을 꿈꾸며 예배하는 도시 빈민교회 역시 기독교 종주국에서 볼 수 없는 한국 교회만의 단면일 것이다. 한 건물 안에 몇 개의 교회가 교파 이름을 달리하며 공존하는 진기한 풍경도 언제부터인가 그리 낯설지 않게 되었다. 하지만 이렇듯 천차만별의 양상을 띠는 교회의 난립상은 교회 자체를 부끄럽게 하는 일이다. 이는 한국 교회 내에 하느님 신앙 대신 자본주의적 원리가 깊이 침투한 결과이기 때문이다. 몇몇 대형 교회만이 아니라 전체 한국 교회의 실상이 그렇다는 말이다. 따라서 기독교는 형식이고 자본주의가 실질 내용인 상황이 한국 교회의 전체 상像이라 해도 과언이 아닐 듯싶다. 한국 교회 부흥의 원천인 '열성'은 무한 경쟁 체제 하에서 자본주의적 이윤 추구 동기와 과연 얼마나 달랐던 것인가? 물론 이 땅에 처음 들어왔던 기독교가 그랬다는 이야기는 아니다.

처음에 기독교는 우리 민족 대다수에게 복음이었다. 유·불·선 종교체제 하에서 사람대접 받지 못하던 백성들에게 하느님 아들이란 소식을 전해 준 것이다. 그러나 지금은 과거의 모습과 너무도 달라져 있다. 교회 역시 돈이 있어야 사람대접 받는 세상을 만들고 있다. 종교적 구원이 자본주의적 가치관과 유관有關하게 되었던 까닭이다. 예배 공간이 부족하여 2천~3천 억에 달하는 교회 공사가 이뤄진다는 소식도 있다.[10] 삶의 터전은 물론 생명 자체를 빼앗긴 용산 참사의 희생자들의 한恨 맺힌 절규에 무관심을 넘어 냉담했던 한국 교회가 아니었던가?[11] 교회의 크기가 목회자 역량의 크기가 되었고 교인들의 신분, 계층을 드러내는 지경까지 되었으니 교회와 기업 간의 다름을 말하기 역시 어렵게 되었다. 몇몇 대형 교회가 교회 세습을 정당화시킨 이래도 이젠 수백 명 단위의 중소 교회들 또한 언감생심 세습을 꿈꾸고 있으니 교회는 정말 기업과 닮고 말았다. 부모가 목회자인 신학생 비율이 해마다 높아지고 있는 것을 바람직하게 볼 수 없는 것도 이런 이유에서다. 부임할 목회지에서 목회자에게 헌금이란 이름하에 거액을 요구하는 일도 비일비재하나 결코 군소 교단 만의 일이 아닐 것이다. 복음이 실종되고 돈의 힘이 교회를 움직이는 현실에서 소신 있는 목회는 처음부터 불가능한 일인지 모른다. 신학생들의 과잉 배출로 목회자들 간에 자리다툼이 생겨나는 것도 복음과는 어긋난 일이다. 현실적 이유로 목회적 소신을 버리고 대大교회주의와 타협하며, 교회 일을 그냥 '일'로만 생각하는 자기비하, 자기모순의 삶을 살고 있는 전도사, 부교역자들 수가 허다한 것이 실상이다. 이렇듯 목회자, 성직자 에게서 구도자, 예언자의 모습이 실종된 것은 향후 선교를 어렵게 하는 결정적 요인으로 작용할 것이다.[12]

어느 종교보다 자본주의적으로 변질된 한국 교회는 자기 폐쇄(자족)적 인 가족 집단으로 안주하는 경향을 드러내 보인다. 자본주의적 욕망이 샤머니즘의 기복 신앙과 연루됐다면 폐쇄적 가족주의는 가부장적 유교와 의미 상통하는 부분이라고 하겠다.[13] 그러나 본래 기독교는 약자의 종교 였다. 자신의 존재 이유를 하소연하며 더불어 함께하는 삶을 소망한 종 교였다는 말이다. '오직 믿음으로만!'이란 바울의 말도 실상은 이방인 기독교인들은 유대 기독교인들과 달리 율법과 할례 없이 '믿음'만으로 기독교인이 될 수 있다는 의미였다. 오늘의 경우처럼 타자 및 이웃을 부 정하는 언어가 아니었다는 말이다. '나 외에 다른 신을 섬기지 말라'는 십계명의 첫 조항도 이스라엘 민족이 믿는 여호와 하느님과의 무제약적 관계성의 표현일 뿐 여타의 종교(신)를 부정하는 말이 결코 아니었다.[14] 하지만 미국을 배경하여 한국 땅에서 다수가 된 기독교는 개방성과 공존 성을 망각해 버렸다. 대통령까지 배출한 기독교는 마치 근대의 동일성 철학이 그랬듯이 '차이'를 무시하고 '다름'에 무례한 담론으로 변질되고 말았다. 교회의 존재를 노아의 방주와 비유하며 그곳에서만 구원이 있고 살길이 있는 듯 선포하고 있는 것이다. 이는 기독교 인구가 1%에도 미치지 못하는 일본 기독교가 자신을 여럿 중의 하나로 이해하는 것과 잘 비교될 수 있다. 하지만 타자를 부정하는 배타적 구원 에토스ethos는 정작 다음과 같은 한국적 상황에서 그 역할을 의심받고 있다. 종교사회학적으로 특정 지역에 동일한 믿음체계를 지닌 사람이 25% 정도 존재하는 경우 그 지역은 그 종교가 표방하는 가치관이 힘을 발휘해야 정상이라고 한다.[15] 하지만 강남 지역의 경우 30%가 넘는 기독교인이 있음에도 불구하고 향락 문화로 치닫고 있다. 교회가 먹고 즐기는 향락 문화의 기저에서 그들을 뒤치다꺼리하는 역할(죄용서)로 축소 변질되었다는 것이다. 이런 상황에서 '교회 안에만 구원이 있다'는 메시지는 너무도 무기력해 보인다. 현실 교회의 메타포로 사용되는 방주, 그것이 본래 필요/불필요의 범주를 넘어선 공존과 상생의 장場인 것을 창세기 본문을 읽으며 곱씹어 볼 일이다.

한국 교회가 믿음을 '율법화'하는 퇴행적 모습을 보이는 것도 깊이 성찰해야 할 과제라고 생각한다. 이는 신앙을 '신조'와 일치시키는 것으로서 근본주의의 다른 표현이라 해도 좋다. 그간 한국 교회는 자신의 정체된 현실 타파를 위해 사대주의事大主義적이라 할 만큼 미국적 기독교를 추종했다.[16] 기독교 세력의 감소 이유를 외부 요인에서 찾고 기독교의 정체성을 강화하는 수단으로 근본주의를 택한 미국의 전략을 한국 교회가 답습한 것이다. 이 과정에서 교회는 지성의 실종은 물론이고 자기반성 없는 무례한 복음의 전달자가 되었다. 신앙을 신조와 일치시키는 율법화가 기독교의 생명을 고갈시킨 것이다.[17] 붓글씨 쓰는 법을 아는 것과 붓글씨를 실제로 잘 쓰는 일은 전혀 별개의 문제이다. 불교에서는 머리로 깨닫는 '해오'解悟를 가장 경계해야 할 것으로 가르친다. 머리로 아는 것은 결코 행위로 연결될 수 없음을 알기 때문이다. 온몸으로 아는 '돈오' 頓悟만이 삶을 바꿀 수 있는 힘이 있다는 것이다. 근본주의는 해오의 단계로서 분별지의 상태에서 결코 자유로울 수 없다. 그렇기에 신조 역시 자신 및 교회의 내면을 들여다볼 수 있는 힘을 애당초 불허한다. 완결된 체계, 거짓된 전체성의 옷을 입고 출현하기 때문이다. 거의 유행처럼 번지는 영성운동도 실상은 '신조'의 확산을 목적으로 할 뿐 초월과의 진정한 접촉을 성사시키지 못한다. 기독교의 은총이 이웃 종교들이 말하는 '수행' 과 결코 분리될 수 없는 이유도 여기에 있다. 주지하듯 포도는 포도주로 변해야 영원할 수 있다. 이를 위해서 포도는 밀봉되어 발효되는 지난한 과정을 겪어야만 한다.[18] 아무리 포도가 많이 존재한들 그것 자체로는 썩고말 것이다. 기독교가 세속적으로 성공하면 할수록 그만큼 엔트로피, 곧무질서를 증가시키는 것도 밀봉과 발효의 과정을 생략했기 때문이다. 그렇기에 기독교는 지금 자신이 너무도 값싼 은총의 종교로 변질된 것이 아닌지를 되물어야만 한다. 기독교적 은총은 본질상 항시 '어려운 자유' difficult freedom를 동반해 왔던 까닭이다.[19]

신조가 현실과의 '사실 적합한' 관계를 어렵게 하듯 학습된 고정관념—반공주의와 가부장주의—또한 한국 교회를 수렁에 빠트리고 있다. 반공주의와 가부장주의가 한국 교회의 실상이긴 하지만 그것은 극복되어야 할 원죄일 뿐 결코 본질일 수 없다. 주지하듯 분단 이후 공산체제를 경험한 한국 교회에게 이념 문제는 넘을 수 없는 금기처럼 되어 있다. '좌빨' 이란 말이 종교 다원주의와 더불어 한국 교회의 경계대상 일순위인 상황이다. WCC 한국 개최를 두고 보수 기독교 단체의 용공시비를 보며할 말을 잃은 사람도 적지 않다. 그리스도 사랑 안에서 일체 벽이 허물어졌다는 성서적 증언도 이것에는 무용지물일 뿐이다. 하지만 자신을 절대화시키는 일체의 '一주의'는 그 자체로 반신학적인 것임을 알아야 한다. 반공주의에 사로잡혀 있는 한 한국 교회는 새 술을 담는 그릇이 될 수 없다. 이 한계를 극복하지 못하면 성직자 종교로 변질된 한국 교회는 민족사 앞에 너무도 초라한 모습을 띨 것이다.[20] 옛적의 '독립'이 그랬듯 '통일'이 민족의 모순을 해결할 수 있는 지름길임을 숙고해야 할 때이다. 가부장적 가치관 역시 한국 교회가 시대정신을 따라 잡지 못하는 한계를 노정한다. 남성 중심의 성직자와 대다수 여성 평신도들 간의 차별적 관계(머리/몸)는 페미니즘에 익숙한 젊은이들로부터 외면당할 수 있다. 물론 한국의 양성평등지수가 OECD 국가 중에서 아프리카 지역을 빼곤 꼴찌 수준인 것 자체가 분발을 촉구할 사안이다.[21] 간혹 부드러운 카리스마를 내세우는 변형된 가부장적 교회[22]들이 이곳저곳에 있긴 하지만 본질에서 그 모습은 여전히 위계적이다. 가부장적 언어로 기술된 성서 본문을 절대화시켜 성차별적 근거로 활용하는 것 역시 시대착오가 아닐 수 없다.[23] 항차 가부장제의 철폐는 교회의 민주적 운영방식과도 깊이 연루된 사안이다. 페미니즘이 여성 평신도들에게서 배척당하는 모순은 남녀 성직자 모두가 책임져야 할 몫이다. 대다수 교회가 가부장제를 선호한다고 해서 현상 유지를 선호한다면 교회는 시대를 앞서 나갈 수 없다.

2. 한국 교회 현실에 대한 신학적 비판

주지하듯 교회의 말씀 선포와 시대적 상황 인식은 불가분의 관계이다. '신문'으로 상징되는 현실 인식은 교회의 생명력 복원에 있어 텍스트만큼 중요하다. 하지만 오늘의 교회는 탈현대 시대를 살면서 전근대적 의식 수준에 함몰되어 있거나 근대성의 담론에 젖어 있는 것이 고작이다. 돈의 힘으로 과학의 첨단 성과물을 이용하면서도 물리, 생물학 분야에서 과학이 발견한 진리에 대해서는 무지몽매하다. 종교란 의당 합리 이상의 영역을 지시하나 그것은 결코 비합리와 동일시되지는 않는다. 하지만 신앙의 이름하에 비非합리와 초超합리의 경계가 마구 혼재되어 나타나는 범주오류의 상황을 자주 목도한다. 기독교 교회 안에서 전前/초超오류가 발생하고 있는 것이다.[24] 그래서 목하目下의 교회는 기독교라 명할 수 없는 기독교 단체로 변질되고 있는 중이다. 예수의 이름이 회자되고 구원이 선포되고, 은총이 남발되지만 진실은 없고 껍데기뿐이다. 장로와 목사들 간의 갈등과 반목 역시 도를 넘어섰다. 교인들 간에도 패거리로 나뉘어 골 깊은 싸움을 반복하는 것도 사실이다. 교단 권력을 장악하려는 기성 목회자들의 타락상은 나라 정치 현실보다 치졸하고 무섭다. 언제든 '거룩'의 이름으로 포장되어 있기 때문이다. 그들이 마구 뿌리는 돈의 출처를 생각한다면 결코 그리 할 수 없을 것이다. 신神을 자기편으로 만들어 마음대로 조작하는 무례함을 어찌 용서받을 수 있을지도 걱정이다. 도대체 이런 상황에서 교회밖에 구원이 없다는 것이 무슨 뜻인가? 누가 그런 구원에 목말라 하고 안타까워 할 것인가? '너나 잘하라'는 핀잔이 우리에게 되돌아올 뿐이다. 성서 말씀의 본뜻을 연구하지 않고 자기 합리화의 도구로 삼는 일도 심각한 수준이다. 지혜로운 자를 부끄럽게 할 수 있는 어리석은 사람은 오늘처럼 학력이 부족한 사람을 일컫지 않는다.[25] '바보'의 자화상으로 자신을 표현한 고인이 된 추기경을 생각하면 그 답이 나오지 않겠는가?

언젠가 多夕은 믿음을 '아래의 소리를 듣는 것'이라 했다. 민중의 친구였던 예수의 삶을 알았기 때문이다. 하지만 높은 곳만 쫓는 교회가 되었다. 청와대와 핫라인을 갖고자 MB 측근의 목사들끼리 경쟁하고 있다는 소문도 들린다. 기독교 역사상 권력자의 소리가 언제나 하늘의 소리로 둔갑되었기에 사실 새로운 일도 아니다. 한국 주류 교회가 예수 당시 로마와 한 배를 탔던 제사장 집단과 크게 달라 보이지 않는 것도 이런 까닭이다.[26] 예수를 증거하며 삶을 살되 이들에겐 정작 예수의 삶 자체가 불편하게 느껴질 수밖에 없다. 역사적 예수 연구 성과물이 교회 현실에서 이단 취급을 받는 것도 이와 무관하지 않을 것이다.[27] 다음에서 필자는 서너 항목으로 신학적 관점에서 교회 현실을 진단해 보고자 한다. 타자를 곧잘 부정하고 정죄하되 정작 분파를 만들고 이권을 챙기는, 즉 자신 속의 들보(異端)를 보지 못하는 한국 교회가 정말 기독교적인가를 생각해 볼 목적에서이다. 과연 이런 모습으로 한국 교회가 불교나 유교가 그랬듯 500년 정도라도 지탱할 수 있을 것인가?

초기 기독교를 위협했던 한 거대 세력이 있었다. 영지주의를 표방했던 마르시온주의가 바로 그것이다. 싸우면서 닮는 법이기에 그 영향력이 성서 안에 깊게 파급된 것도 부정할 수 없는 사실이다. 하지만 기독교는 플라톤주의와 손잡을 수는 있어도 육(肉)의 영역을 부정하는 영지주의와는 같이 갈 수 없었다. 주지하듯 '성육신'은 '몸'의 현실을 중시했고 개인보다는 유기적 '공동체성'에 무게중심을 둔 기독교의 핵심 의미체계이다.[28] 심지어 전 우주 만물panta을 교회라고까지 생각한 적도 있었다. 그러나 영혼 구원에만 매달리며, 스스로 벽이 되어 사회를 분리시키고, 자본주의적 욕망과 신앙을 일치시켜 생태계 파괴를 일삼았던 한국 교회는 성육신 종교라 말하기 어렵다. 교회와 세상을 구분하고 몸과 영혼을 달리 봤으며 '개인'을 종교의 궁극 단위로 생각한 점에서 영지주의와 오히려 너무도 닮아 있다. 이는 예수에 대한 믿음과 예수의 믿음을 별개로 생각한 오류의 산물이기도 하다. 사도신경 안에 역사적 예수의 삶에 대한 고백이 생략되어 있는 것도 이와 무관치 않다. 이들 모두는 역사적 예수의 삶을 영적인 것으로 환원, 축약시킨 소위 사영리四靈理 교리가 교회의 핵심으로 자리 하게 된 배경들이다.[29] 초자연적 유신론의 틀에 의거 타락, 속죄, 재림 등의 표상에 익숙해진 기독교가 성육신의 참뜻을 담아 낼 수 없음을 고민해야 할 시점이다.

다음으로 교회는 하느님의 능력과 역사役事를 한정시키는 치명적 누累를 범했다. 하느님의 살아 계심을 믿는다 하면서 그의 계시를 기원후 1세기까지로 한정시켜 버린 것이다. 첫 번째 분석이 기독론(성육신)과 관계된 것이라면 이것은 신론과 관계된 사안이다. 가톨릭교회만 하더라도 72권이 정경이며 외경 및 위경에 대해 개방적인 것을 알 수 있다. 그러나 개신교의 경우 하느님의 계시가 성서 66권 안에 갇혀 있다는 제사장적 확신이 지나칠 정도로 강하다. 더더욱 성서를 하느님과 등가로 생각하여 성경책을 거의 숭배하는 지경까지 이르고 있다. 하지만 정경화正經化 과정에서 근거와 기준이 된 것이 교회의 권위였다고 하니 이는 생성 중의 교회 권위를 위해 하느님 능력을 제한시킨 처사處事일 수도 있다는 생각이다.[30] 이는 팔만대장경을 경전으로 인정하는 불교와 비교할 때도 그 한계를 노정한다. 붓다의 말씀과 그 이후 해석들 일체를 인정하면서도 불교의 권위와 정체성을 유지하는 모습은 동양적 에토스의 산물인 것인가? 필자 역시도 기독교 정체성을 위해서 초기 정경화 과정이 필요했다고 생각한다. 그러나 기독교를 온전히 알려면 66권 이외의 문서들이 필요한 것도 부정할 수 없는 사실이다. 영성의 시대, 두 번째 차축시대에 접어든 오늘 한국 교회는 분명 하느님 계시에 대해 열려진 시각을 견지해야만 한다.

현대 과학이 발견한 새로운 사실, 그 역시 계시의 차원에서 적극 수용할 필요가 있을 것이며 이웃 종교와의 만남에서 배운 진리 또한 그럴 것이다. 그럴 때 우리는 더욱 겸손해질 것이며 전초오류의 한계를 벗어날 것이고 타자를 새롭게 발견할 수 있을 것이다. 이를 위해 하느님을 개인과 교회 그리고 성서로부터 해방시키는 일이 진정한 해방이라고 생각할 수 있어야만 할 것이다.

한국 교회의 타자 부정성과 생태맹의 현실은 성령론에 대한 무지에서 비롯한다. 성령론은 탈현대의 정신적 가치를 대변하는 신학적 유산이다. 정확히 말하면 성령론이 아니라 성령의 활동 그 자체가 그렇다는 말이다. 타자를 자아(주체)로 환원하는 동일성 철학의 희생양이었던 기독교를 성령은 차이를 축하하는 종교로 거듭나게 한 것이다.[31] 차별을 차이로 교정하는 역할이 성령의 몫이란 말이다. 현금의 여성신학, 종교신학 그리고 생태신학이 등장하게 된 것도 모두 성령의 덕분이다. 남성에 대해 여성, 기독교에 대해 이웃 종교, 인간에 대해 자연이 타자로서 그 가치를 새롭게 정초할 수 있게 된 까닭이다. 탄식하는 자를 대신해 탄식하고 위로해 주는 성령의 역할은 '타자성'의 신학이란 말로서 새롭게 언표될 수 있다. 하지만 성령의 활동은 타자를 주체로 세우는 일로만 그치지 않는다. 타자들의 연대solidarity 역시 성령의 몫인 까닭이다.[32] 인간이 만든 모든 벽을 허물고, 심지어 그것이 동족상잔의 비극적 경험 때문에 생긴 것이라도 허무는 것이 성령의 뜻인 것이다. 그렇기에 한국 교회는 지금 전근대성(비합리주의)은 물론 근대성을 넘어 항차 탈현대도 넘어 성서가 말하는 '타자들의 연대'로 나아가야만 한다. 바로 이곳에서 진정한 기독교, 성서적 교회 상을 만날 수 있는 것이다. 새 창조의 비전을 향해 나가도록 하는 원동력은 바로 성령이다. 다시 말하지만 성령의 활동은 결코 비합리(개인적)

적이지 않으며 동일성을 깨트리고 차이들의 향연을 준비하되 그들 간의 연대를 도모토록 부르고 있음을 명심할 일이다. 요컨대 성령이 지금 기독교인들로 하여금 재주체성을 향한 몸부림을 요구하고 있는 것이다.

3. 교회의 미래적 비전을 위한 실천적 제안
- 기독교인의 재주체성 물음과 더불어

요한복음 14장에는 예수의 꿈이 미정고未定稿, 'Never ending story'로서 언표되어 있다. 세상을 떠나시며 당신의 제자들이 자신보다 더 큰일을 할 수 있고 해야 한다는 사명과 비전을 주신 것이다.[33] 오늘 우리에게 교회가 있다는 것은 예수의 꿈이 있다는 증거이고 현실보다는 이상理想과 더불어 사는 것이 기독교 신앙인의 과제임을 환기시킨다. 하지만 현실의 교회는 보았듯이 현실주의자들의 난장판이 되고 말았다. 하느님에 대한 신앙이 돈에 대한 신뢰로 뒤바뀌고 말았다. 단지 거룩의 이름으로 포장되어 있기에 드러나지 않을 뿐. 질문이 사라지고 낯선 것을 두려워하여 배타하며 동종교배에 길들여지고 자신들만의 축제가 되어 버린 오늘의 교회는 자신의 문제를 해결할 힘이 없다. 시대의 징조를 분별하지 못하는 종교가 된 기독교, 그들 공동체인 교회는 자신의 '밖'을 새롭게 발견해야만 한다. 아브라함 시대에 그토록 의지했던 이집트가 망했고 예수를 죽음으로 내몰았던 제사장들의 천국, 로마도 세상에서 사라졌으며 지금 한국 교회가 그로부터 구원을 기대하는 미국도 서서히 몰락하고 있음을 보라는 것이다.

주지하듯 아메리칸 드림의 종언이 미국 역사학자, 문명비판가들에 의해 심각하게 제기되는 상황이다.[34] 아메리칸 드림이란 본래 무엇이었던가? 계몽주의적 자율성(효율성)과 자본주의적 욕망 그리고 기독교의 개인주의적 종교성(신앙), 이 셋을 하나로 엮은 것이 바로 그것이다.[35] 9.11사태의 혼란을 근본주의적 기독교로 막으려 했으나 봇물처럼 터진 금융위기는 기독교 자체는 물론이고 아메리칸 드림의 허상을 여실히 드러내고있다. 오히려 체제가 다르고, 민족, 종교, 언어 모든 것이 다름에도 불구하고 오랜 숙원이었던 유럽 통합 이념을 구체화시킨 유러피언 드림이 새롭게 주목받고 있다. 환경, 의료복지, 인종, 인권 문제에 소극적인 미국과 달리 유럽 연합체의 헌법은 이들 가치를 우선시하고 있다. 이들의 중심 가치는 효율성, 욕망, 신앙이 아니라 '공감' Sympathy이었다.[36] '공감'이란 전통적 기독교가 강조해 온 일방적 자기희생인 이타심과 같지 않다. 왜냐하면 이것은 깨어지고 부서지기 쉬운 약한 자신의 본성에 비추어 이웃 및 타자의 상태를 헤아리려는 마음의 표현이기 때문이다. 그래서 그들은 자신이 원치 않는 것을 결코 남에게 행하지 않으려는 에토스로서의 '공감' 共感을 유럽 통합 이념의 골자로 삼은 것이다. 양심이라 말의 어원역시 '서로 함께 아는 것'임을 생각하는 것도 '공감'이란 개념을 이해하는 데 도움이 될듯하다. 그렇기에 오늘 우리는 새 술을 새 부대에 담을 수있을 만한 기독교인으로서의 재再주체성이 필요하다. '아직 끝나지 않은이야기'로서 예수의 '삶'을 철저히 이어가기 위함이다. JPIC를 주제로 기독교 공의회를 발의했던 봐이젝커가 그 공로로 명예신학박사 학위를 받는 자리에서 내걸었던 주제, "기독교 정신(구원)은 아직 이뤄지지 않았다"란 말을 깊이 유념해야 할 것이다.[37]

본 장에서 필자는 실천적 제안에 앞서 이 글의 주제로 내걸었던 기독교인의 재주체성 문제를 짧게 언급하려 한다. 이런 핵심 논의 없이 기독교적 실천을 말하는 것은 본질적인 해결책이 될 수 없다고 믿기 때문이다.

우선 역사적 예수의 삶을 공유하지 못한 바울이 무엇으로 기독교인이 될 수 있었는가를 생각하는 일이 필요할 것 같다. 예수의 제자가 베드로, 야고보가 아니라 바울인 것은 참으로 흥미로운 일이다. 바울은 하느님의 사랑을 제자들과 달리 자기 식으로 표현한 존재였다. 예수의 정신을 시공간을 달리하여 전혀 새로운 방식으로 언표한 것이다.[38] 필자의 언어로는 예수를 재再주체화시킨 존재, 그가 바로 바울이었다는 말이다. 이런 변화의 한가운데에 소위 다메섹 사건이란 바울의 부활 체험이 있었음은 주지의 사실이다. 흔히 다메섹 체험을 바울의 개종이라 부르기도 하나 옳은 표현인 것 같지 않다. 새로운 주체성을 향한 소명쯤으로 이해하면 적합할 것이다.

여하튼 사울을 바울 되게 했던 다메섹 체험의 핵심은 유대적 율법과 헬라인의 지혜와의 싸움이었다. 지금껏 유대인의 율법의 틀에서, 헬라식 교육의 틀거지에서 살아온 그가 자신의 배경 전체를 부정하고 있는 것이다. 부정하는 이유는 단순하다. 율법이 유대인의 특수주의를 부추겼고 헬라의 지혜가 야만인을 양산하는 거짓된 보편주의였기 때문이다. 바로 이것이 다메섹 체험의 본질이었고 예수를 육체로 알지 않겠다는 바울의 대大선언이었다. 이로부터 그는 하느님은 이방인, 유대인, 헬라인의 하느님도 된다는 새로운 보편성을 말할 수 있었다. 하느님은 모두에게, 한국인에게조차—하느님은 선교사의 등에 업혀 오지 않았다[39]—예외 없는 존재란 것이다. 인류 모두에게 이유 없이 말 거는 사건, 곧 새로운 보편성의 출현이 바울의 부활 체험이었다는 말이다. 이전과 같은 특권의식, 거짓된 보편성, 그것은 바울에게 죽음과 다르지 않았다. 그런 죽음 세력의 지배로부터 벗어난 것이 바로 부활 체험인 것이다. 자신을 중심에 놓고 타자를 열등하게 보는 희랍의 지혜나 자신의 특권의식을 확장시키려는 유대의 율법, 이들은 모두 암세포처럼 자신의 욕망을 극대화시키려는 죽음의 세력, 인간을 끝까지 비非자율적인 곤고한 자로 만드는 사망의 권세였던 것이다. 바울은 자신을 예외적 존재로 만들고 싶어 하는 인간의 욕망 일체로부터 자유롭길 원했다. 오늘의 기독교인의 양태와 비교할 때, 동/서가 먼 것처럼 그 차이를 너무도 확연히 드러낸다. 타자를 부정하며 예외적 존재가 되는 것을 기독교인의 정체성이라 여기고 있기 때문이다. '다시는 종의 멍에를 메지 말라'[40]는 수차례의 당부가 있었음에도 기독교인은 옛날의 유대인, 그 시절의 헬라인처럼 변질되어 버렸다. 그럼에도 바울의 부활 체험, 즉 새로운 보편성은 여기서 멈추지 않았다. 자신이 그렇게 부정했던 헬라인, 유대인을 다시 보듬어 품에 안았다. 유대인에게는 다시 유대인처럼 되고 헬라인에게는 다시 헬라인처럼 되는 일, 이런 존재 양식을 부활한 자의 삶이라 여긴 것이다. 한국적 기독교가 되는 일도 결코 이와 무관할 수 없다. 앞의 내용이 부활 체험의 이론적 설명이라면 후술한 것은 부활 체험의 실천적 측면이라 불러도 좋다.

　필자는 이를 총칭하여 논어에 나오는 '군자불기'君子不器란 말로 재再언표하고자 한다.[41] '군자는 결코 그릇이 아니다'는 것이 이 말의 본뜻이다. 왜 그릇이 되지 말라는 것일까? 그릇은 담겨진 내용물을 특정한 모습으로 한정시키고 말기 때문이다. 논어는 자신이 발 딛는 현실에서 정형화됨이 없이 여러 사람에게 여러 모습으로 존재하는 것이 군자의 삶인 것을 가르치고 있는 것이다. 그렇다면 '군자불기'란 말은 바울의 부활 체험과 내용적으로 다를 수 없다. 이들은 저마다 인간의 주체성을 새롭게 탄생시키려는 서로 다른 문화적 표현이기 때문이다. 예수께서도 이런 말씀을 하지 않으셨던가? 지금 감옥에 있는 사람들, 거리의 사람들, 굶주린 사람들 그들에게 한 것이 바로 나에게 한 것이라고. 지금까지 기독교는 자신을 바꾸기보다는 세상을 변혁시키려고 했었다. 타인을 자기처럼 만들려는 일에만 몰두해 온 것이다. 하지만 자신을 뭇 타자들(타자성)처럼 되게 하는 일이 더없이 중요하다. 전자의 경우 아상我相이 강화되지만 후자의 경우에서 아상我相은 제거될 수 있는 것이다. 로댕의 '생각하는 사람'과 '미륵반가사유상'의 차이가 이를 웅변할 수 있을 법하다.[42] 한국 교회의 실천적 과제는 이런 대전제 곧 기독교인의 재주체성을 근거로 할 때만 생각할 수 있는 사안이다. 이제 필자는 다음 몇 가지 제안을 통해 한국 교회가 세상을 감동시킬 수 있는 가능성을 생각해 보고자 한다. 목말라 하지 않는 말에게 물을 먹을 수 있도록 하는 방안을 찾아보려는 것이다.

먼저 필자는 3·1 독립 운동 당시 종교가 연합하여 독립선언서를 발표했던 역사적 기억을 되살리고 싶다. 선교의 주제가 '독립'이었을 당시 불교, 동학과 더불어 기독교는 민족대표 33인을 함께 구성했고 고통을 공유했었다. 이런 경험을 바탕으로 기독교는 노회 및 연회 단위로 이웃 종교와 함께하는 33인의 종교인 모임을 구성하여 위치한 지역의 현안을 더불어 숙고하고 해결하는 공동체를 구성할 수 있기를 희망한다.[43] 지역의 환경, 교육, 먹거리, 유통구조 등이 지역의 현안 문제라면 이를 공동의 과제로 인식하라는 것이다. 이 일은 지금 대화문화아카데미를 중심으로 준비되고 있으며 내년 중에 가시적 성과가 있을 것으로 기대해 본다. 현재 몇몇 개신교, 불교(정토회 포함) 그리고 가톨릭교회가 지역 현안 해결을 위해 함께 토론회를 열고 음악회를 하며 바자회를 공동 주최하는 등 가시적 성과를 내고 있는 것도 주목해 볼 사안이다.[44]

다음으로 필자는 한국 교회와 시민단체의 연대성을 강조하고 싶다. '보이는 교회'로서 길들여진 한국 교회는 사회적 선교에 충실하기에 현실적 제한이 많다. '흩어지는 교회' 역할이 상당히 부족한 것이다. 이런 이유로 한국 교회는 건전한 시민단체와의 연대를 통해 자신의 대對사회적 역할을 감당할 수 있다. 이를 위해 필자는 두 가지를 제안하고 싶다. 먼저는 교인들을 적성과 직업 그리고 관심사에 따라 관련 시민단체 회원으로 참여토록 하는 교회의 개방정책이 필요하다.[45] 신앙을 지닌 시민단체 회원들의 판단을 근거로 교회의 정책 수립과 지원 대책이 마련될 수 있을 것이다. 다음으로 현실 교회는 엄청난 재정을 자기 유지를 위해 지출한다. 공룡처럼 비대해진 교회의 유지비가 전체 예산의 90%에 이를 정도가 되었다. 교회의 사회적 선교가 부실한 것도 이런 이유에서다. 해서 필자는 교회가 지역사회 현안 문제에 관심하는 건전한 시민단체를 위해 예산의 십일조를 바칠 것을 제안한다.[46] 이는 정부 보조금 없이도 일할 수 있는 계기를 촉발시킴으로 지역사회(공동체)를 공정하게 이끌 수 있다.

또한 농촌 교회의 현실을 새로운 시각에서 바라볼 필요가 있다. 농촌 교회의 희생을 근거로 발전된 도시 교회들이지만 그들의 농촌 선교는 고작 매달 선교비 얼마를 제공하는 방식으로 진행되어 왔다. 지금도 농촌 교회는 장래 도시 교회 목회자를 양성하는 수습기관으로만 의미를 갖고 있다. 물론 정주 목회를 고집하는 소수의 농촌 목회자들이 있긴 하나 극히 예외적이다. 이런 상황에서 필자는 다음의 방식으로 도시/농촌 교회 간의 도농공동체를 제안하고 싶다. 우선 도시 교회는 정주 목회를 원하는 농촌 교회에게 자급할 만한 토지를 구입해 주고 목회자들에게 유기농 사법을 배우게 한다. 도시 교회의 노인 및 여유 인력을 농촌으로 내려 보내 함께 일하며 그곳에서 주일을 성수토록 하며 생산된 유기농 농산물을 함께 나눠 갖는다. 교회가 관리하는 일정 토지에 수목장 내지 납골당을 위한 공간을 확보하고 도시인들의 죽음의 문제를 관심하는 일도 중요하다. 이는 유족들로 하여금 추후라도 농촌 교회와 관계를 맺을 수 있는 보루로 선용될 수 있다. 죽음의 상업화로부터 자유로울 수 있는 길도 될 것이다. 이런 방식으로 정주 목회에 돌입한 목회자는 항차 도시 교회와의 협력하에서 '마을 살리기' 프로그램을 진행할 수도 있다.[47] 이는 또한 교회의 생태학적 미션을 감당하는 일이 될 것이다.

언급하고 싶은 또 다른 사안은 '수도 공동체'로서 농촌 교회의 적극 활용 방안이다. 가톨릭과 불교와 달리 한국 개신교 교회는 피정이나 동/하안거와 같은 제도가 없다. 대형 기도원 중심의 세미나 내지 부흥집회, 사경회가 고작이다. 그러나 농촌 교회가 도시 교회와의 연결 속에서 자신의 공간을 수도원으로 활용할 수 있기를 희망한다. 소규모로 운영되는 농촌 교회의 수도원은 지친 영혼의 안식처로 좋은 역할을 감당할 수 있을 듯하다. 이를 위해 농촌 교회는 주말을 이용하여 예배와 노동, 쉼 그리고 교육이 아우러지는 교육프로그램을 준비해야 할 것이다.[48] 우선 환경이 수려한 지역 내의 가능한 조건을 지닌 몇몇 교회를 집중 선택하여 기회를 제공한다면 그 파급력이 확산될 수 있을 것이다.

나가는 글

이상의 글이 아직은 비현실적인 것을 누군들 모르지 않을 것이다. 그러나 지금 현 상태의 한국 교회는 우리 사회에 아무런 감동을 전해 주지 못한다. '뜻'을 잃어버린 모습을 하고 있고 생각하는 신앙인을 키워 내지 못하고 있기 때문이다. 함석헌 선생의 말처럼 하늘의 별을 잡을 수 없다 해서 별 보기조차 포기하는 어리석음을 범하지 않으려 필자는 신기루 같은 이야기지만 해야 할 말을 써보았다. 하지만 신학적으로는 조금도 새로운 내용이 없다. 단지 교회에게 낯설고 당장 수용키 어려운 것일 수는 있겠다는 염려는 든다. 그러나 분명한 것은 이런 상상이 조금이라도 현실로 되지 못하면 한국 교회 역시 아메리칸 드림의 몰락처럼 한국 사회에서 거부될 것이란 사실이다. 필자의 거친 글 표현에 상처받는 독자들이 없기를 바란다. 하지만 신학에 관심을 조금이라도 둔 독자라면 이 글을 너무 상식적인 이야기라 여길 수도 있다. 어느 경우든 이 글에서 필자는 나 자신의 학문적·실천적 과제가 기독교인들을 재再주체화하는 데 있음을 말하고 싶었다. 기성 기독교인들을 재주체화—일명 君子不器의 영성 함양—하는 것이 필자에겐 시급한 선교적 과제란 것이다. 필자의 이런 생각은 매 주일 설교하는 작은 공동체 안에서 성도들과 허심탄회하게 나눈 결과물이다. 결코 필자 개인만의 독백이 아니라는 것을 이해했으면 좋겠다. 성도들과 함께 상상을 현실로 만들려는 노력을 하고 있다는 말이다. 모두가 천편일률적인 목회를 생각하지 말고 새로운 길, 남이 가지 않은 새 길을 개척하여 세상을 감동시키는 삶을 살았으면 하는 바람이 필자에게 있다. 당시 예수에게 임했던 신적 창조성이 우리에게도 전해질 것이란 믿음 때문이다. 해서 필자는 기후 붕괴 원년을 사는 전대미문의 현실에서 기독교인 모두가 생태적 회심을 경험하길 간절히 원한다. 인간이라는 특권마저 탈脫하여 자연과 더불어 자신을 재再주체화하는, 소위 생태적 자아의 길을 서슴지 않는 기독교인으로 변모metamorphosis하기를 소망하는 것이다.

1부

기후 붕괴 시대에 직면한 기독교의 고뇌와 성찰

1장

우리는 어떻게 '기후 붕괴 원년'의 시대를 살게 되었는가

에 큐 메 니 칼 신 학 의 과 제

들어가는 글

새로운 천년을 맞이했다는 환호가 아직 귀에 쟁쟁한데 그로부터 벌써 강산이 변할 만큼 시간이 흘러갔다. 시간이 흐르면 달라지는 것이 생기기 마련이다. 흔히들 좋게 달라지는 것을 변화라 하고 나쁘게 되는 것을 변질이라 한다. 그렇다면 지난 10년간 지구 생태계의 상황은 어떠했는가? 학자들의 입에서 기후 변화란 말보다 '기후 붕괴'란 말이 나오고 있으니 후자의 경우라 말하지 않을 수 없다. 지구 온난화로 사실적 종말 위기에 노출되어 있다는 묵시가 울려 퍼진 지 20년이 흘러갔건만 상황이 오히려 악화되었다는 반증이다.[1] '시간이 촉박하다' Die Zeit is draengt는 한 예언자의 소리가 정치, 경제 논리에 파묻혔고 종교마저 그 소리를 경청하지 못했던 까닭이다. 기대했던 덴마크 코펜하겐에서의 기후회담도 그리 성공적이지 못했다. 교토 의정서를 대체할 만한 기후협약체계가 조인되기를 간절히 바랐지만 말이다.[2] 그럼에도 '하나밖에 없는 지구' 생존을 위한 획기적 전환점이 이뤄질 것이란 기대 역시 절실해졌다. '포스트 교토체제'를 절감했던 금번 모임은 IPCC(유엔 정부간 기후변화위원회)의 4차 보고서(2007년)에 근거한 결과다. 금세기 중 지구 온도 상승을 2도 이내로 막지 못하면 지구적 차원의 재앙이 불가피하며 이를 위해 즉각적 행동이 필요하다는 것이 보고서의 골자였다. 기후 문제가 빈곤한 국가들의 생존을 위협한다는 사실, 즉 남북 갈등의 근본 원인이 될 것이란 긴박한 분석도 주 내용이었다. 20년 전의 경고가 눈앞의 현실로 다가온 것을 과학적으로 증명해 보인 것이다. 이에 교토 의정서에 불참했던 미국은 물론 현재 이산화탄소 배출량 1위 국가인 중국 역시도 그간의 형평성 논거를 뒤로 하고 감축량을 제시한 상태이다. 이제 막 통합의 문턱을 넘어선 유럽연합 역시 환경과 인권을 자신들 헌법의 으뜸 가치로 내세울 만큼 성숙해져 있다. 인류는 지금 '리스크 감수'의 시대로부터 '리스크 예방'의 시대로의 대전환을 꿈꾸며 '두 번째 계몽주의', '제2의 차축시대' 또는 '영성의 시대'를 경험하길 원하고 있는 것이다.[3] 인류의 모든 촉각이 기후 붕괴로 모아질 2010년을 '기후 붕괴 원년'이라 칭하며 새 시대를 예감하는 일은 노아적 감수성의 산물이다. 하지만 한국의 경우 녹색 성장이란 이름하에 시대에 역행하는 개발 사업이 봇물 터지듯 강행되고 있다. 4대강 복원 사업이 반反생태적이라는 전문가들의 우려에도 이를 강행하는 정부 행태는 소탐대실의 결과를 반드시 낳을 것이다. 정부 차원의 근시안적 득을 위해 국가 차원의 장래를 망칠 수 있다는 것이다. 이 글에서 필자는 먼저 기후 붕괴의 현실을 가능한 대로 쉽게 소개하고 그렇게 된 원인을 분석할 것이며 셋째로 원론적인 해결 방안을 제시해 보고 마지막으로 지면이 허락하는 한 에큐메니칼 차원에서 기독교적 책임을 환기시키고자 한다.

1. '기후 붕괴 원년'의 시대의 실상
- 불편한 진실

지금껏 알려진 바로 지구는 생명이 살 수 있는 유일한 행성임이 틀림없다. 생명이 거주할 수 있는 적절한 조건이 무구한 세월에 걸쳐 구비되었기 때문이다. 지난 4억만 년 이래로 대기 중 산소 21%와 이산화탄소 0.03%가 항상성을 유지한 것이 생명이 존재할 수 있었던 으뜸 조건이라 하겠다. 적당량의 이산화탄소가 없었다면 지구는 생명이 살 수 있을 만큼 따뜻하지 못했을 것이며 충분한 산소가 우주 공간에 흐르는 방사능 물질을 제어했고 생명체의 본질인 대사와 자기 복제를 가능토록 한 것이다. 그러나 물질문명의 과부하가 걸린 시점에서부터 이산화탄소량은 급격히 늘어났고 산소 비율은 반대로 급감했다. 대기 중 이산화탄소 비율이 2배로 증가하면 지구는 온난화로 또한 오존층 파괴로 생명이 살 수 없는 죽음의 공간이 된다는 것이 기본 상식이다.[4] 최근 아마존 지역 삼림森林의 기현상은 이런 현실의 도래를 예감케 하고 있다. 이산화탄소를 품고 산소를 뱉어야 할 나무들이 지나친 더위로 인해 산소 대신 이산화탄소를 방출하고 있기 때문이다. 대기 중 이산화탄소가 너무 많은 탓에 자신의 존재 유지를 위해 오히려 산소를 저장하고 이산화탄소를 방출하는 역순환으로 금세기 안에 지구 온도는 6도까지 상승할 것이며 오존층 파괴는 가속화될 것이다. 이런 현상은 바다 속에서도 결코 예외가 아니다. 이산화탄소의 과유입이 산호초 막을 부식시켜 거지반 멸종에 이르게 했으며 그 결과 먹이사슬 구조 자체가 붕괴되고 있다는 진단이다. 방사능 물질로 바다 전체가 오염된 것도 대단히 심각한 수준에 이르고 있다. 삼림이 죽고 바다가 생명 부재의 공간이 되면 인간의 생명도 그 끝을 보일 수밖에 없음은 자명한 이치다. 그래서 생태학자들은 서서히 뜨거워지는 냄비 위의 개구리로 현금의 인류를 비유한다. 서서히 다가오기에 자신의 종말을 감지하지 못하는 어리석음을 범하지 말자는 취지에서다.

IPCC 보고서 내용을 체계 있게 서술한 것이 『6도의 악몽』[5]이다. 이 책은 인류가 자명하다고 생각했던 기후체계가 붕괴될 수 있다는 현실을 구체적 예를 통해 적실히 보여주었다. 지금 상태로 지구를 방치한다면 금세기 안에 지구 온도가 6도 상승하여 생명 부재의 공간이 될 수 있다는 것이다.[6] 지구 온난화가 동토凍土에 묻힌 메탄의 폭발을 일으키며 그로부터 생겨난 산성비로 지상 생물의 멸종 그리고 바다의 산소 부족, 영양 결핍으로 해양 식물 역시 대멸종에 이를 수 있다는 사실이다. 빠르면 2030년경, 인류가 마지막 데드라인으로 잡고 있는 2도 상승의 지경에 이를 수 있다고 한다. 지난 세월 동안의 에너지 사용 결과만으로도 삶과 죽음의 경계선상에 놓일 수 있다는 것이다. 그래서 학자들은 시간이 촉박하다 했고 즉각적 행동이 필요하다는 요청을 할 수밖에 없었다. JPIC 모임이 열렸던 1990년대를 기점으로 이산화탄소 발생량을 줄여 가야 한다는 생태적 정언명령이 있었음에도 그때보다 악화된 현실이 당혹감을 부가시켰다. 코펜하겐 기후협약의 필연성을 촉구하고 성사시켰던 2007년 IPCC 보고서는 다음과 같은 객관(결정)적 사실을 알려준 바 있다.[7] 산업혁명 전,

대략 1750년경 280ppm[8]이었던 이산화탄소량이 오늘날은 384ppm에 이르렀고 향후 50년 안에 100ppm이 늘어날 것이며 만약 550ppm에 달하면 21세기 중반 3도 상승은 불가피해진다는 것이다. 2도 상승을 뜻하는 450ppm을 유지하려면 이산화탄소 발생량을 더 이상 늘릴 수 없다는 것이 IPCC의 결론이자 충고였다.[9] 3도의 온도 상승이 인류로선 감당키 어려운 결과를 초래할 것이라는 이들의 분석을 유념할 필요가 있다. 해충들이 죽지 않아 농업에 치명적 영향을 미칠 것이며 바다가 산성화될 것이고 북반구 빙하가 빠르게 녹아 내려 동토에 묻힌 메탄의 위력을 서서히 경험토록 할 것이기 때문이다.[10] 지난 삶의 결과로 상승되는 기후는 어쩔 수 없다 하더라도 더 이상의 이산화탄소 발생량을 허용치 않기 위해 세계는 지금 IPCC의 충고를 귀담아 들어야 한다. 기후 붕괴 원년을 살고 있다는 자각이야말로 인류가 감당해야 할 전대미문의 책무란 것이다. 현재와 같은 증가 추세라면 2070년경 550ppm에 이를 것인바, 그 경우 한반도의 중북부 이상 지역은 물론 심지어 아마존 강 유역까지 회복 불가능한 가뭄이 발생할 것이라 경고하고 있다.[11]

한국의 이산화탄소 배출량이 OECD 국가 중 최고치를 경신하고 있는 상황은 우리의 앞날을 불안케 한다. 한반도 주변 기후 변동이 전 지구적 상승폭에 비해 3배 정도 크다는 사실이 이런 우려를 증폭시킨다.[12] 인류가 6도 상승이란 최악의 상태를 운 좋게 면한다 하더라도 3도 상승은 물론 세계 해안선 지형을 획기적으로 바꿀 4도 상승의 개연성 또한 결코 작지 않다. 목표로 설정된 2도 상승에 머무르는 것보다 어쩌면 그리될 수 있는 가능성이 더 크다고 말할 수 있다. '불편한 진실'에 눈감고 욕망덩어리로 사는 한, 550ppm(3도), 700ppm(4도) 수치는 현실이 될 수 있기 때문이다. 하지만 2도 이상의 온도 상승은 분명 기후 붕괴의 실상을 고지한다. 엄청난 화폐 단위에 익숙해진 우리지만 2도와 3도의 차이를 결코 미미하게 생각해서는 낭패를 당할 것이다. 자연의 내재적 가치를 존중하고 자연과 인간의 인과적 관계에 깊이 관심하며 모두가 공감하는 삶의 방식을 채택하는 과정에서 임계점은 지켜질 것이고 창조 이전의 상태로 돌아가는 불상사는 면할 수 있다.[13] 하지만 불행히도 한국 정부는 이런 길에 도반道伴이 되지 못하는 듯하다. 금번 코펜하겐 기후 협약이 천명天命을 거스르는 MB정권의 반자연적 행태를 되돌릴 수 있는 기회였으면 좋겠다. 과거의 기후는 대자연의 행위였으나 오늘의 홍수와 한파는 잘못된 인간 행위의 결과임을 명심할 일이다. 오늘의 과학이 기후 붕괴 원년의 시대에 하느님을 대신하여 인간의 갈 길을 예언하고 있음에 깊이 감사해야 할 것이다.

2. 기후 붕괴 시대를 살게 된 이유

– 여전히 아메리칸 드림의 허상을 쫓을 것인가?

인류가 전대미문의 기후 붕괴 시대, 곧 사실적 종말의 위기를 경험하게 된 배경은 다각적으로 설명 가능하다. 자연을 이익 창출의 수단으로 생각하는 기계론적 자연관의 출현, 그것에 정당성을 부여한 종교적 세계관[14] 그리고 중세 공동체주의를 대신한 근대 철학자들의 개인주의 성향 등이 큰 틀에서 거론될 수 있을 것이다. 자연을 신神의 자기표현 공간으로 이해한 유기체적 관점이 사라진 것을 직접적 원인으로 본 심층 생태학적 분석이 있으며 세상에서의 부(이익) 창출을 신적 은총으로 인식한 개혁 신학의 반생태성을 지적한 흐름도 있고, 자연 지배를 신적 구원을 이루는 길[15]

이라 여겼으며 시장을 하느님 섭리사상과 일치시켰던 근대사상의 근원적 한계를 지적하는 목소리도 존재했다. 18세기 중반에 있었던 과학 혁명은 이 모든 것을 총체적으로 엮어 낸 사건이었고 이를 매개로 식민주의 담론의 생성 및 확산이 구체화되었으며 그로인한 생태계 파괴가 가속화된 것은 주지의 사실이다. 이 과정에서 군대와 기업 그리고 국가가 삼위일체가 되어 아시아 및 아프리카 지역을 수탈했으며 자본주의를 전 세계로 이식, 확장시킬 수 있었다.[16] 이 와중에서 어느 종교, 어느 철학도 인간의 사적 욕망을 부추기는 자본주의를 이길 수 없었다. 그토록 완벽한 자기부정의 종교체계를 갖고 있던 동양 종교들 또한 자본주의 체제 앞에서는 속수무책이었다. '오래된 미래'를 지닌 라다크 마을도 최근 자본주의 유입으로 망가지고 있다는 소식도 들린다. 동양의 근대화는 바로 이런 식으로 이뤄진 것이었다. 기독교 선교 역시 이런 식의 근대화와 결코 무관치 않았다. 오늘날 생물 종의 다양성이 파괴되는 것은 서구적 획일화로 문화의 다양성이 지켜질 수 없었던 데서 연유한다. 세계 곳곳 토착지역에서 앗아간 녹색 황금, 생물의 유전인자로 인해 세계 내 남북 간 갈등의 폭이 극도로 넓혀져 있다. 기후 붕괴로 인한 최대 피해자들도 서구 근대화의 희생 제물이 된 이들 지역 나라들이다. 환경과 가난은 그렇기에 언제든 새의 두 날개처럼 함께 얽혀져 있음을 명심할 일이다.

이런 식의 자본주의는 미국에서 '아메리칸 드림'이란 이름으로 만개되었다. 아는 대로 '아메리칸 드림'은 개인에게 주어진 '무한 기회'란 말과 애시 당초 같은 뜻이었다.[17] 해서 미국식 자유는 언제든 '자율'Autonomy과 등가적이었다. 기독교 국가였으나 그들에겐 애당초 히브리적인 '어려운 자유' Difficult freedom 개념이 부족했던 탓이다.[18] 타인에게 의존되지 않는 것이 그들의 자유였고 그러자니 사적 재산이 있어야만 했다. 기독교의 축복 개념과 결탁된 현실적 실용주의는 '아메리칸 드림'의 골수였고 그것으로 개인의 자유를 꽃피울 수 있었다. 하지만 세습제도와 사회계급제도로부터의 해방을 이뤘으나 그것은 자아 도취 문화로 변질되고 말았다. 소비가 자신의 정체성(신분)을 반영하며 쾌락을 포기할 수 없는 가치로 여기는 사회가 되었기 때문이다. 가난을 정부가 아닌 개인 탓으로만 돌리는 사회가 된 것 역시도 불행한 일이 아닐 수 없다. 누구나 가난을 딛고 성공할 수 있다는 성공신화는 9.11 사태, 금융 위기를 겪으면서 신기루 같은 허상으로 판명되는 중이며 미국의 소비에 의존했던 세계 경제의 실상도 적나라하게 그 속살을 드러내고 있다. 이런 사회이고 보니 미국은 기후 변화 문제에 책임을 다할 수 없었고 의료 및 사회복지 그리고 인권 문제에 관한한 낙후된 모습을 보이고 있는 것이다.

하지만 세계는 아직도 '아메리칸 드림'의 허상을 쫓고 있다. 여전히 미국만을 바라보며 그들처럼 살고 먹고 입는 것을 발전이고 개발이라 믿고 있는 실정이다. 효율성이 여전히 최고의 가치인 것도 부인할 수 없는 사실이다.[19] 최근 신조어로 '아메리쿰' Americum이란 단어가 회자된다.[20] 이것은 미국적 생활방식을 하나의 에너지 단위로 생각하는 계산법으로서 한 '아메리쿰'은 1인당 국민소득 5000불 이상을 지닌 소비 성향이 급증한 인구 3억 5천만 명 정도의 집단이 사용하는 에너지 총량을 뜻한다. 현재 북미, 유럽, 중국, 러시아 그리고 일본, 한국 등이 각기 '아메리쿰'으로 셈하여지고 있다. 지금의 추세라면 2030년까지 8-9개의 '아메리쿰'이 생길 수 있다는 추산이다. 그러나 6도의 악몽을 거듭 숙고해야 할 상황에서 '아메리쿰'의 욕망은 최대의 걸림돌이자 변수일 수밖에 없다. 적어도 30억 인구가 미국처럼 살려면 지구와 같은 행성 3개는 더 있어야 한다는 말도 결코 과장이 아니다. 그렇기에 환경학자들은 미국처럼 되려는 '부자병'Affuenza[21]을 인류 미래를 위협하는 전염병으로 간주한다. 과도한 성장 중독의 폐해를 우리는 지금 두바이의 몰락에서 배워야만 한다. 사막 한가운데 엄청난 에너지로 대규모 스키장을 만든 두바이에서 '창조경영'이란 화두를 생각했다는 한국 대기업 회장도 있었다니 한국 미래가 염려된다.[22] 그럼에도 3세계 국가들에게 미국과 같은 중산층 생활방식을 원천적으로 불허하는 것도 난제일 것이다. '아메리쿰'으로의 진입을 꿈꾸는 차 상위, 차차 상위 그룹(국가)들이 항존하는 상황에서 말이다. 세계의 부유계층 7%가 이산화탄소 배출량의 절반을 내뿜고 빈곤한 계층 50%가 7%의 이산화탄소를 배출하는 현실에서 '욕망'의 문제는 실로 넘어야 할 산이다.[23] 더더욱 기후 붕괴가 선진국에서는 '아직' 삶의 질의 문제이지만 후발 개도국의 경우는 절실한 '생존' 문제인 것도 사안의 중요성을 각인시킨다. 중남미와 아프리카의 사막화, 남아시아 지역의 홍수 및 범람 등 기후 붕괴는 거듭 말하지만 가난과도 직결되는 사안인 것이다. 하지만 환경 폐해를 초래한 선진국들의 자발적 기금 출현, 예컨대 국내총생산의 1% 정도를 빈국 생존(환경 재앙)을 위해 지출하자는 안이 코펜하겐 모임에서 토론되었으나 결론이 없었다.[24]

주지하듯 인류는 지금껏 욕망을 부추기는 아메리칸 드림(아메리쿰)을 추구해 왔다. 철학과 종교가 자본주의적 욕망을 뒷받침하는 후견인 역할을 해온 것도 사실이다. 프리드먼의 말대로 인류 모두가 미국적 생활방식을 동경해 온 것이다. 조만간 8-9개의 '아메리쿰'이 생길 정도로 세계는 더욱 '평평'해지려고 할 것이다. 그러나 그럴수록 세계 저편에선 더 많은 희생자들이 생겨날 것이고 6도의 악몽은 거듭 인류를 괴롭히며 현실이 될 것이다. 선진국에 비해 개도국 국가들의 인구 증가가 높은 것, 소위 '붐비는' 세계가 된 것도 환경 폐해를 가중시켰다. 2050년경 지구상 인구가 90억에 달할 것이란 보도는 끔찍스럽기까지 하다. 이렇듯 '붐비는' 사람들 모두가 '평평' 해지려 했기에 지구는 지속적으로 뜨거워졌고 앞으로도 뜨거워질 것이다. 이것이 바로 지구를 망가트리고 생태 난민을 양산하는 기후 붕괴 시대를 살게 된 이유이다.

3. 기후 붕괴 이후 시대를 위한 노력
- EU의 실험을 주목하며

환경 재앙을 예견한 선각자들은 일찍부터 인류 문명의 방향을 근본에서 달리할 것을 주문해 왔다. 인간 중심의 신생대를 마감하고 생태대로의 '새로운 출애굽'을 선포한 신학자도 있었고 기후 붕괴를 인류가 맞서 싸워야 할 또 다른 '세계 대전'이라 명명한 학자도 존재했다.[25] 지금 유럽은 통합 헌법까지 만들며 환경과 인권을 기본가치로 하는 연합 체제를 만들고자 엄청난 실험 중이다. 자연의 유기체적 본성에 근거한 새로운 인간 사회 이해를 EU국가들은 앞서 보았듯 두 번째 계몽주의로 명명하고 있는 것이다. 즉 생물권(생명권)에 대한 의식을 인류가 지녀야 할 첫 번째 의무로 생각하고 있는 것이다. 하여 EU는 지금 '지구가 살아 있는 공동체란 비전을 제시한 인류 역사 최초의 정치 기구'란 평가를 받고 있다.[26] 아메리칸 드림이 '자율성'과 '무한이익'을 추구했다면 이제 막 면모를 드러낸 EU연합은 공동체성 그리고 자연과 인간간의 연대에 무게 중심을 두고 있기 때문이다. 재산권이 자율성을 확보하는 필수 조건이었다면 생물권은 상호 소속감을 근본 가치로 삼는다. 이를 위해 필요한 것이 이들에겐 공감Sympathy이었다.[27] 자연을 포함한 여타 타인[28]이 원하지 않는 것을 나 역시 어느 경우든 하지 않으려는 마음을 일킨다. 이런 공감은 선천적이면서도 후천적 인간 성향이기도 하다. 하지만 이는 기독교 신앙이 가르치듯 일방적 이타성과는 같지 않다. 공감共感이란 인간 삶 그 자체에 대한 연약성 내지 취약성에 대한 공동 인식의 산물인 까닭이다. 이런 방식으로 이웃 및 자연의 복지를 극대화하는 것이 결국 자신에게도 득이 된다는 사실은 동서양을 막론한 보편적 지혜가 틀림없다. 인간뿐 아니라 자연의 복지를 심각하게 생각해야 될 시점에서 말이다. EU가 지금 '만인에 의한 만인의 투쟁'이란 자본주의적 에토스 대신 칸트적 영구 평화의 비전을 앞세우기 시작했다는 것은 '새로운 출애굽'의 징표가 아닐 수 없다. 석유와 군사력만으로 초강국이 되려는 미국적 사고를 갖고서는 기후 붕괴 이후 시대를 바랄 수 없는 까닭이다. 하지만 코펜하겐 기후협약에서 이들 EU의 역할과 비전이 인류의 보편적 꿈으로 확산되기를 재차 소망했지만 그리 되지 못했다. 세상을 살린다는 기독교의 역할이 그래서 더욱 중요한 시점이 된 것이다.

좀 더 논리적이고 신학적인 대응은 다음 장의 주제이다. 여기서는 기후 붕괴 현실을 타개할 수 있는 실질적 방안을 생각해 볼 것이다. 먼저 '불편한 진실'의 진실을 언급하고자 한다. 엘 고어의 책 제목이기도 한 이 말은 기후 붕괴 시대에 마음에 깊이 담아 두어야 할 개념이다. 눈앞의 기후 붕괴는 객관적 사실로서 진리인바, 그것을 숙지하며 사는 과정은 불편해질 수밖에 없다. 사는 방식 자체를 달리하며 욕망하는 주체의 강도를 약화시키고 소유가 아닌 존재로의 가치 지향을 의도해야 하기 때문이다. 자본주의 사회에서 욕망의 흐름을 거슬러 산다는 것은 결코 쉽지 않다. 그렇기에 '불편한 진실'의 진실이란 모두가 기후 붕괴를 말하지만 누구도 그에 적합한 삶의 방식을 채택하지 않는다는 것이다. 환경 문제를 논하는 식자들의 우환과 한계가 바로 여기에 있다. 하지만 그럴수록 우리에겐 공감이 필요하고 더불어 사는 노력이 있어야만 한다. 더 이상 우유부단, 임시변통, 미봉책 그리고 미루기가 통하던 시대가 끝났음을 선언해야만 하는 것이다.[29] 이런 전제하에 필자는 세 가지 방향에서 기후 붕괴 이후 시대를 희망하는 삶을 생각해 보려고 한다.

우선 세계적이며, 보편적인 포괄적 도덕성을 갖고 자/타 간, 인간/자연 간의 사이를 잇는 교량적 삶을 살아야 한다. 이 경우 보편적 포괄적 도덕성이란 '간접적 나쁜 행위' Cold evil에 대한 인식이다.[30] 대부분 선량한 시민은 환경파괴에 직접적 영향력을 미치지 않는다. '직접적 나쁜 행위' Hot evil에 가담하는 경우는 개인은 극히 예외적이다. 그러나 일상에서 SUV 차량의 증가,[31] 제3세계를 착취하는 나이키 등 유명 브랜드 선호 그리고 삼림 훼손과 원주민 축출을 부추기는 육류 소비 등은 간접적 나쁜 행위로서 인식되어야 마땅한 일이다. 한 여성신학자는 비행기 여행까지 자제해야 할 것이라 말하기도 했다. 일상 삶에서 탄소 배출량을 셈하며 사는 생태시민들도 생겨나는 중이다. 일반적으로 사람들은 인과관계가 직접적이지 않고 멀기에 'Cold evil' 에 대해 죄책감이 거의 없다. 하지만 불편한 진실을 감수하려는 사람들의 도덕성은 여기까지 이르러야 마땅하다. 소비Consumption를 통해 자율성을 확인하려는 시도는 사실 죽음의 본능(타나토스)을 사는 것과 다르지 않기 때문이다.[32] '간접적 나쁜 행위' 란 범주를 통해 '아메리쿰' 단위에 속한 5%의 인류가 세계 에너지 1/3을 사용하는 현실이 통렬하게 비판될 수 있기를 희망한다.

다음으로 기후 붕괴가 지금 당장 생존의 문제로 이어지는 경우를 생각하지 않을 수 없다. 생태와 가난의 문제를 함께 생각하자는 말이다. 앞서도 말했듯 목하의 기후 변동은 지금껏 풍요를 누렸던 1세계 국가들의 탓이었다. 부유한 서구의 잘못으로 가난한 이웃들이 지금 집단 살해의 위협 앞에 노출된 것이다. 미국인 한 사람의 소비량이 케냐인 32명의 그것과 같다는 것이 오늘의 진실이다.[33] 개발도상국들이 이런 소비량을 따라잡고자 한다면 에너지 소비량은 지금보다 11배 정도 늘어날 수밖에 없다. 따라서 기후협약은 개도국의 이런 욕구를 잠재워야만 한다. 그리 되려면 서구 국가들의 자발적 희생이 선결되어야 마땅하다. 기후 변동으로 심각한 생존 문제에 노출된 국가들에 대한 기금과 기술의 지원이 절실하게 구체적으로 필요한 시점이다. EU 헌법의 정신에 근거해 기후협약이 체결된다면 서구는 생물권을 지킬 수 있을 것이며 개도국은 빈곤의 문제를 해결할 수 있을 듯하다. 리우 환경회담 이후 첨예화되었던 환경 파시즘/환경 테러리즘이라는 상호간의 무익한 논쟁은 '하나밖에 없는 지구'를 위해 종식되어야 마땅하다. 기후 온난화가 남쪽에 위치한 개도국에게는 재앙이지만 북반구의 서구 국가들에게는 호기라는 분석도 있다.[34] 그럴수록 빈국에 대한 배려는 당위일 수밖에 없다. 제3세계 가난의 문제를 해결하는 것이 기후 붕괴를 막을 수 있는 대승적 차원임을 인식하고 GDP 1%의 환원을 어찌하든 성사시켜야만 한다. 한국 역시 이 점에서 예외성을 거두어야 할 시점이다. 민족주의의 틀을 넘어 아시아 속의 한국을 생각할 때인 것이다.

마지막으로 서구 국가들로부터 전 세계에 걸쳐 녹색 기술의 실용화가 이뤄지는 시대를 기대해 본다. 코펜하겐 기후협약을 앞두고 주요 국가들이 이산화탄소 감축량을 발표하기 시작했다. EU는 1990년 대비 2020년까지 20% 감축을, 상대적으로 소극적이었던 일본과 러시아는 25% 그리고 미국은 2005년도 대비 2020년까지 17% 또한 중국[35] 역시도 애매한 기준이지만 목표치를 정해 두었다. 이런 감축량의 실현은 현실적으로 녹색 기술의 덕으로 가능하다. 실제로 미국과 중국은 오래전부터 청정 기술 및 에너지 개발을 위한 경쟁체제에 들어갔다. 이들 두 나라는 이산화탄소 배출량만 많은 것이 아니라 청정에너지 기술도 독보적으로 확보하고 있는 상태이다. 여타 국가들의 상황도 이와 크게 다를 수 없다. 쓰레기를 버릴 녹지도, 물고기를 잡을 바다도 그리고 벨 수 있는 숲도 없어진 상황에서[36] 녹색Green 기술은 불가피한 대안인 것이다. 흔히들 자전거와 빨랫줄을 세상을 살리는 최상의 좋은 물건으로 꼽는다. 청정에너지 개발[37]이란 이런 차원에서 일어나는 친환경 산업의 일환일 것이다. 더러운 연료 시스템 대신 태양력, 풍력, 지열에 근거한 청정에너지 시장이 2050년까지 10% 정도만 형성되어도 기후 붕괴 시대를 피해 갈 수 있다는 지적도 있다.[38] 그러나 여기에는 분명 가시적 한계도 있을 것이다. 녹색 기술이 또다시 남북 간 빈부 격차를 심화시킬 수 있고 그것이 자본주의 체제 안에서만 가능한 현실인 까닭이다. 하지만 자연으로 돌아가는 것만이 대안이 아닌 것 역시 분명하다. 자가용 없이 살 수 있는 삶의 환경을 만드는 일은 물론 대단히 중요하다. 하지만 동시에 하이브리드 카를 만들 수 있다면 그것 역시 현실적이며 긍정될 수 있는 사안이다. 이도저도 아니라면 최소한 시속 80-90Km로 주행하는 운전 태도를 갖는 것 역시 시급하다. 사무실을 비운 채 몇 시간씩 불을 켜두는 습관도 버릴 수도 있어야 할 것이다. 항차 에너지 제로 상태인 주거환경에서 살 수 있다는 이야기도 들린다. 한국의 경우 흙집과 같은 전통 가옥 양식이 그에 해당될 듯하다. 자연과 감응하는 녹색 기술이란 필자에겐 전통의 재발견 내지 재구축과 크게 다르지 않게 보인다. 단지 이런 녹색 기술이 몇몇 서구 국가들만이 아니라 세계 전체를 구하는 일에 사용될 수 있는지에 대한 염려가 기우가 되었으면 하는 바람이 있을 뿐이다.

4. 기후 붕괴는 신학적 주제이다

진화 생물학자인 에드워드 윌슨은 얼마 전 종교인들에게 '생명의 편지'를 보내 왔다.[39] 대자연을 향한 사랑을 인류 보편적 가치로 여기자는 제안을 기독교 목사들에게 하고 있는 것이다. 생물학자의 눈에 기독교가 창조신앙을 갖고 있음에도 자연 가치에 대해 눈뜨지 못하고 있는 듯 보였기 때문이다. 영혼 구원에만 매달리는 현실 교회에 대한 안타까움의 표현이었다. 하지만 기독교란 성립 초기부터 창조론과 성육신이 결코 둘이 아니었다. 반反생태론자로 알려진 어거스틴조차도 창조론과 성육신 사상을 별개로 보지 않았다.[40] 하느님이 나사렛 예수의 인격만이 아니라 우주 자연 속에 육화되었다는 것이 성서 전통이었다.[41] 그래서 자연을 하느님 몸의 비유로 보자는 견해(샐리 맥페이그)도 생겼고 생태대로의 비약을 위해 이제는 성서보다는 자연에 집중하자는 급진적 입장(토머스 베리)도 등장했다. 성서와 자연이 하느님 계시의 장소로서 상호 대립되지 않았다는 것이 기독교의 본래성임을 재삼 숙지하자는 것이다. 하느님 나라를 세상 저편으로 보는 구속의 종교로서가 아니라 자연을 초월의 빛이 현존하는 공간으로 보는 창조 중심의 기독교로 확장되기 위함이다.

이런 맥락에서 생태여성학자 맥페이그는 기후 붕괴를 초래한 지구 온난화를 신학적 과제로 인식할 것을 촉구했다.[42] 기후 붕괴는 하느님 몸의 붕괴이자 성령의 탄식이며 결국 그리스도의 구속 활동을 무력화할 수 있다는 판단 때문이다. 그래서 그녀는 하늘을 향하던 교회에게 그 시선을 땅으로 끌어내릴 것을 주문했다.[43] 세상 곳곳에서 일어나는 기후 붕괴 현실을 직시하며 굶주린 이웃을 돌보는 것이 바로 하느님을 사랑하고 만나는 기독교적 방식임을 천명하고 있는 것이다. 해서 교회를 '보편적' 교회라 고백할 때 그것은 오늘의 의미로 생태적이란 말과 다를 수 없다.[44] 왜냐하면 생태적이란 일체적Ecumenical이며 동시에 경제적Economic인 것을 뜻하기 때문이다. 따라서 보편적 교회를 생태적 교회라 할 때 교회의 본질적 의미가 더욱 분명해질 수 있다. 생태적 교회가 중요한 것은 그것이 경제, 곧 먹고사는 현실 문제, 다시 말해 지구 살림살이와의 유관有關하기 때문이다. 교회를 땅으로 끌어내려야 할 부인할 수 없는 근거인 셈이다. 그렇기에 생태적 교회는 더한층 지구적 법칙Oikonomia에 깊이 관심해야 마땅하다. 지구기후협약의 결과에 촉각을 곤두세우는 그런 교회가 단 몇 개라도 생겨나야 한다는 것이다. 진정한 보편적 교회는 오로지 이런 노력과 태도 그리고 관심을 통해 성립하는 것이라 믿고 싶다.

주지하듯 시편 114편에는 하느님이 배고픈 짐승들에게 먹이를 나눠주는 사려 깊은 '생태학적 경영자'의 모습을 하고 있다. 하느님은 뭇 배고픔의 소리에 응하지만 항시 전체를 고려해야만 했던 것이다. 생태학적 교회 역시 오늘날 세계를 향해 이런 역할이 필요하다. 청지기 모델이 인간 중심주의와 결별치 못한 한계를 지니지만 그래도 일용할 양식에만 뜻을 두고 세상을 호텔처럼 살지 않으며 미래 거주들을 위한 여지를 남기는 삶이라면 비판할 이유는 없을 것이다. 물론 우주가 바로 '자신'이라는 인간관의 근본 전환이 생긴다면 이는 더더욱 쉽게 이뤄질 수 있다. 하지만 향락 문화의 구조 최하층에서 값싼 은총을 상품처럼 팔고 있는 현실 교회에서 이런 인간상이 세워지고 양육될 수 있을지 걱정스럽기만 하다. 그래도 걱정이 능사가 아니고 때가 되면 숨겨진 하느님 사람들이 드러남을 믿고 옳은 소리로 양심에 호소하면 생태적 교회로의 전환이 이뤄질 것이다.

필자는 생태적 교회가 감당해야 할 핵심 과제를 생명문화 창출을 위한 생태적 경제 모델을 준비, 확산시키는 일이라고 믿는다. 이는 공감

Sympathy을 토대로 인권은 물론 생물권과의 공동체성을 성사시키려는 EU의 꿈과 상응하는 일이다. 생태학적 으뜸 공리는 '모든 것은 모든 것과 관계되어 있다'는 것이고 이 관계성은 '나눔'의 에토스가 근간이 될 때만 유지되고 지탱될 수 있다. 기후협약이 거듭 난항에 부닥쳤던 것도 결국 나눔이 실현되지 못했던 까닭이다. 이 점에서 기독교 경제학은 하느님 몸의 담론을 기존의 개방적 밥상 공동체 이미지와 중첩시켜 자신의 골격을 만들 수 있어야 한다.[45] 몸의 기본적 욕구는 예외 없이 누구에게나 동일하기에 이에 근거한 밥상 공동체는 기본적으로 평등할 것이다. 하지만 몸의 욕구는 자본주의적 욕망과 다르며 공산주의적 평등성과도 같지 않다. 하느님 몸과 등가적인 절실한 몸의 욕구에 따른 경제 행위는 어느 경우든 '몸' 자체의 파괴를 허락할 수 없기 때문이다. 이미 공산주의는 그 이념적 실험을 역사상에서 실패했고 자본주의도 아메리칸 드림의 몰락과 함께 그 끝을 보이는 중이다. 우리 교회가 그들 이념적 끝자락에 다시 매달려 있을 이유가 없다.

인류의 미래를 위해 참으로 중요한 것은 창조론과 성육신이 하나라는 종교적 시각에 기초한 '몸의 진실한 욕구'란 개념이다. 불행하게도 서구 중산층 인간의 욕망은 이런 '몸'의 욕구와 너무도 한참 멀어져 버렸다. 이들로 인해 인류 저편 가난한 이웃들의 기본적 욕구도 더 이상 현실이 되지 않고 있다. 타자의 얼굴, 신의 흔적들을 무시하고 짓밟아 버린 결과이다. 이는 또한 앞서 말한 'Cold evil' 곧 '간접적 나쁜 행위'에 대한 감각이 아직 부재하다는 반증이기도 하다. 필자는 주기도문의 간구인 '일용할 양식'이 지구를 살리는 은총이라 부르길 주저치 않는다. 지속 가능한 정의, 곧 2도 이상으로 지구 온도가 상승치 않도록 일상을 의식하며 사는 성찰적 삶의 길은 이로부터 비롯할 수 있기 때문이다. 인간이 최소한의 물질로 살 수 있는 것은 오로지 녹색 은총의 덕택이다. 자본주의 욕망을 거스를 수 있는 힘은 우리 자신의 노력의 결과일 수만은 없다고 믿는다. 그렇다면 죄란 우리의 욕망을 애써 정당화하고 녹색의 수사학을 무책임하게 남발하면서 은총의 실상을 거부하는 일이 될 것이다.[46] 녹색 성장이란 미명하에 그린벨트를 마구 훼손하고 4대강 사업에 올인 하는 한국 정부가 바로 그 실상을 보이고 있다. 계속 논의 중이긴 하나 코펜하겐 기후협약의 결과가 한국 정부의 기본 정책을 재고하는 기회로 작용하기를 재차 바란다. 한국도 상당한 양의 이산화탄소 감축 국가로 선정될 공산이 너무도 큰 모임이 아니던가? 아프리카 국가들조차 발생량을 줄이겠다는 약속을 공공연히 하고 있는 상황인 것이다.

나가는 글
-우리 시대의 노아, 우리 시대의 방주

이상에서 필자는 기후 붕괴 원년의 실상과 이유, 실천적 대응, 나아가 그를 위한 신학적 논거를 제시했다. 마지막에서 필자는 대홍수를 예감하며 방주를 준비했던 노아를 생각하며 글을 마감하려 한다. 노아가 위대한 것은 그가 시대의 징조를 예감했다는 데 있다. 하느님께서 노아에게 홍수를 예고한 것은 그가 그를 수용할 만한 감수성이 있었다는 사실과 무관치 않다. 오늘의 과학은 하느님을 대신하여 기후 붕괴 시대를 예고하고 있다. 노아의 홍수사건을 익히 알고 있는 기독교인들은 그렇기에 기후 붕괴의 현실을 누구보다 예민하게 수용할 책무가 있다. 그 옛날 노아가 방주를 준비했듯 오늘의 기독교인들 역시 세상 파국을 막을 방도를 모색해야만 한다. 한국 교회는 자신의 정체성을 흔히 노아의 방주에 비유하곤 한다. 하지만 방주의 성격을 다시금 생각할 일이다. 방주 안에는 인간만이 아니라 온갖 생명체가 거주했고 인간이 만든 필요/불필요의 범주마저 초극해 있다. 하느님의 새로운 세계를 위해 어떤 생명체라도 요긴했던 까닭이다. 한국 교회가 자신을 배타적 공동체로 여기고 있는 현실과 대별되는 부분이다. 에큐메니즘에 대한 적극적 이해가 필요한 이유이기도 하다. 다양한 인간들, 상이한 생명체들과 함께 거주하는 공간, 바로 그것이 방주의 의미가 아니겠는가? 방주로부터 나온 노아에게 주어진 책무 또한 새 문명 건설을 위해 중요하다. 사람들 눈에서 억울한 눈물을 거두고 동물을 피째로 먹지 말라는 명령을 지켜야 했던 것이다. 생명 공동체를 위해 이 두 조건은 종교, 이념을 막론하고 아주 핵심적 가치일 수밖에 없다. 에큐메니칼 신학은 바로 이 일을 위해 필요한 것이다. 해서 오늘의 기독교인들에게 세상이 기대하는 바는 저마다 노아가 되는 것이다. 노아의 감수성으로 세상을 구하는 존재가 되길 고대하고 있음을 명심할 일이다. "피조물은 하느님의 자녀들이 나타나기를 간절히 기다리고 있습니다"(롬 8:18).

2장

생태적 수치심을 지닌 기독교

1. 우리는 진실로 천지를 창조한 하느님을 믿고 있는가?

몇 해 전 태안 앞바다 기름 유출로 전 국가적인 비상사태가 초래되었다. 연인원 100만 명에 달하는 자원봉사자들의 헌신이 없었더라면 바다를 생계 터전으로 삼던 사람들의 절망은 끝을 몰랐을 것이다. 유조선 붕괴 원인을 축소로 정부의 삼성 감싸기 의혹이 꼬리에 꼬리를 물고 제기되고 있다.[1] 주지하듯 한순간의 실수와 인간의 오만은 수없는 역사를 지닌 자연을 하루아침에 초토화시킬 수 있다. 신생대의 끄트머리에서 태어난 인간이 자신을 탄생시킨 신생대 전체를 불모지로 만들고 있는 현실에서 필자는 생태학적 수치심을 새해의 화두로 내놓는다. 이는 『지구의 꿈』의 저자 토마스 베리 신부의 주제어인바, 그는 생태학적 수치심을 인간이 지녀야 할 종교적 영성의 본질로 보았다.[2] 이런 수치심의 감성을 통해 궁극적으로 자연 생태계에 대한 매혹을 되찾고자 함이다.

생태학적 수치심의 시각에서 우리 현실을 돌아보면 많은 것이 새로 보인다. 실제로 전남 보성의 차밭이 강원도 고성 지역으로 옮겨갔고 사과 생산지가 대구, 양구를 거쳐 평안도까지 올라갔으며 전남 담양의 대나무가 평양에서도 자라게 되었고 동해안의 한류지역에서 서해안의 난류 어종이 잡히기 시작한 지는 벌써 오래이며 한반도 기후 상승으로 철새가 텃새로 변한 현실은 생태학적 수치심의 감각에서 본다면 엄청난 죄로 인식되어야 마땅하다. 전 세계적으로 눈을 돌려 보아도 이런 죄악상은 끝이 없을 정도로 많다. 북극이 망가진 지 얼마 되지 않아 남극마저 죽음의 눈이 내리게 되었고 지구 온난화로 지난 25년간 남극 펭귄 65%가 줄어든 현실을 보고도 '천지를 창조한 하느님'을 찬양하는 교회를 목회자들이 생각하듯 하느님께서 구원의 방주로 여기실 리 만무할 것 같다. 그래도 이것은 동물의 경우니까 한껏 생각을 양보해 볼 수도 있겠다.[3]

그러나 남극 빙하의 상실로─실제로 이곳의 빙하 87%가 무너져 내리는 조짐을 보이기 시작했다─남태평양 섬과 그곳 주민들의 삶이 뿌리 뽑혀지는 것은 어찌 할 것인가? 터전을 잃고 유리하던 히브리 민족을 자신의 백성으로 삼으셨던 하느님을 믿는다면 보금자리를 송두리째 잃게 될 운명의 백성을 하느님께서 방관하시리라 생각할 수는 없을 것이다. '빙하 홍수'가 예견되는 이런 현실에서 바다를 끼고 있는 국가 중 자유로울 수 있는 나라가 사실상 거의 없다. 하느님의 창조질서를 이렇듯 서서히 죽게 하는 현실을 목하에 두고도 생태학적 수치심을 느끼지 못한다면 우리는 출애굽의 하느님을 말할 자격이 없고 하느님 역시도 그런 기독교인들을 당신의 백성으로 품지 않으실 듯하다. 오늘의 환경 재앙을 신앙적 차원에서 인식하지 못하는 기독교인들을 향해 예수께서 하실 말씀은 그 옛날 그랬듯이 이 세상을 위해 '돌들이 소리를 칠 것이다'가 아니겠는가? 태안 앞바다 기름 제거에 많은 교회가 앞장섰다는 기사는 참으로 고맙고 반가운 일이었다. 그러나 그와 함께 이웃 종교인들 역시 그 현장에 있었고 이 땅에 품을 팔러 온 가난한 외국인들도 있었다. 목사와 스님들이 더불어 그 현장에 있었고 남녀노소, 부유한 자와 가난한 자 모두가 함께 돌을 닦아 내며 정녕 우리에게 희망의 싹을 보여주었다.

하지만 여전히 염려스런 일들이 적지 않다. 기독교인들의 압도적 지지로 당선된 대통령의 경제정책이 한마디로 개발 성장주의 노선이기 때문이다. 4대강 개발로 우회했으나 한반도 대운하 공약은 물론 원전 수주를 자랑하는 모양새도 그렇고 5-7% 경제 성장의 약속과 재벌 규제 완화 정책도 현재로서는 걱정스럽다. 21세기를 살면서 경제와 환경을 함께 거론치 않는 정치가는 현실에 존재하지 않을 것이다. 그러나 그 정치가가 어떤 경험을 축적해 왔는가를 아는 것은 대단히 중요하다. 생각지도 못한 태안 기름 유출이 보여주듯 성장 위주의 개발은 불가피한 우연을 발생시킬 것이고 그 사건은 회복 불가능한 폐해로 생태계에 되돌려질 것이기 때문이다. 우리나라는 2013년부터 온실가스 규제 대상국에 포함될 것이다. 그때라도 아직 강제조항은 아니라고 안도하는 것은 이산화탄소 배출량 10대 국가 중 하나로서 창피한 일이며 더욱 신앙적 양심에 어긋나는 일이다. 환경 의무를 피해 보려는 미국과 캐나다, 일본의 미온적 태도에 편승하여 경제적 이익을 얻으려는 한국 정부의 경제 및 환경 정책은 기독교인의 시각에서 용납되기 어렵다.

필자가 이 글을 통해 성서의 환경윤리를 말하고 생태학적 신학을 논하려는 것은 이런 문제 앞에 기독교인의 바른 신앙태도가 무엇인지 생각해 보고자 함이다. 한쪽으로는 경제의 풍요로움을 기대하면서, 개발과 성장 논리에 빠져들면서 성서가 말하는 환경윤리에 귀를 기울이는 것은 자기 모순이며 등잔불을 자기 발아래 두는 것과 다를 바 없다. 우리가 성서의 말씀에 마음 문을 여는 것은 2007년도 노벨 평화상을 받은 엘 고어의 말대로 '불편한 진실'에 익숙해지기 위함이다. 생태계 문제는 우리를 부끄럽게 할 것이며 일상의 삶을 불편하게 만들 것이다. 그러나 그것이 진실이기에 그렇게 사는 것이 성서의 길이고 기독자의 삶의 자세라고 믿는다.

2. 기독교는 반反생태적 종교인가?

흔히 기독교를 반생태적 종교라고들 말한다.[4] 환경 위기를 초래한 자본주의가 본래 기독교의 산물이고 그 속에는 인간을 창조의 면류관Image of God[5]으로 인식하는 인간 중심주의가 깔려 있기 때문이다. 필자는 이에 일면 동의하면서도 부정한다. 먼저 부정하는 까닭은 다음과 같은 이유에서이다. 유대 기독교는 본래 사막 지형에서 그 생존 기반을 형성했다. 주지하듯 사막 풍토는 인간에게 줄 수 있는 선물, 곧 삶의 환경을 구비하지 못했다. 그 황량한 지역에서의 인간은 주어진 자연을 극복하기 위해 의지적 존재가 될 수밖에 없었고 인간 의지를 초자연적 하느님과의 관계 속에서 구체화시키며 자신의 생존을 지속했다. 그렇기에 "땅을 정복하고 다스려라"Dominium Terrae, "생육하고 번성하라"[6]라는 말은 사막 풍토에서의 생존을 위한 언사일 수밖에 없다. 오늘날 이런 구절을 갖고 성서를 반생태적 종교의 근원지로 보는 것은 사막의 풍토적 조건에 대한 무지의 산물이다. 이런 말씀들은 생존을 위한 언어였지 파괴를 목적한 개념이 아니라는 것이다. 그럼에도 성서는 생존에 있어 일정한 원칙과 규칙을 제공하고 있다. 그것은 하느님과 자연 그리고 인간[天地人] 간 상호 관계성으로 나타난다.

창세기 원 역사의 핵심 내용을 구성한 아담과 하와, 가인과 아벨의 이야기가 말해 주듯 인간이 하늘에 범죄를 하면 인간 상호간에 반목이 생기고 인간관계가 깨치면 자연이 인간을 내치는 결과가 발생한다. 이를 우리 식대로 표현하면 천지인天地人 삼재三才 간의 상관성이라고 말할 수 있다. 오늘과 같이 기독교가 사막 지역을 벗어나 있는 상황에서 생존을 위해 생겨났던 말씀을 관계성의 틀로 재인식한다면 성서 안에서 우리는 얼마든지 풍요로운 생태적 진리를 발견할 수 있는 것이다.

그러나 기독교 역사는 사막 지역을 탈脫해 있는 상황에서도 여전히 과거의 에토스를 그대로 갖고 인간/자연, 남자/여자, 기독교/이웃 종교를 분리시키는 교리를 확대 재생산해 왔다. 이런 정조情調 혹은 에토스ethos 가 데카르트 이래의 근대 세계관과 접목되면서 기독교는 자연을 탈脫신성화했고 가부장적 체계에 안주했으며 인간 중심주의를 표방하는 종교로 각인되었고 그것이 자본주의를 발생시킨 내적 동인動因으로 이해되고 있는 실정이다. 더욱 다윈 진화론의 도전 앞에서 당시 교회는 사실과 가치 영역을 분리시켜 기독교를 인간 영혼의 문제만을 다루는 영역으로 한정시켰고 자연을 과학에게 내맡기는 우를 범한 역사를 갖고 있다.[7] 인간(영혼) 중심적인 기독교가 자연 생태계를 자신의 구원 영역 밖으로 내몰았던 것이다. 자연을 하느님 죽음의 자리[8]로까지 만든 근대의 신학이 바로 기독교를 반反생태적 종교로 만든 장본인들이다. 이 점에서 필자는 기독교가 반反생태적 종교였다는 비판을 수긍한다. 그러나 지금도 여전히 영혼 구원만을 외치는 소리가 기독교 교회 안팎에서 들린다. 자연 생태계가 하느님의 영역이 아니라고 믿는 것이다. 이런 식의 교회는 소경이 소경을 인도한다는 성서의 말씀처럼 하느님 백성을 '생태맹'으로 만드는 오류를 반복할 수밖에 없다. 생태계 위기 시대에 물질 축복, 영혼 구원만을 외치는 시장의 자유와 교회와 경제 성장을 강조하는 정치는 이제 다시금 자신을 되돌아볼 일이다.

3. 생태학적 수치심으로 생태맹 탈출하기

그렇다면 사막 풍토 속에서도 생존의 원칙을 지키고 가르쳤던 성서는 오늘 우리에게 어떤 환경 지침을 주고 있는 것일까? 영혼 구원의 종교로만 알고 있는 기독교가 인간과 자연의 관계를 어떻게 언표했던 것인가? 동생 아벨을 죽이고 하느님의 진노를 피해 스스로의 안정을 찾겠다고 세운 가인의 도시 곧 '놋'의 문화가 노아 홍수로 멸망한 것을 우리는 익히 알고 있다.[9] 이는 오늘 우리가 지향하는 안정적 도시 문화라는 것이 가인의 존재 양식과 무관치 않음을 보여주는 대목이다. 경제를 통해 스스로 안정을 구하는 삶의 태도는 가인적 에토스의 산물과 무관치 않다. 이에 성서는 전혀 다른 새 인간, 가인의 후예가 아닌 아담과 하와의 세 번째 아들 '셋'의 후손인 노아를 통해 전혀 다른 삶의 길을 예시하고 있다. 방주에서 나온 노아는 하느님께 예배하며 포도나무를 심은 존재로서 성서는 묘사한다. 여기서 '예배'와 '포도나무'는 스스로의 안정을 위해 가인이 세운 도시 '놋'과는 전혀 다른 문화의 상징물이다. 예배란 하느님과의 관계를 잊지 않겠다는 표시로서 인간과 인간 그리고 인간과 자연 간의 소통의 기초이다. 그리고 포도나무란 가인의 도시 문화와 대별되는 전혀 다른 가치관, 오늘의 관점에서는 녹색 문명을 보여준다. 이에 하느님은 노아와 더불어 새로운 계약을 맺으셨다. 처음 창조 시時보다 더 큰 축복을 인류와 자연에게 주시겠다며 인간에게 최초로 다음 두 가지 사안을 제시하신 것이다.[10] 그것은 '사람들 눈에서 억울한 눈물을 흐르지 않게 할 것' 과 '동물을 피째로 먹지 말라는 것' 이었다. 전자는 인간 간의 형평성, 곧 정의의 원리를 말하는 것이고 후자는 인간과 동물, 나아가 전 자연과의 생태학적 정의를 뜻하고 있다. 바로 이것이 인류 및 자연이 평화롭게 살 수 있는 길임을 역설한 것이다. 이 점에서 필자는 기독교 신앙은 믿는 자에게 능치 못함이 없음을 가르치기 전에 인간은 처음부터 이런 한계를 갖고 사는 존재임을 말하는 것이라 믿고 있다.

오늘날 자연은 새로운 의미의 가난한 자New Poor가 되었다. 그동안 자신이 지녔던 온갖 보화를 인간에게 다 내어주고 자신은 빈털터리가 된 것이다. 그런데 자연이 가난해지면 인간 역시도 살 수 없다는 데에 더 큰 문제가 있다. 오늘날 자연은 앞서 본 대로 로마서가 증언하듯 삶과 죽음의 기로에서 탄식하고 있는 중이다.[11] 두 가지 단서가 지켜지지 못했기에 필연적으로 발생한 결과일 것이다. 임산부의 고통으로 비유되는 삶과 죽음의 기로에서 우주 피조물들은 자신들을 살려 줄 하느님 아들들이 출현하기를 간절히 소원하고 있다. 이것은 인간이 달라지지 않고서는 가능치 못하다. 자신의 자율성보다는 피조물의 입장에서 자신을 새롭게 이해하는 존재가 요청되는 것이다. 즉 '불편한 진실' 을 감수할 각오를 지닌 사람이 필요한 시점이다. 필자는 이를 환경 선교의 관점에서 접근하고 싶다. 복음에 빚졌기에 해외 선교하는 것 이상으로 자연에 빚진 인간은 자연을 살리는 일에 앞장서야만 하는 것이다. 이를 위해 기독교 복음에 대한 이해가 전혀 새로워질 필요가 있다. 인간을 구원하는 적색 은총과 더불어 자연이 주는 녹색 은총의 감각을 어느 때보다 강조해야만 한다. 그 옛날 자신의 의로움을 주장하던 욥에게 하느님이 나타나 물었던 질문 "내가 세상을 세웠을 때 너는 어디 있었는가?"를 겸허하게 음미해 볼 때이다. 인간 중심주의적 종교로 오해받는 기독교가 생태계 위기 시대의 주역으로 성큼 인정받기 위해서라도 인간과 자연의 공생관계를 신앙의 이름으로 수용해야만 할 것이다. 그래서 필자가 종종 주장해 온 녹색 복음, 녹색 구원, 녹색 신앙, 녹색 교회의 새로운 기독교상이 총체적으로 재정립되기를 기대해 본다. 이는 불고 싶은 대로 부는 하느님 영이 교리로 굳어지고 자본주의에 길들여진 우리 마음에 강권적으로 역사해야만 가능할 것이다.

4. 10만 명의 노아, 10만 척의 방주
- 필요/불필요의 구분을 넘어

이 글의 결론으로 필자가 말하고 싶은 화두는 '10만 명의 노아, 10만 척의 방주'이다. 필자는 이 말을 토머스 프리드만의 책 『코드 그린 – 뜨겁고 평평하고 붐비는 세계』[12]에서 차용했다. 본래 이 책 속에서 저자는 '100만 명의 노아, 100만 척의 방주'라는 항목을 만들어 성서 속의 인물 노아와 그가 만든 방주의 생태적 의미를 되새기고자 했다. 그러나 본 항목에서 필자는 소위 일천만 기독교인의 1%에 해당하는 성도들과 교회가 그런 역할을 할 수 있기를 바라는 마음에서 숫자를 임으로 표제어로 삼았다. 『코드 그린』에서 저자는 노아를 생태적 감수성이 특출한 존재로 인식했다. 모두가 멸망이란 시대 징조에 둔감한 상황에서 오직 노아만이 징조를 읽었고 미래를 위해 대비했음을 강조하기 위함이었다. 저자의 의도대로라면 우리 모두는 노아가 그랬듯이 방주를 만들어 미래를 준비하면 될 것이다. 그래서 그는 인류 모두가 노아가 되고 인류 문명이 점점 뜨겁고 평평하고 붐비는 지옥 같은 세상으로부터의 구원을 희망했던 것이다. 그러나 여기서 프리드만은 결정적인 것을 간과했다. 많은 부분 그의 통찰은 훌륭했다. 하지만 미국 중심적 자본주의 시각을 떨칠 수가 없었다. 이는 그 자신도 인정하는 바이다.[13] 그럼에도 지구 생태계가 기술적으로 해결될 수 없는 부분이 있다는 것을 그 자신은 보지 못했다. 오로지 환경기술을 발견하는 것이 인류의 살 길이고 지금 미국과 중국이 이를 위해 경쟁하고 있다는 논리로 귀결시켜 버렸다.

필자가 보기에 이보다 더 중요한 것은 방주의 성격이다. 노아가 만든 방주 안에는 인간에 의한 가치 평가가 더 이상 통용되지 않았다. 인간 관점에서의 유/불리, 필요/불필요를 막론하고 일체의 생명이 암수가 한데 어울려 방주 안에 거주할 수 있었던 것이다. 성서는 이를 하느님의 명령이라 하였다. 필요와 효율의 법칙이 지배하는 종래의 가치관으로는 지구 생태계를 구원할 수 없다. 환경 기술이 여전히 이런 분별의 차원에서 발전한다면 그 역시 인류 미래를 책임질 수 없을 것이다. 이 점에서 필요/불필요의 관점에서 사물을 바라보았던 인간 시각 자체의 교정이 절대 필요하다. 기독교와 불교 그리고 뭇 종교들이 이 일에 함께 뜻을 모을 수 있다면 세상은 '생태맹'으로부터 구원될 수 있다. 이를 위해 우리가 할 일은 먼저 있는 그대로의 세상을 보지 않고 보고 싶은 세상만을 보았던 이 기적 심성을 노출시키는 것이다. 토마스 베리 신부는 이를 일컬어 생태적 수치심이라 불렀고 이것이 치유될 때 우주 만물이 '매혹적'인 것으로

다가올 것이라 말했던 것이다. 이는 죄와 구원에 대한 생태학적 재구성
이라 해도 좋을 법하다.

3장

신토불이의 생태적 영성과 한반도 대운하[1]

身土不二는 神土不二다

1

인간 몸이 지수화풍地水火風으로 이뤄졌다는 것은 동서를 막론한 오래된 이해이다. 이것은 인간이 곧 자연이란 뜻일 것이다. 그러나 종교의 등장 이래로 오랜 세월에 걸쳐 인간의 자연성은 억압되고 탈가치화되었다. 인간을 초자연적 존재인 神의 형상으로 보았던 기독교의 경우 그 정도가 심했다. 인간 속 자연은 언제부턴가 극복되어야 할 대상이 된 것이다. 여성을 자연과 동격으로 보고 그 의미를 격하시킨 기독교의 역사가 최근에 에코페미니즘의 등장과 함께 고발되고 있는 상황이다. 본고에서 다룰 身土不二는 인간의 자연성에 대한 재발견, 곧 동양적 지혜 속에 내포된 '오래된 '새 길'이라 말할 수 있다. 기독교 역시도 본래 이 정신에서 멀지 않다. 몸을 떠난 인간은 유령일 뿐이다. 인간의 정신성은 인간 몸을 떠나서는 가능할 수 없다. 지난 시기 동안 서구신학은 인간 몸을 부정적으로 보았으나 성서는 그렇지 않았다. 인간 몸은 하느님 영을 모신 거룩한 성전이자 동시에 자연 그 자체였던 것이다. 자연을 떠난 영은 공허하고 영 없는 자연은 맹목이다. 하느님 영과 흙으로서의 인간은 처음부터 나뉠 수 없는 하나란 것이다. 기독교가 몸의 죽음과 몸의 부활을 언제나 함께 말한 것도 이런 이유이다.

하지만 기독교 서구는 처음부터 공간개념을 중시하지 않았다. 공간 보다는 시간성이 그들 세계관의 핵심이었다. 그들에게 유토피아(종말론)는 시간적 미래에 있었다. 하지만 동양의 경우 따뜻한 남쪽나라라는 공간성이 유토피아의 내용이었다. 여기서 필자는 身土不二를 생태학적 관점으로만 제한하여 이해하지 않겠다. 인류의 종교(문명) 발생 자체가 身土不二적임을 강변할 것이다. 기독교가 시간성을 자신의 존재 근거로 삼은 것도 身土不二적으로 설명될 수 있기 때문이다. 주지하듯 세계관과 종교의 관계는 물과 물고기의 관계로 비유할 수 있다. 물이 달라지면 그 속에 노니는 물고기도 달라지는 법이다. 물과 물고기가 나뉠 수 없는 전체이듯이 세계관과 종교의 관계도 마찬가지일 수밖에 없다.

세계관을 말함에 있어 가장 중요한 것은 자연이다. 왜냐하면 자연은 인간 생존과 직결되는 원초적 터전이기 때문이다. 어떤 자연인가에 따라 인간의 자기이해 방식도 달라지고 神(종교)에 대한 언급 형태도 달라질 수밖에 없다.[2] 주지하듯 기독교를 발생시킨 유대교는 사막 풍토에서 생겨난 종교였다. 사막은 인간의 생존 자체가 불가능한 풍토를 일컫는다. 불교를 일으킨 몬순 기후나 희랍 사상의 발원지인 목장형 풍토의 경우와 달리 사막이 인간에게 주는 자연적 혜택이 전무하기 때문이다. 이런 자연 속에서 인간은 오로지 의지적 존재가 될 수밖에 없다. 그것도 한 개인의 의지가 아니라 자연과 맞서기 위해 집단적 의지를 요청하게 된다. 집단 의지로서 사막이란 척박한 자연환경을 극복하기 위함이다. 이제 '의지'를 인간의 자기이해의 토대로 삼은 인간은 그것을 바탕으로 神을 생각하게 된다. 이 경우 하느님은 사막이란 자연환경을 능히 이겨 낼 만한 초자연적 존재일 수밖에 없다. 이런 초자연적 하느님은 인간의 집단의지와 관계를 맺는 존재로 이해되고 고백된다. '나는 네 하느님이고 너희는 내 백성'이란 말이 그것이다. 이런 계약 하에서 사막 안에서 생육하고 정복하는 일체의 노력은 생존을 위한 필요한 일로 간주된다. 그러나 사막 지역에서 인간의 안주란 처음부터 불가능했다. 유목생활이 그들의 삶의 수단이 된 것은 자명한 이치이다. 그러나 구약성서는 이스라엘 민족이 가나안 정복 이후 농경 문화를 만나게 됨을 기술한다. 사막문화와 농경 문화가 갈등하는 오랜 역사를 구약성서가 담고 있다. 농경 문화가 사막 풍토와 다른 신관을 갖고 있는 것은 당연한 일이다. 양자의 관계를 대립적으로 이해하는 과정에서 유대 기독교는 반자연적 종교로 자신의 위치를 가늠해 왔다. 반생태적 종교로 평가받는 것도 이와 무관치 않다.

물론 초기 기독교가 플라톤의 이데아론과 연루되는 과정에서 반자연적 경향성이 두드러졌으나 이미 그 경향성은 농경 문화권의 바알 종교에 대한 총체적 부정과 유관하다. 만약 우리가 종교의 발생 자체를 身土不二적으로 이해했다면 바알 종교와의 전면전은 면피될 수도 있었을 것이다. 종교 간의 차이가 저마다 자라온 풍토의 차이와 밀접한 관계가 있음을 아는 것은 종교 간 대화는 물론 생태학적 사고를 위해 무엇보다 중요하다. 하지만 이후 기독교는 발전 과정에서 자연과의 공존보다는 자연을 지배하는 종교가 되어 버렸다. 본래 사막형 풍토를 모체로 한 종교로서 기독교의 반자연성은 그리 비판받을 일은 아니었다. 오늘날 반反생태적 언사로 비판받는 '생육하고 정복하라'는 명령은 당시로선 생존을 위한 필요막급한 일이었다. 이것 역시도 身土不二적 원리하에서 이해될 수 있는 사안이었다. 하지만 기독교 종교의 중심이 유럽으로 옮겨진 상황에서 그것은 여전히 사막형 종교성을 멈추질 못했다. 사막형 종교의 에토스Ethos가 근대 과학 혁명을 가능케 했고 기계론적 세계관을 추동했으며 결국 기독교를 반생태적 종교로 낙인찍게 했던 것이다. 이 점에서 생태학적 위기의 뿌리가 기독교에 있다는 한 역사학자의 인식은 틀리지 않다. 이것은 새로운 자연환경(풍토)에서 자신을 달리 인식하지 못한, 즉 身土不二 정신의 상실의 결과이다.

2

이 점에서 필자는 4대강 살리기로 이름이 바뀐 한반도 대운하의 실상을 생각해 본다. 서울, 아니 한국을 하느님께 바치겠다는 숨은 뜻을 지닌 이명박 대통령의 한반도 개조론은 반생태적인 보수 기독교적 에토스 없이는 생각할 수 없는 사안이다. 경제 활성화를 위한 명목으로 의견 수렴 과정도 충분히 거치지 않은 채 시기만을 엿보는 한반도 대운하 정책은 기름 핵폭탄을 터트린 삼성중공업 예인선단의 오리무중 안개 길 항해와 비길 만한 그러나 결과는 비교될 수 없을 만큼 위험천만한 사건이 될 수밖에 없다. 이런 반생태적 정책에 대한 비판적 입장에 한국 교회가 앞장서지 못한다면 한국 교회는 이명박 정권과 함께 우리 역사에서 몰락해 버릴 것이라는 예감을 떨칠 수 없다. 이를 한국 교회가 침묵하거나 지지한다면 반생태적 삶을 신앙이란 이름하에 확대 재생산하는 엄청난 죄악이 될 것이다.

지금 정부는 지나치게 목적 지향적 의식에 도취되었다. 기술의 행위능력이 엄청난 상황에서 그의 선택은 지금 인류의 선택 중 가장 심사숙고해야 할 선택이다. 기술은 어제든 결과 예상적인 안목을 갖고 선택되어야 하는 것이다. 6-7% 성장이란 가시적 성과에 급급한 나머지 있는 그대로의 산과 강, 계곡을 사치와 낭비로 인식하고 있는 듯하다. 산, 강과 더불어 수천 년간 살아 온 삶의 지혜를 능가할 기술은 없다. 서구에 있는 것이면 우리나라에도 있어야 한다는 것은 섣부른 오리엔탈리스트의 망상일 뿐이다.[3] 향후 대운하 찬성 측 논리는 계속 계발되어 백성들을 현혹할 것이다. 황금알 을 낳게 하는 본 프로젝트의 성사를 위해 몇몇 기업들이 혼신의 힘을 다할 것이기 때문이다. 예상되는 부작용을 축소 은폐하고 경제 가치를 과도하게 부풀리는 것은 정부의 몫으로 남을 것이다. 전 국토를 토목공사장으로 만들려는 이런 기획을 보며 이웃 종교인들은 이를 기독교와 연결해 생각할 수도 있다. 본래 반생태적 종교인 기독교를 신봉하는 장로에게서 나온 어처구니없는 발상으로 여길 수도 있다는 것이다. 바라는 바는 개발 독재의 망령에서 벗어나 MB정권을 지지한 기독교인들의 소박한 기대와 양심이 지켜지는 것이다.

태안 반도의 참사가 뇌리에서 떠난 지도 얼마 되지 않았다. 연인원 100만 명을 넘긴 자원 봉사자들의 미담 뒤로 태안 주민의 고통과 절망이 묻혀 버린 감도 있었다. 금번 지난해에 있었던 태안의 절규는 하느님 실종사건의 진상眞相을 보여주었다. 들의 백합화와 공중 나는 새에게서 하느님 신비를 보는 것이 바로 기독교 신앙이다. 그러나 기름으로 얼룩진 악취의 해변에서 누가 하느님을 느낄 수 있을 것인가? 갯벌과 바다의 뭇 생명이 사라진 곳에서 생명이신 하느님 역시도 부재했다. 삶의 터전을 졸지에 잃고 한 치의 미래도 생각할 수 없는 그곳의 사람들에게 인간 영혼을 구원한다는 교회의 적색 은총은 힘을 상실하고 말았다. 태안사건은 자연을 잃으면 영혼 구원도 허사임을 분명하게 알려준 계기였다. 자연의 망가짐이 하느님 부재와 동전의 양면처럼 함께하는 사건임을 고지한 것이다. 그래도 태안 기름 유출사건은 의도적이지 않았다. 하지만 대운하 프로젝트는 하느님의 녹색 은총에 대한 도전으로서 기독교가 반생태적 종교임을 한국인 모두에게 각인시키는 일로 비쳐질 것이다. 인간 영혼의 구원만을 최상의 가치로 선포한 기독교, 그런 기독교는 한반도의 젖줄을 얼마든지 인간을 위해, 경제를 위해 아낌없이 내놓을 수 있다. 그리스도로 인해 하느님 형상Imago dei을 회복한 인간에게 땅에 대한 지배권 Dominium Terrae을 주셨다고 믿는 것이 인간(영혼) 중심적 기독교의 근본 정서였음을 알기 때문이다. 이는 결국 유럽이란 새로운 풍토에 뿌리내리지 못한 사막형 종교의 역사적 한계였다. 초자연적 영성을 견지하던 사막형 종교가 풍토를 달리할 때 身土不二되지 못한 것이다.

3

그럼에도 정작 성서 속에서 우리는 생태학적 단서가 될 만한 身土不二적 요소를 발견하게 된다. 비록 자연을 탈마술화하는 기본 에토스를 지녔음에도 불구하고 자신이 처한 환경 속에서 그와 동화하여 살려는 삶의 지혜들이 곳곳에 나타나고 있는 것이다. 성서가 말하는 身土不二적 사고를 새롭게 발견할 수 있다면 한국 교회의 생태의식은 한층 고양될 것이고 경제를 위해 한반도 대운하와 같은 프로젝트에 선뜻 손들지 않을 것이다.

우선 필자는 한국의 천지인天地人 간의 상호 관계성을 말한 동양의 삼재三才사상과 흡사한 생각을 창조 본문에서 찾을 수 있었다.[4] 인간이 하느님께 범죄 하면 인간 상호간의 갈등과 반목이 생기고 그러면 자연이 인간을 토해 낸다는 삼자 간의 상호 의존적 관계가 창조 본문(J문서)의 핵심이 되고 있음을 본 것이다. 이는 인간과 자연 그리고 하느님이 나뉘어 있지 않고 궁극적으로 하나임을 보여주는 대표적 내용이라고 생각한다. 하지만 구약성서에는 여전히 초자연적 하느님에 대한 이해가 근간을 이룬다. 그렇기에 문제 해결 방식도 인간이 하느님께로 돌아오는 시점과 밀접하게 관련되어 있다. 인간이 하느님께 죄를 고백하고 돌아오면 대머리 산에서 강물이 흐르고 땅이 인간에게 소출을 내었음을 여러 곳에서 말하고 있다.[5] 이것은 생태학의 으뜸 공리인 상호 관계성—모든 것은 모든 것과 관계를 맺고 있다—을 언표하는 성서적 독특성일 뿐 본질에 있어 다르지 않다. 필자는 이런 본문들을 성서 나름의 身土不二적 사고방식의 표현이라 생각한다. 인간은 독아론獨我論적 존재일 수 없고 자연은 물론 자연을 지배하는 하느님과 의존적인 관계를 맺을 수밖에 없다는 것이 창조신앙의 근간이란 사실이다. 단지 동양적 사유와 차이가 있다면 자연을 지배하는 입법자, 곧 인격적 신관이 있다는 것이다.

성서가 말하는 身土不二에 대한 구체적 예는 레위기 11장 이하의 본문 내용을 통해 알 수 있다. 이곳에서 우리는 인간이 먹어야 할 짐승과 그렇지 말아야 할 짐승들의 이름이 열거됨을 본다. 이들 짐승을 거룩/타락의 도식으로 이원화한 것도 본문에서 접할 수 있는 부분이다. 뿐만 아니라 인간의 질병에 대해서도 가치론적으로 도식화한 것도 볼 수 있다. 그러나 이런 분류는 환경이 달라지면 바뀔 수밖에 없는 지역 환경과 관련된 제한된 규정일 수밖에 없다. 특정 풍토에서 먹으면 좋은 것과 해로운 것의 분류일 뿐이란 것이다. 풍토병 역시 환경을 달리하면 아무 문제가 되지 않음은 주지의 사실이다. 후일 사도바울이 헬라화된 유대인들과 이방인들에게 복음을 전할 때 율법 자체를 소중하게 여기지 않은 것도 실상 身土不二에 대한 무의식적인 자각 때문일 것이다.

동양의 풍수지리설은 身土不二 정신이 반영된 지리학이라 할 수 있다. 풍수지리설의 삼대 원리인 동기 감응론, 형국론 그리고 소주 길흉론은 身土不二 정신을 적실하게 보여준다. 동기 감응론은 인간과 자연의 기운이 살아서뿐 아니라 죽어서도 함께 감응한다는 것이고 형국론은 자연의 형세에 맞춰 인간 삶이 계획되어야 한다는 말이며 소주 길흉론은 선한 사람이 좋은 땅을 차지한다는 설명이다. 필자가 여기서 풍수지리설을 말한 것은 그것이 오늘날의 성서의 정신은 물론 생태신학의 사유체계와 너무도 흡사하기 때문이다.[6] 서구에서 회자되는 생태신학은 기독교 애니미즘 Animism이란 말조차도 과감히 수용할 정도가 되었다.[7] 그간 부정되었던 자연의 능동성에 대한 새로운 강조인 셈이다. 산상수훈이 말하는 온유한 사람이 땅을 기업으로 받는다는 말도 풍수론의 자연관과 상응할 수 있다. 좋은 땅의 임자는 누구나 되는 것이 아니란 말이다. 한때 도참설이 유행하여 길지를 찾아 묘자리를 쓰려는 병폐들이 생겼음을 알고 있다. 하지만 땅은 사람을 선택하며 나쁜 땅이라도 선한 이가 쓰면 좋은 땅이 된다는 것 또한 身土不二의 가치론적 측면을 말하는바, 성서의 본뜻과 맥을 같이하고 있다.

4

이런 身土不二 영성을 성서의 하느님은 태초부터 인간에게 요구해 왔다는 것이 창조신앙의 가르침이다.[8] 성서학자들은 노아 홍수 사건 속에 창조신앙의 본질이 있다고들 한다. 노아 홍수 이후 하느님이 새로운 차원의 축복을 위한 조건을 제시한 것에 주목한 것이다(창 9:1-7). 사람들 눈에서 억울한 눈물을 흘리게 하지 말 것과 동물을 피째로 먹지 말라는 것이 그것이다. 전자는 인간 간의 정의(형평성)의 감각을 뜻하며 후자는 자연과의 공존 내지 평화를 지시한다. 인간의 문제와 자연의 문제가 둘이 아니고 동전의 양면과 같은 속성을 지녔기에 제한 조치를 하신 것이다.

필자는 기독교 신앙은 태초부터 이런 한계와 더불어 시작했다고 믿는다. 속도와 효율성을 신봉하고 경제 가치에 우선을 두지 말라는 것이다. 성공이란 목적에 눈 어두워 이런 두 조건을 망각할 때 우리가 기대하는 축복은 한갓 신기루일 수밖에 없음을 가르치고 있다. 이보다 앞서 하느님은 자연 자체를 공公적인 것, 즉 하느님 자신의 것이라 선포한 바 있다. 태초에 하느님께서 모든 것을 인간에게 위임하였으나 선악과만은 그들 손에 두지 않았던 것이다. 시편 기자는 이점에 착안하여 모든 것을 하느님의 것이라 고백하고 있다.[9] 하느님의 것이란 다시 생각하면 결국 모두(公)의 것이란 말과 다르지 않다. 선악과를 인간이 취取했다는 것은 공적인 것을 사적인 것으로 만들었음을 뜻한다. 이것이 근본 죄, 원죄에 대한 새로운 이해이다. 이 나라를 5년간 책임진 정부라도 하느님의 것인 산과 강과 바다를 나름대로 처분할 권리가 없다. 생태학적 시편이라 불리는 시편 104편의 말씀을 유념할 때이다.[10] 주지하듯 여기서 하느님은 우주 만물을 사려 깊게 운영하시는 생태학적 경영자로 고백된다. 배고픈 사자에게도 먹을 것을 주시며 정의롭고 사려 깊게 한 가정을 운영하시는 살림꾼 어머니처럼 표현되고 있다. 인간은 생태학적 살림꾼인 하느님의 조력자로 이해된다. 하느님 정원에서 아침에 들에 나와 해질 무렵까지 일하는 존재일 뿐이다. 그러나 자연 생태계 안에서 인간 역할이 지나칠 때 하느님은 가차 없이 인간을 악인이라 명하며 내치신다.

우리는 종종 신앙을 지닌 우리 자신을 하느님의 형상이라 부른다. 틀린 이해는 아니지만 우리는 그 의미를 잘못 해석하고 있는 듯싶다. 마치 인간 속의 특정한 속성Attribute이 하느님을 닮은 것으로 생각하고 있는 것이다. 그러나 하느님 형상은 정적인 속성의 차원에서 설명될 수 없다. 오히려 동적인 개념이라야 옳다. 베스터만이 말한 대로 하느님 형상이란 하느님께서 당신이 만든 피조물에 대해 끊임없이 반복적으로 은총의 행위를 베푸시듯 그 행위에 상응하는 존재로 살라는 동적 명령이란 것이다.[11] 욥기의 하느님도 이점에서 현 정권이 다시 읽어야 할 중심 대목이다. 자신의 의義를 항변하는 욥에게 침묵하던 하느님이 창조 시時를 언급하며 나타났음을 주목해야 한다. "내가 이 세상을 창조했을 때 너는 어디 있었는가?"라고. "저 바다 속의 물고기에게 먹을 것 한번 준 적이 있었느냐?"[12]라고 말이다. 자연은 결코 인간 노력의 산물이 아니란 것이다. 오로지 인간은 자연을 은총으로 받은 것뿐임을 각인시키고 있다.

한반도 대운하 공정은 녹색(자연) 은총의 감각을 상실한 인간의 오만한 판단에서 비롯한 것이다.[13] 자연으로부터의 은총 감각을 상실했다면 아무리 형식적인 종교인의 모습을 할지라도 실상은 무신론자인 것이다. 다시 한번 "들의 백합화와 하늘의 새를 보라"는 성서의 말씀을 떠올려 보자. 오늘의 기독교인들은 성서를 읽을 줄 알아도 정작 성서가 가리키는 자연, 하느님의 피조물을 응시하지 못한다. 그러니 자연이 죽어 있는 물질, 욕망 실현의 대상으로밖에는 달리 이해되지 않는다. 그러나 자연은 죽지 않았다. 인간에 의해 죽어갈 뿐이다. 자연이 인간보다 오랜 역사를 갖고 있는 것은 주지의 사실이다. 46억만 년 지구 역사를 100년으로 축약할 때 인간은 불과 2주일 전에 이 땅에 태어난 생명체일 뿐이다. 한반도 젖줄인 540킬로미터 강줄기는 그렇기에 당연히 오늘 우리만의 것일 수 없다. 이 지역을 생존 터전으로 삼아 수없이 오갔던 조상들의 것이자 그것을 역사로 배울 후손들의 것이며 그보다 이 땅의 뭇 생명, 산하山河, 바로 그들이 주인인 것이다. 인간만이 역사를 만들지 않는다. 자연의 역사도 너무도 소중한 유산임을 망각해서는 안 될 것이다. 자연을 역사로 읽을 수 없는 생태맹生態盲들은 무신론자들이다. 경제적 논리로 무신론적 토목공정이 기독교 장로 대통령에 의해 추진되는 모순을 한국 교회는 더이상 방치할 수 없다. 하느님 보기에 슬픈 일이기 때문이다.

5

하지만 여전히 동서양을 막론하고 身土不二의 영성이 붕괴되고 있다. 과학 기술의 발달과 초국적 기업의 횡포로 인해 시간성은 물론 공간성이 모두 파괴되고 있기 때문이다. 자기 땅에서 생산되는 곡식으로 밥상을 차릴 수 없게 된 지 이미 오래되었고 유전자 조작으로 시간성을 파괴당한 식품들이 온통 주변을 가득 메우고 있는 것이다. 거대한 슈퍼마켓에서 그리고 각 집마다 보급된 냉장고 안에서 우리는 철 구분 없는 음식을 하시라도 먹고 즐길 수 있게 되었다. 그것을 축복이라고 생각하며 살았던 적도 바로 얼마 전까지였다. 유전자 조작된 식품GMO들이야 말로 身土不

二 원리가 파괴된 실상을 보여준다. 다국적 식품들이 FTA란 이름하에 무작위로 수입되는 현실도 두려운 일이 아닐 수 없다. 싸다는 이유로 광우병 위협에 노출된 남의 나라 쇠고기를 먹어야 할 운명에 처해 있다. 이에 필자는 身土不二를 神土不二와 함께 생각할 수 있기를 희망한다. 종의 다양성을 지키고 땅의 생명력을 보존하는 일은 이 땅의 종교성, 영성을 지키는 일과 무관하지 않다고 보기 때문이다. 이는 한국의 기독교가 서양적 기독교의 옷을 벗고 한국적 종교성을 바탕으로 재구성되는 것을 의미한다. 神土不二를 통해 身土不二 원리를 지키는 것이 오늘 한국 기독교인들이 감당해야 할 신앙적 실천이라 보는 것이다. 이것은 환경(생명) 선교 시대의 필연적 도래를 염두에 둔 발상이다.

지금껏 우리는 있는 그대로의 자연은 사치요 낭비라 생각하며 자연을 개발하였고 그것을 발전이라 믿어 왔다. 그 결과 환율 탓도 있었지만 GNP 2만 불 시대에 성큼 들어섰다. 경제 침체라 야단법석을 떨고 '잃어버린 10년'이라 말들 하지만 우리는 지금 너무도 잘살고 있다. 분배 문제만 좀 더 잘된다면 말이다. 일용직 근로자, 비정규직 근로자들의 눈에서 억울한 눈물이 흐르지 않을 수만 있다면 말이다. GNP가 3만 불이 된다 해도 지금보다 행복지수는 결코 높아지지 않을 것이다. 인간은 물질로만 살 수 없는 존재이기 때문이다. 21세기의 화두는 단연코 '단순성' Simplicity 이란 말에 있다. 지금껏 100으로 살아온 사람에게 70 내지 80으로 살 것을 종용하는 시대가 되었다는 것이다. 필요 이상의 에너지를 사용하는 사람이 죄인인 시대가 되었다는 말이다.

1990년 이 땅 서울에서 JPIC 세계대회가 열렸던 것을 다시 기억해야만 한다. 발의자 봐이젝커는 하나밖에 없는 지구 생명체를 위해 우리에게 시간이 촉박함Die Zeit draengt를 말했었다.[14] 더구나 이 모임이 한국에서 열린 것은 분배 문제의 불균형, 평화를 위협할 만한 전쟁 무기의 과다 보유, 급속한 산업 발달로 자연 생태계의 파괴가 이 땅에 집약되었다는 세계 지성인들의 판단 때문이었음을 알아야 한다. 더 일찍이 러시아 지성 베르자이에프 역시 인류의 미래를 위해 '최소한의 물질로 살 것'을 주창한 바 있다.[15] 그에게 최소한의 물질은 물질이 아니라 정신이었고 그것이 하느님 말씀으로 사는 유일한 길이었다.

환경 선교란 身土不二의 영성을 갖고 자연에 되갚는 삶의 총체적 방식을 일컫는 말이다. 지금까지 우리는 身土不二 영성, 곧 생태계의 법칙을 파괴하며 살아왔다. 오로지 인간의 복지, 그것도 소수의 물질적 풍요를 위해서. 그러나 이제 인간의 삶은 생태계 법칙, 身土不二 정신을 지키고 회복하는 방향으로 정위되어야만 할 것이다. 생태계 법칙은 身土不二 영성이자 하느님 살림살이 법칙이기도 하다. 그것이 무엇인가? 존재하는 모든 것은 관계 속에 있기에 관계가 깨어지면 부메랑 현상으로 모두가 공멸한다는 것, 어느 것도 눈에 보이지 않을 뿐이지 자연 속에서 사라져 없어지는 것은 없다는 법칙, 자연이 그냥 존재함으로 주는 이익이 개발하여 소수에게 돌아가는 이익에 견줄 수 없다는 것, 그리고 인간이 자연에서 위기를 느낄 정도가 되면 자연 생태계는 돌이킬 수 없는 중병을 앓고 있다는 것 등이다. 이런 상황에서 우리에게 身土不二적 환경 선교는 신앙적 정언명령으로 수용되어야 마땅하다. 이는 하느님의 살림살이를 계속 할 것인가 말 것인가의 문제이다.

앞서 필자는 身土不二를 神土不二와의 연계 속에서 이룰 수 있음을 시사한 바 있다. 이 땅에서 발생한 종교들과의 만남과 대화 그리고 그들로부터 얻는 지혜가 필요하기 때문이다. 한국에서 생겨난 우리의 문제는 서구의 어떤 논리로도 쉽게 해결될 수 없다. 5천 년 역사 속에서 자생적으로 발생한 지혜를 기독교가 수용할 때 한국인들에게 복음이 더욱 큰 힘을 발휘할 수 있다는 확신 때문이다. 필자는 이런 시도를 한국적 생명신학이란 이름 한 바 있다. 한국의 생명 문화를 창출하기 위해 필자가 생각한 교회의 실천적 담론을 다음처럼 정리, 소개하는 것으로 이 글을 매듭짓고자 한다.

6

동양적 영성을 한마디로 말하면 우주 속에서 인간을 보고 인간 속에서 우주를 발견하는 지혜라 할 것이다. 한국에 뿌리내린 종교들은 저마다 이런 영성을 자신의 방식대로 표현해 온 것이다. 바로 이것이 필자가 말하려는 神土不二의 참 뜻이다. 이런 지혜는 오늘을 사는 우리들에게 생태적 회심을 향한 생태학적 수치심을 갖도록 한다. 신생대 끄트머리에서 태어난 인간, 인간 역사 중에서 가장 마지막에 태동된 기독교가 신생대 전체를 망가트리고 있는 상황에서[16] 神土不二의 영성과의 대화는 身土不二적 생태 종교로 환골탈태하려는 한국 교회에게 필요한 일인 것이다. 불교의 연기설, 진여자성眞如自性, 유교 성리학의 우주적 인仁 그리고 동학의 이천식천以天食天 및 경물敬物 사상 등은 자연이 새로운 의미의 가난한 자New Poor로 인식되는 상황에서 놀라운 치유의식을 내포하기 때문이다. 그들의 자극을 통해 성서 속에 담지된 身土不二적 영성이 맘껏 복원되고 한국 교회가 선포하는 메시지의 중심 내용이 된다면 한반도 대운하와 같은 파괴적인 대공정은 발붙일 여지가 없어질 것이라 확신한다. 이런 과정을 통해 필자가 생각해 본 생태적 지혜, 생태학적 치유의식은 다

음과 같다.[17]

첫째, 身土不二적 영성은 속도 늦추기, 느림의 생활양식을 요구한다. 바쁨이 능력이 된 현실에서 빠름은 숭배의 대상이 되고 있다. 하지만 속도를 높여 살면 자기 성찰의 힘은 고갈되어 버린다. 일체의 관계도 깨져 버리고 자신도 스스로 만든 그늘(그림자)로 인해 고통받을 수밖에 없다. 교회란 바쁨을 능력으로 믿고 살던 사람들이 발길을 멈춰 세우는 곳이어야 한다. 수단 방법 가리지 않고 달려만 왔던 야곱을 멈춰 세워 '절뚝거리게' 했던 압복 강변의 지혜가 되살아나야 한다.

둘째, 身土不二 영성은 침묵의 길을 제시한다. 자신의 소리만 크게 내고 인생을 살아온 우리에게 이웃의 소리, 자연의 소리 그리고 하느님의 소리를 듣게 하기 위함이다. 이는 일종의 수심정기守心正氣와 같은 것으로 욕망의 대상이 아닌 여여如如한 세계를 느끼게 하며 은총의 감각을 소생시킨다. 삶 자체가 은총이고 기적인 것을 아는 데 있어 일체와의 연결됨을 느끼는 일만큼 중요한 것이 없다. 하루에 향 하나가 탈 만한 시간만큼 침묵하라. 자신을 퇴보退步시켜라.

셋째, 몸 비우기 또한 身土不二적 지혜 중 하나이다. 창자가 비워지는 경험 없이 마음의 가난은 요원한 일이다. 몸 비움을 통해 오감五感을 갖고 만물과 교감하는 삶의 방식 자체를 달리 할 수 있는 것이다. 본래 기독교 전통에서 하느님 평화를 이루는 목적 하에 단식을 행해 오지 않았던가? 배부른 충족함에 길들여진 우리에게 몸 비우기를 통한 '텅 빈 충만'의 기쁨이 낯설겠으나 그것 없이는 세상과 새로운 관계맺음이 불가능함을 알아야 할 것이다.

넷째, 身土不二 영성은 '마음 다하기'Mindfulness를 요청한다.[18] '마음 다하기'는 내가 서 있는 삶의 자리에 대한 깊은 인식을 말한다. 마음을 다하지 않으면 지난해 피던 꽃이 올해 피지 않음을 느끼지 못한다. 이웃의 고통이 보이지 않고 아픔이 전달되지 않는 것이다. 늘 있는 가족이라도 마음 다함이 없을 때 없는 것과 다르지 않음을 일상에서 느끼지 않는가? 마음을 다함으로 우리의 에너지가 고갈되는 법은 없다. 오히려 이를 통해 더 큰 영적 에너지를 얻을 수 있는 법이다. 내 주변의 존재들은 그 무엇이든지 간에 나에게 은총을 주고 구원을 베푸는 초월적 타자임을 명심할 일이다.

마지막으로 필자는 '손의 창조력'을 身土不二 영성의 본질로 생각한다. 오늘 우리 시대는 돈으로 남의 노동력, 재주는 물론 생명까지 살 수 있는 시대가 되었다. 그래서 돈에 대한 신뢰가 하느님에 대한 신앙보다 실상 더 중요해졌다.[19] 인간이 자율적 존재가 되었다곤 하지만 자본주의가 기승을 부리는 현실에서 인간은 오히려 더욱 철저하게 돈에 의존되어 있는 것이다. 돈에 의존되면 손의 창조력은 점점 쇠퇴하고 만다. 돈 버는 일 이외에 스스로 할 줄 아는 것이 점점 없어지기 때문이다. 이것은 인간 삶에 있어서 비극이 아닐 수 없다. 손의 창조력이 있을 때 자발적 가난이 가능하고 삶에 진정한 존엄성이 생기는 법이다. 일상을 하느님의 은총의 자리이자 신앙의 영역으로 승화시키기 위해서라도 손의 창조력은 회복되어야 한다. 돈이 없음으로 오히려 모든 것이 가능했다는 역설을 몸으로 고백해야 할 책임이 우리에게 있지 않겠는가?[20]

4장

생태 영성의 빛에서 본 '동물권動物權'

야성野性의 재발견

들어가는 글

2009년 겨울, 새길교회는 기획특집의 주제로 '사람과 동물, 동물의 권리는 있는가?'를 내걸었다. 앞서 가는 교회로, 새로움을 만들어 가는 교회로 조금도 손색이 없을 만큼 진보적이며 파격적인 사안을 토론 주제로 내세웠다고 생각한다. 혹자는 아직 인권 문제도 해결하지 못한 상황에서 동물의 권리 운운한다는 것이 시기상조이자 사치스런 일이라 여길 수도 있을 것 같다. 실상 MB정권이 들어선 이후 대한민국의 인권지수가 한없이 초라해진 것도 사실이다. 하지만 동물과 인간에 대한 이해는 상호 맞물려 있다는 것이 필자의 생각이다. 동물과 진실로 교감할 수 있는 사람이 인권을 존중하며 인간을 사랑하며 살 수 있는 확률이 그렇지 못한 경우보다 훨씬 높을 것이다. 실제로 우리는 천성산 터널 문제가 불거졌을 때 도롱뇽의 생존권을 지키려는 지율 스님의 사투를 숨죽이며 지켜본 적이 있었다. 물론 당시에도 이를 두고 찬반 논쟁이 있었지만 한 비구니 불교 스님의 동물에 대한 예민한 급진적 감수성에 기독교인으로서 필자는 부러움을 느꼈다. 동물의 생존권을 위해 마음의 지평을 넓혀 사유할 수 있다는 것이 현존의 기독교적 가르침 내에서 어려울 듯 여겨졌기 때문이다. 이런 상황에서 개신교 신앙 양식을 지닌 교회에서 동물권을 주제로 세미나를 개최했다는 것은 대단한 의미를 지닌다. 아울러 이러한 세미나에 초청되어 수의학자들과 시민 운동가과 더불어 학문적 토론을 하며 피차 배울 수 있게 된 것을 필자는 깊이 감사한다.[1] 당시 4시간이나 지속된 세미나의 전 과정을 지켜보며 날카로운 질문을 해주었던 참석자들에게 고마운 마음을 표하며 당시 발표했던 글을 수정, 보완하여 소논문으로 만들어 보았다. 향후 이런 논의가 더욱 빈번할 것인바, 개신교 측에서 더 많은 연구가 있기를 바란다.

1. 생태학적 성서해석의 빛에서 본 동물권

인간만을 신적 형상Imago Dei으로 보고 여타의 피조물을 신적 '흔적'으로 달리 보았던 기독교의 입장에서 동물권에 대한 논거를 밝히기가 쉽지 않다. 성서의 인간 중심주의적 입장은 소위 '인간 원리'라는 진화론적 시각과 맞물리며 서구 기독교 문명을 주도해 왔던 것이 사실이다. 그럼에도 지난 2천 년 역사는 권리 개념의 확장사史라 해도 틀리지 않다. 1215

년의 마그나 카르타 헌장으로부터 노예해방선언(1863년), 여성참정권(1920년), 노동권(1928년), 흑인권리헌장(1957년)을 거쳐 급기야 1973년에 인간 이외의 '자연권'에 대한 헌장이 발표되었던 것이다.[2] 자연권은 종의 멸종이 가시화된 현실에서 인류 및 생태계의 미래를 위해서 거듭 강조해도 지나침이 없다. 오늘의 주제인 동물권 역시 자연권에 대한 논의 선상에서 다뤄져야 할 사안이라 생각한다. 하지만 생명(유전자)공학의 발전은 종차種差를 허무는 과정에서 동물권을 급속히 인간에게 종속시키고 있다. 동물의 유전인자를 인간의 필요에 의해 마음대로 조작하고 변형하고 있기 때문이다. 도롱뇽의 생존이 인간사의 편리함과 견줄 수 없었던 것도 동일한 맥락일 것이다. 이런 정황에서 필자는 동물권에 대한 신학적 견해를 주로 원原역사[3]라 불리는 창세기 11장까지의 내용을 통해 정리하고 이를 현대 신학적 관점에서 재구성해 볼 생각이다. 이 과정에서 종래의 신학이 동식물 그리고 인간에게 차별적으로 붙여 준 생혼生魂, 각혼覺魂 그리고 영혼靈魂에 대해 전혀 다른 견해가 도출될 수 있을 듯하다.

주지하듯 일반적으로 전통 기독교 신학은 창세기 1장 28절의 '땅의 지배권' Dominium Terrae을 26절에 있는 신의 형상Imago Dei인 인간에게 주어진 특권이라 생각해 왔다. 동물들에게 이름 붙이는 일을 그와 주종관계를 맺는 의미로 해석한 것이다. 하지만 최근 생태학적 성서 해석에 의하면 이에 대한 다른 설명이 가능하다.[4] 본래 하느님은 하늘과 땅과 바다라는 생명 공간을 만드셨고 각각의 생명 공간 속에 하나의 생명체를 살도록 하셨다. 하늘에는 새를, 바다에는 물고기를 살게 하신 것이다. 그러나 땅에는 서로 다른 두 생명체, 짐승과 사람이 함께 살아야만 했다. 동일 공간 내에 두 생명체가 사는 것은 갈등과 혼돈Chaos을 야기한다. 이에 하느님은 먹이를 얻는 방식을 각기 달리 하도록 하였다. 짐승은 저절로 나는 풀을 먹을 것이며 인간은 씨를 뿌려 경작하라는 것이다. 그렇기에 땅을 지배하라는 것은 본래 경작하는 행위였다고 생태신학자들은 추론한다. 여기서 중요한 것은 성서가 동물들의 생존 자체를 처음부터 염려하였다는 사실이다. '땅'이라는 동일 공간에서 살되 먹이를 얻는 수단 자체를 달리하면 싸움 없이 공존할 수 있다는 것이다. 처음 창조 시 동물은 결코 인간의 도구나 수단으로 존재하지 않았으며 인간은 경작을 통해 동물의 고유한 삶 자체를 지켜 주는 삶을 살도록 운명 지워져 있는 존재였다.

창세기 5-6장에 나오는 노아의 방주와 홍수 사건을 통해서도 동물에 대한 새로운 시각을 얻을 수 있다. 생태신학자들은 홍수 사건에서 기독교 창조신앙의 본질을 읽으려 한다. 인간의 잘못이 하나밖에 없는 지구를 창조 이전의 혼돈 상태로 되돌릴 수 있음을 경고하기 때문이다. 여기서 중요한 것은 노아의 방주이다. 노아란 시대의 징조에 대한 위기의식과 우환의식에 투철한 존재였다. 그는 방주를 짓되 그 속에 온갖 생명체를 들여놓았다. 방주란 다양성의 자리였고 필요/불필요의 가치를 넘어선 공간이었다.[5] 필요한 것만을 선하게 보는 풍토에서 방주는 존재하는 것은 일체가 선(善)하다는 입장을 보여준 것이다. 에카르트Eckart의 말대로 있음을 결여할 만큼 무가치한 존재는 없음을 증명해 보인 것이다. 일체의 것이 상호수단과 목적의 관계에 있지 않았다는 말이다. 어떤 피조물에게도 그 스스로 존재할 수 있는 권리를 부여하고 인정한 것이다. 존재하는 일체 생명을 '필요'의 관점에서만 보지 않는 것이 동물권을 말할 수 있는 또 다른 성서적 근거일 것이다.

대홍수 이후 방주에서 나온 노아와 더불어 하느님은 새로운 계약을 맺으셨다. 처음 창조 때보다 큰 은혜를 베풀 것이니 다음의 약속은 꼭 지키라고 한 것이다. 사람들 눈에서 억울한 눈물을 흘리지 말 것과 동물을 피째로 먹지 말라는 것(창 9:1-7)이 바로 그것이다.[6] 전자는 인간 간의 관계에서 정의의 감각을 잃지 않기를 바라는 것이고 후자는 동물 나아가 전 자연과 인간의 관계를 염두에 둔 발상이다. 특히 동물을 피째로 먹지 말라는 말 속에서 우리는 동물권에 대한 성서적 단서를 발견할 수 있다.[7] 동물의 생명이 인간에게 달려 있기는 하지만 동물의 생명(본성) 전체를 망가트릴 수 없다는 것이다. 수십 마리의 동물 가죽으로 만든 옷이나 동물의 본성을 조작하는 생명(유전)공학의 작업들, 생명의 존엄성이란 말이 사치일 정도로 함부로 다뤄지는 실험실 내 동물들이 모두 생명 자체를 말살당하는 경우에 해당할 수 있다. 육류 제공을 목적으로 부조리하게 사육되는 동물들, 도살 및 운송 과정에서 동물에게 자행되는 비인도적 처사들, 인간들의 필요 유무에 의해 버려진 유기견들 또한 피째로 먹힌 것으로서 약속 파괴의 실상을 보여준다. 중요한 것은 인간과 동물에 대한 두 약속이 동전의 양면처럼 함께 굴러간다는 사실이다. 하나가 지켜지지 않으면 다른 것 역시 지켜지지 않는 법이다. 결국 동물권은 인간 간의 정의의 감각과 처음부터 분리될 수 없는 사안임을 성서는 가르치고 있다. 인권을 중요하게 생각하는 사람이라면 동물권 역시 인정할 수밖에 없다는 것이 성서의 생각인 것이다.

2. 중세적 영혼 이해에 대한 재해석
– 생혼(식물), 각혼(동물), 영혼(인간) 3분법에 대한 재고

이외에도 인간과 짐승들 간의 평화에 대한 성서적 논거는 적지 않다.

사자와 양 그리고 어린아이가 함께 뛰노는 세상을 염원하고 있다. 성서는 자연이 인간을 토해 내고 인간과 짐승이 반목하는 현실을 죄의 결과로 본다. 동물권을 논의해야 할 만큼 열악해진 짐승들이 실상을 성서는 당연하게 바라보지 않고 있다. 종종 그래왔듯 인간 중심주의 시각에서 정당화할 수 없다는 것이다. 동물권의 확보와 인간의 구원이 무관치 않다는 것이 성서의 한 관점인 것을 숙지할 필요가 있다. 흥미롭게도 마가복음서(1:13)는 예수의 고독한 40일 광야생활에서 그와 교감을 나눈 유일한 존재가 짐승이었음을 환기시켰다.[8] 영국의 생물학자 루퍼트 셀드레이크 역시 동물들이 가진 특이한 능력을 찾는 연구에 몰두해 왔다.[9] 이들 모두는 동물 역시도 인간과 교감할 수 있는 정서적, 정신적 차원이 있음을 인정한 것이다. 이에 필자는 본 장에서 생혼生魂, 각혼覺魂 그리고 영혼靈魂으로 이해된 동물과 인간의 구별을 장場, field 이론의 차원에서 새롭게 해석해 보고자 한다.

주지하듯 중세 이래로 식물에게는 성장/소멸을 지배하는 생혼生魂만이, 짐승들에게는 생혼에 더하여 아픔과 배고픔을 느끼는 각혼覺魂이 그리고 인간은 이 둘에다 결코 소멸치 않는 영혼靈魂이 함께 깃들어 있다고 이해했다.[10] 생혼과 각혼은 죽으면 소멸하지만 영혼만큼은 불변하기에 인간은 여타 동물들보다 우월한 존재로 생각된 것이다. 영혼은 여기서 초월적 속성과 등가적이었다. 지금껏 기독교는 초월성을 강조한 나머지 내재성의 중요성을 간과해 왔다. 그러나 인간의 초월성은 우주 공동체의 포괄적 관계성의 맥락에서 이해되어야 마땅하다. 이 점에서 토머스 베리 신부는 상술한 세 종류의 구별적 혼魂 대신에 만물의 존재에서 발견되는 자생성自生性, 곧 야생의 의미를 강조했다.[11] 생혼과 각혼은 지금껏 인간에 의해서 통제되고 판별되는 대상이었으나 자생성으로서의 야성은 결코 인간에 의해 통제될 수 없는 어떤 것을 말한다. 그래서 베리 신부는 야성을 신성한 것으로 여겼다. 영적인 것과 물질적인 것이 우주라는 한 실재의 두 차원임을 말하려는 것이다. 다르게 표현하면 자생성 자체가 신성한 것, 영적인 것일 수 있다는 말이다. 모든 생명체가 먹이를 찾고 은신처를 만들며 새끼를 낳아 키우고 희로애락을 느끼는 한 그것은 우주의 야성, 창조적 신성의 표현들이다. 이런 야성野性 속에 우주를 질서지우는 법도가 존재하는 것도 사실이다. 하지만 이것 역시 인간은 충분히 포착할 수 없다. 분명한 것은 균형과 법도를 어기는 존재는 유일하게 인간뿐이란 점이다. 생태학적 시편으로 불리는 시편 104편은 이런 인간을 악당(죄인)이라 하며 하느님 정원에서 내쫓고 있다. 불교에서 삼라만상이 부처인데 인간만이 유독 부처가 되지 못함을 말하는 것과 같은 이치이다. 야성이 곧 신성과 다르지 않는 한 생혼, 각혼, 영혼의 전통적인 분류법은 무의미하다. 동물 역시도 인간에 의해 포착될 수 없는 자기 목적적인 존재가 분명하기 때문이다. 생명 현상을 물리학으로 환원시키기보다는 자연 자체인 동물들이 가진 특이한 능력에 귀 기울일 때 우주의 신비는 제대로 드러날 것이다. 예컨대 주인의 귀가 시간을 정확히 인지하는 개, 자신의 둥지를 정확히 찾아오는 비둘기, 흰개미 사회의 신비, 그리고 형태 공명 Morphic Resonance 이론에 근거한 동물들이 학습능력에 대한 발견은 경이롭기 그지없다.[12]

이 점에서 셸드레이크는 신학자 매튜 폭스와의 대화에서 혼魂을 장場, field 이론의 차원에서 새롭게 이해한다. 과거 인간 내부에 있다고 믿어지던 혼을 과학의 이름으로 확대 해석하고 있는 것이다. 육체(몸) 속에 혼이 있지 않고 혼(場) 속에 몸이 있다는 발상의 전환이다. 혼이 몸보다 크다는 이런 생각은 중세 신비가들의 발상이었고 현대 과학의 발견이기도 하다.[13] 이로써 혼은 속성의 차원이 아닌 일체 존재를 견인하는 보이지 않는 힘으로 역할을 할 수 있게 되었다. 삼라만상의 존재가 혼[場] 속에 있음으로 어떤 것도 개체로 머물 수 없고 상호 침투할 수 있는 것이다. 육체로는 같은 공간을 점유할 수 없으나 혼으로는 더불어 있다는 말이다. 앞서 우리가 말한 야성野性도 혼[場]에서 발생하는 상호 교감능력과 다르지 않을 듯하다. 결국 인간과 동물, 곧 자연 생명체는 유기적(관계적) 방식으로밖에 달리 존재할 수 없다는 사실이다.

3. 홀아키적 세계관에서 본 인간과 동물
– 약한 인간 중심주의?

인간과 동물을 하나의 장場 속에서 피차 교감하는 존재로 인식하는 혼魂에 대한 이해는 '하느님 영'의 진화의 틀에서 더 잘 설명될 수 있다. 바로 홀아키Horachy적 세계관[14]은 초월성과 내재성을 아우르는 하느님 영의 활동 구조를 잘 보여준다. 여기서 실재Reality는 자족적인 실체가 아니라 항시 부분과 전체로 구성된 전일적 존재를 뜻한다. 예컨대 물질과 생명, 마음 그리고 영혼 나아가 정신Spirit 역시도 홀론적 존재라는 사실이다. 생명은 물질을 포함하면서 초월하며 마음 또한 생명을 초월하면서 포함하고 있다. 이는 정신과 영혼의 관계에 있어서도 마찬가지이다. 각각의 상위 수준들은 하위 수준에서 발견되지 않는 기능, 능력, 구조 등을 갖고 있기에 불가역적이며 환원 불가능하다. 하지만 하위 수준 없이는 상위 단계 역시 존재할 수 없기에 하위 구조 역시 부정될 수 없는 것 또한 사실이다. 여기서 중요한 것은 하느님 영이 물질로부터 영혼에 이르는 전 과정(진화) 속에 편재한다는 사실이다. 다시 말해 홀론적 존재의 기반을 이루는 것이 하느님 영이란 사실이다. 물론 하느님 영의 초월성 자체를 부정할 수 없다. 하지만 그렇게 되면 인간 외적 영역의 탈신성화가 가속화될 수밖에 없을 것이다. 초월과 내재를 동시에 말하는 홀아키적 우주론에 근거하여 우리는 인간과 자연 간의 무차별적 동일성을 말하는 헤테라키적 시각과 일정 부분 거리를 둘 수 있다. 달리 말하면 기저 가치는 하위 수준의 홀론이 크지만 홀론의 깊이 곧 내재 가치에 있어서는 상위 단계의 홀론이 중요하다는 사실이다. 하지만 기저 가치의 중요성을 강조하는 면에서 홀아키론은 이전 신학과 달리 '약한' 인간 중심주의를 말할 수밖에 없다. 약한 인간 중심주의란 홀론적 존재들 간의 계층적 구조를 인정하나 가치 서열적인 절대적 차이를 부정하는 입장이다. 인간과 인간 외적 영역, 특히 동물과의 관계에 있어 유기적 존재임을 인정하나 그것을 포괄하되 넘어서는 측면도 부정하지 않는다는 사실이다. 바로 이 점에서 홀아키적 세계관과 성서적 입장이 무리 없이 만날 수 있다. 성서를 생태학적 시각에서 읽는다 해도 기독교는 인간과 인간 외적 영역을 동일한 차원에서 이해하지는 않기 때문이다.[15] 그러나 포함하며 넘어서는 홀론의 창발, 하느님 영의 진화는 물리학은 물론, 생물학, 동물학 나아가 심리학의 전 영역과의 관계를 전면적으로 되묻고 있다. 진화의 영으로서의 하느님이 온우주Kosmos[16]를 사랑한다는 것이 홀아키적 세계관의 본질이다. 생물의 다양성이 보존되고 동물권이 회복되며 인간의 무의식이 치유되는 과정 없이 기독교의 구원을 말할 수 없는 이유가 여기에 있다.[17]

4. 진진眞眞과 함께한 필자의 한 경험
- 야성野性으로서의 신성神性 체험

끝으로 동물과 관계된 필자의 경험 하나를 소개하고 싶다. 이 경험은 동물권을 논하는 이 자리에 필자를 세운 직접적 계기가 되었다.

강원도 시골에서 '진진眞眞'으로 불리는 진도견을 키운 지 6년이 되었다. 생후 두 달 때부터 키웠으니 어지간히 깊은 정을 나눈 사이가 되었다. 지난해 여름 묶어 두었던 끈이 풀려 거의 2주일간 진진은 집을 떠나 있었다. 사방을 찾아 헤맸으나 그를 만날 수 없었다. 마음을 접을 무렵 마을 사람으로부터 소식이 들어왔다. 발에 큰 족쇄를 채운 채 쩔룩거리며 다니는 진진을 보았다는 것이다. 현장으로 달려가던 중 필자는 집으로 오는 진진을 만날 수 있었다. 들은 대로 뒤 발목에는 멧돼지 덫이 걸려 있었고 몸은 한없이 말라 있었다. 상황을 판단하니 산을 헤매다 멧돼지 덫에 걸렸고 2주간을 사투하다가 간신히 줄을 끊고 덫을 매단 채 집으로 오는 중이었다. 덫에 걸린 발목은 이미 썩어 검게 변했고 구더기로 가득 찼다. 발목에 들어난 흰 뼈가 눈으로도 확인되었다. 그런 상태로 집을 향하던 진진이 우리를 보고 반갑다고 꼬리를 쳤다. 눈에는 눈물이 그득 고여 있었다. 그 고통 속에서 의연하게 반가운 감정을 표현하는 진진을 보며 우리는 그와 모든 것을 교감할 수 있었다. 그는 더 이상 미물이 아니었다. 누가 '개 같은' 사람이라고 감히 욕할 수 있는가? 진진은 우리 사람을 여러 면에서 능가, 압도하고 있었다. 참을성, 의연함, 절제 그리고 주인에 대한 헌신 등, 지금도 눈에 선한 진진의 모습들이다.

진진을 껴안고 미안하다는 말을 연발하며 덫을 풀려 하였으나 우리 힘으로는 역부족이었다. 한 밤을 진진과 함께 고통스러워 하며 지새다가 다음날 진진의 발은 원주 가축병원에서 수술로 잘렸다. 그 발이 아무는 2-3개월 동안에도 진진은 조금도 흐트러진 모습을 보이지 않았다. 간혹 우리 품에 안겨 깊은 숨, 안도의 호흡을 하는 모습을 여러 번 경험했다. 며칠 집을 비울 때의 그의 얼굴 모습과 눈빛은 귀가 시의 그것들과 전혀 같지 않았다.[18] 희로애락을 함께 느낄 수 있는 진진은 더 이상 인간과 다른 생명체가 아니었다. 그도 영혼을 지닌 존재라는 생각을 지울 수 없었다.

중세의 한 화가의 천국 그림에는 동물들이 그려져 있다고 한다. 하늘나라에 동물이 없다면 그곳은 진정코 천국이 되지 못할 것이다. 광야의 예수를 수종하던 유일한 존재가 동물이었음을 재차 생각하는 것이 좋을 듯하다. 인간의 구원을 말하는 만큼이나 동물 역시 구원의 대상이 될 것이다. 인간이 타락했기에 동물을 무서워하고 그에 대해 이런저런 말을 할 수 있을 뿐 동물 그 자신은 이미 예수와 더불어 존재할 수 있었던 영험한 존재라 말해도 좋지 않을까? 진진과 함께 생활하면서 필자에겐 베리 신부가 말한 야성野性으로서의 신성神性이란 말을 달리 부정할 수 없었다. 그 역시 인간이 함부로 할 수 없는 거룩한 존재요 인간과 소통할 수 있는 영성적 존재였던 것이다.

새길교회의 동물권 세미나에서 생명체학대방지포럼 대표직을 맡고 있는 박창길 선생은 아직 육식의 습관을 마감치 못하고 있는 우리 학자들 모두를—불교인이든 기독교 신학자든 간에—향해 실망의 느낌을 전했다. 어찌 동물을 먹을 수 있느냐는 것이었다. 누구도 그분의 진지한 나무람에 이의를 제기하지 않았다. 전적으로 옳아서만이 아니라 동물권에 대한 성찰을 그분만큼 철저하게 해보지 못했기 때문이었다. 그러나 여전히 기독교는 불교와 같지 않기에 인간과 동물을 수평적으로, 헤테라키적으로 이해하지 않을 듯싶다. 그래서 필자는 홀아키란 개념을 차용하여 기독교적 입장을 말하려 했다. 그러나 필자 역시도 본 사안을 열린 난제難題로 놓아둘 작정이다. 언젠가 인간을 심판할 동물이 있을 것이란 A. 슈바이처의 말이 귓가에 생생하기 때문이다.[19]

2부

생태적 회심과 기독교의 재주체화

1장

기독교 생태 영성

기 독 교 애 니 미 즘 의 길

들어가는 글

– 지구신학자, 토마스 베리의 문제의식

이 글에서 필자는 프랑스의 진화신학자 떼야르 드 샤르뎅의 분신이라 불리는 미국 신부 토마스 베리T. Berry의 생태학적 사고, 곧 '기독교적 애니 미즘'을 구축하려는 그의 노력을 살펴보고 그가 지닌 생태 신학적 입장을 홀아키적 세계관을 지닌 켄 윌버Ken Wilber[1]의 시각에서 짧게 평가해 보려고 한다. 한마디로 베리 신부의 관심은 지난 이천 년간 초월적 계시 종교의 이름으로 기독교가 파괴했던 자연 생명, 즉 애니미즘Animism을 기독교적 방식으로 복원하려는 데 있다. 『지구의 꿈』(1988), 『신생대를 넘어 생태대로』(1991),[2] 『우주 이야기』(1992)[3] 등을 통하여 베리 신부는 신학적인 여러 구설수에 시달리면서도 지구 생태계의 건강을 최고의 신학적 관심사로 설정한 자신의 입장을 감동스럽게 전달해 준다. 1962년 카슨R. Carson의 『침묵의 봄』을 읽고 충격을 경험했던 그는 자신의 정체성을 "지구신학자"Geologian란 말로 정의했다.[4] 이것은 하느님을 연구하는 신학자Theologian나 지구를 연구하는 지질학자Geologist와도 다른 개념이다. '신'대신에 '땅'을 앞에 놓고 지질학자의 'ist' 대신에 신학자의 'ian'을 접미사로 택했기 때문이다. 예수 고난회 신부로서 젊은 시절 서양 역사학을 공부한 그는 점점 인도, 중국 등 아시아 문화 전통 그리고 북아메리카 토착 문화에 깊이 천착했다. 각각의 문화가 공히 우주 이야기를 갖고 있음에 주목했고 하지만 그 속에서 인간과 자연의 관계가 달리 언표되고 있는 사실을 깊이 생각했다. 그러고는 오늘의 생태학적 위기를 성서와 기독교 전통이 신(인간)과 자연의 분리에 기초한 자신만의 특수한 신학적 관점을 지나치게 과장했고 강조한 탓으로 이해했다. 그렇기에 자연의 탈신성화를 부추긴 초월적 신관은 지구 신학자 베리에게는 수정되어야 할 첫 번째 대상이었다. 더욱이 오늘의 과학은 우주에 대한 새로운 계시를 인간에게 수여하고 있는 상황이다. 우주가 완결된 상태로 현존하는 것이 아니라 지금도 생성 중에 있다는 사실Cosmogenesis[5]은 지금껏 성서가 알지 못했던 진리라는 것이다. 그렇기에 그는 성서 66권(카톨릭 73권) 속에 하느님의 계시가 완전히 나타났다는 생각을 거둔다.[6] 계시의 자기 발견적 특성을 강조한 것이다. 그가 이웃 종교 전통으로부터 배울 것은 배워야 한다고 생각하는 것도 이런 이유에서이다. 과학에 의해 발견된 새로운 계시, 곧 '생성'으로서의 진리는 샤르뎅 신부의 진화론이나 과정사상과도 유사한 것으로[7] 초월적 신관보다는 인간과 자연을 유기체로 이해한 동양 종교 전통과 닮아 있다고 생각했던 것이다. 그렇기에 지구신학자로서의 그의 꿈은 기독교가 배격해 온 정령신앙을 기독교적으로 새롭게 정초하는 일이었다.[8] 이는 인간뿐 아니라 만물 모두에게 저마다의 주체성을 인정하는 일이기도 했다. 오히려 인간만의 주체성을 강조하고 자연을 대상으로 폄하하는 것을 자폐증후군이라고 혹평하기도 했다. 그러나 자연에게 주체성을 부여하는 이런 일이 어떻게 가능할 수 있을까?

2. 우주 만물과의 친족 관계로서의 인간

이 주제에 대한 베리 신부의 신학적 해명은 우주 폭발Big Bang 당시와 신생대로까지 소급된다. 우선 우주가 시작되던 시점을 회고해 보면[9] 최초의 우주는 만물을 다양하게 분화시키기 위해 한없이 팽창될 수밖에 없었다. 빅뱅 사건 이후 수많은 존재(물체)들이 생겨간 것은 부정할 수 없는 엄연한 사실이다. 그러나 그 즉시 인력引力이 생겨나 팽창되던 것을 상호 잡아 당겨 그들 간의 결속을 도왔다. 태초에 폭발로 인한 다양성과 상호 결속시키는 과정이 함께 있었다는 것이다. 이 과정에서 10의 120승 분의 1의 오차라도 있었다면[10] 오늘의 지구는 극한으로 팽창하여 사라져 없어졌던가 아니면 극도로 수축되어 우주는 한없이 수축되어 있었을 것이라 한다. 이 점에서 베리 신부는 지구를 포함한 우주가 오늘의 상태로 존재한 것을 우주를 감싸고 있는 자비, 태초부터 존재한 우주의 영적 측면의 탓으로 돌린다. 여기서 중요한 것은 우주 내 만물이 하나의 동일한 원천에서 흘러나왔기에 모든 것은 유전자적으로 상호 친족관계에 있다는 지적이다.[11] 더욱 샤르뎅이 그랬듯 베리 신부 역시 우주가 시초부터 정신적 영적 차원을 갖고 있다고 말한 만큼 이런 친족관계는 물리적 차원만이 아니라 영적(정신적) 차원에서도 해당되는 말이다. 시초부터 물질과 정신(영혼)이 분리되어 있지 않았고 존재하는 것은 오로지 정신으로 되어 가는 물질 뿐이라는 샤르뎅식 설명이 바로 만물 간 친족성의 실상을 드러내고 있다. 물질 자체가 결코 죽어 있는 대상이나 수단으로만 존재하지 않는다는 것이다. 베리 신부가 기독교적 애니미즘을 말할 수 있는 첫 번째 근거는 바로 이 점에 있다.

다음으로 베리 신부는 오늘 우리 시대가 인간을 출현시킨 신생대를 끝내고 생태대Ecozoic로 옮겨 가고 있음을 역설했다. 주지하듯 지난 6천 5백만 년 지속된 신생대는 지구상에 정신적 존재인 인간을 탄생시키는 엄청난 일을 했다. 이것을 과학자들은 소위 '우주론적 인간 원리'Anthropic principle라 부른다.[12] 우주는 지난 시기 동안 꽃, 새, 곤충 등 무수한 생명체를 이 땅에 탄생시켰던바, 그것은 결국 인간의 탄생을 위한 준비였다는 것이다. 하지만 이것을 인간 중심주의적 사고와 같은 선상에서 이해할 수는 없다.[13] 이것은 우주가 그 시초부터 인간의 탄생을 알았다는 것으로 우주 탄생과 인간 탄생이 상호 무관한 것이 아님을 말하는 데 그 목적이 있기 때문이다. 여기서 베리 신부는 오늘의 기독교가 인간 영혼의 구원 과정에만 관심 둘 것이 아니라 전 창조 과정을 배려하도록 주문한다. 그의 글들 속에는 인간 구원 문제에만 지나치게 집착한 기독교 교회와 신학에 대한 안타까움이 짙게 서려 있다. 인간이 실상 신생대 시기에 지구에 무임승차한 것이나 다름없다는 것도 베리 신부가 강조하는 내용이다. 이런 인간이 자신을 존재토록 한 뭇 생명체를 파괴하고 있다는 것은 설명할 수 없는 불합리이다. 더더욱 신생대 끝에 태동한 기독교가 이 일에 일조했고 그보다 앞선 뭇 종교들을 배타했다는 것은 베리 신부에게는 너무 큰 아픔이었다. 기독교보다 더 오랜 역사를 지닌 우주, 그리고 신생대의 말미에 출현된 인간 이해를 근거로 향후 기독교가 할 일은 로마서의 말대로, 우주론적 인간 원리에 적합하게 "피조물이 고대하는 방식으로 그 존재 방식을 달리하는 것"뿐이라고 말하는 것이다.

3. 우주적 그리스도의 입장에서 본 삼위일체론

이런 설명을 근거로 베리 신부는 기독교 애니미즘을 위한 신학적 원리를 분명히 제시한다. 기독교 신학의 핵심인 삼위일체 교리에 대한 다음과 같은 재구성이 베리 신부의 지구신학을 뒷받침하고 있다.[14] 우선 베리 신부에게 성자 하느님은 만물의 다양성의 원리로써 표상된다. 만물이 어느 하나에만 귀속되지 않고 다양하게 존재하는 것 자체가 지구신학에 있어 하느님을 알리는 징표라는 것이다. 여기서 베리 신부는 아퀴나스의 말을 다음처럼 인용한다.

"하느님이 이처럼 많은 삼라만상을 지은 것은 하나의 사물 속에 부족한 것은 다른 사물을 통해 보충토록 했기 때문이다. 삼라만상 전체가 어떤 하나의 존재보다 신에 대해 훨씬 잘 드러내며 전체가 모두 신에 참여하고 있는 것이다. 하느님은 자신의 모든 것을 특정한 하나의 존재를 통해 전적으로 전달할 수는 없었다."[15]

이런 이해는 기독교와 이웃 종교와의 관계에 있어서도 적용된다. 존 힉과 같은 종교신학자는 기독교인들에게 하느님은 예수 그리스도 안에서 충분히 알려졌으나 하느님 전체가 알려진 것은 아니라고 했던 것이다.[16] 이처럼 베리 신부는 다양성을 존중함에 있어 자신의 믿음을 제한할 이유를 느끼지 못했다. 그만큼 그에게 있어 다양성의 원리는 하느님 자체였던 것이다. 다음으로 그는 성자 예수 그리스도를 만물 자체의 자성自性의 원리로 이해했다. 이는 우주 내 모든 존재가 자기 고유한 독특성을 갖고 존재한다는 사실을 기독론적으로 수용했음을 뜻한다. 그러나 이것은 실상 다양성의 원리를 다른 방식으로 표현한 것이다. 다양성은 자성自性을 근거로만 말해질 수 있는 개념이기 때문이다. 그렇기에 하느님과 예수는 둘일 수 없는 것이다. 여기서 베리는 나사렛 예수 한 개인에게 집중된 기존의 기독론을 넘어설 것을 주장한다. 우주적 그리스도, 곧 우주적 인격으로서의 예수를 말하겠다는 것이다.

주지하듯 지금껏 기독교는 우주를 초월한 유일신으로서 우주 창조자(無로부터의 창조)를 설정했고 그 존재가 한 개인 속에서 육화되었음을 말해왔다. 더욱이 한 인간 개개인의 죄와 악의 구원을 위한 그의 대속적 역할만이 중시되었다. 그러나 우주 생성이 새로운 계시로 인정되는 현실에서 우주적 그리스도가 말해지지 않을 수 없다. 그렇지 않다면 오늘의 신학은 과학이 발견한 새 우주론과 마주할 수 없을 것이다. 이 점에서 베리 신부는 "태초에 말씀이 있었다"는 요한의 우주 이야기가 우주의 시초부터 그리스도(영성)가 존재했다는 지구신학의 성서적 토대라고 역설하였다. 모든 만물이 자성自性을 갖고 있는 것은 말씀이 만물 속에 내주하고 있다는 말로도 해석될 수 있는 것이다. 이것은 종래의 초월적 신관과 달리 내재적인 하느님 이해를 가능케 하는 대목이다. 실제로 "말씀이 육신이 되었다"는 요한복음 1장 14절 말씀은 하느님이 만물 속에 내재한다는 의미와 다르지 않다. 왜냐하면 이 본문은 본래 우주 창조자를 말하는 구약의 지혜문서에서 유래되었기 때문이다.[17] 전 자연을 하느님의 자기표현 공간으로 본 이런 자연신학적 이해는 모든 만물이 불성을 갖고 있고 그로써 연기적 존재라는 불교적 세계관과도 너무도 적합한 듯 보인다.

마지막으로 성령은 베리 신부에게 모든 것을 연결시켜 주는 원리, 곧 조화와 결속 그리고 관계의 원리로 해석된다. 앞서 우리는 우주 팽창력에 대해 인력引力의 중요성을 말한 바 있었다. 태초에 인력은 흩어져 버릴 모든 물체를 유지시키고 그들 간의 관계를 형성시키는 대단히 중요한 역할을 담당했다. 사물들 간의 관계성이 생태계의 으뜸가는 원리임을 누구나가 알고 있다. "모든 것은 모든 것과 관계를 맺고 있다"는 것이 생태계 내의 제1의 원칙인 것이다. 존재하는 것이 자성自性을 갖고 있기에 세상이 다양하지만 그러나 다양한 세상이 유지 존속될 수 있는 것은 그들 모두를 결속시켜 내는 성령이 우주 안에 존재하기 때문인 것이다. 이런 성령으로 인해 우리는 진정으로 차이(다양성)의 축제를 경험할 수 있게 된다. 성령이야말로 존재하는 모든 것이 한 우주적 원천으로부터 출원한 친족 관계에 있음을 재확인하는 원리인 것이다. 이는 하느님의 내재성의 복원을 뜻하기도 한다. 바로 이런 내용들이 토마스 베리 신부가 말하는 지구 신학의 골격이다. 과학이 발견한 새로운 계시를 토대로 신학적 원리를 새롭게 구성한 것이다. 대단히 흥미롭고 아름다운 신학적 토대이다. 이 신학은 보편성을 견지할 수 있다. 거듭 말하지만 지금껏 신학은 자신만의 다름, 독특성에 근거하여 발전되었다. 그 결과 공도 많았으나 화도 그에 못지않게 적지 않았다. 이 점에서 베리 신부는 과학적 계시와 인류 모두가 공히 갖고 있는 우주 이야기를 토대로 새로운 신학을 구성했고 그로써 생태대로의 비약을 꿈꾸고 있는 것이다. 차이만이 능사가 아니라 새로운 우주론 하에서 여타의 종교와 함께하는 보편적 신학이 발전되기를 희망하고 있다. 이 점에서 베리 신부의 지구신학은 종교 간 공동 토대를 전제하는 켄 윌버의 사유와 만날 수 있다.[18]

4. 신생대의 문화 중독증을 벗겨내기 위한 치유법
- 수치심의 은총

이런 지구신학자 베리의 꿈은 '새로운 출애굽'[19]이란 말 속에 잘 드러나 있다. 그 옛날 이스라엘 민족이 애굽에서 탈脫했듯이 이 땅의 인간 역시 종래의 신생대를 넘어 생태대로의 탈주를 기획해야 한다는 것이다. 인류는 물론 우주 자연 자체가 공존할 수 있는 새로운 가나안을 희망하라는 것이다. 지금까지의 기독교는 '땅 어머니'에 대한 '하늘 아버지'의 승리를 선호한 종교였다. 그러나 베리 신부는 이런 기독교와는 과감히 단절할 것을 요청한다. 아무리 새로운 신학이라도 신학 본성상 이전 전통과의 연속성을 갖지 않을 수 없는 법이다. 이것이 종교와 토마스 쿤이 말한 패러다임 간의 어쩔 수 없는 차이이다. 그러나 베리 신부는 신학에서조차 연속성보다 불연속성을 과감히 채택할 수 있음을 말한다.[20] 성서가 생각했던 것과는 전혀 다른 방식으로 우주가 작용하고 있으며, 영원히 존재하리라 믿던 우주 자연의 토대가 무너지는 상황에서 기독교 신앙은 이전과는 전혀 다르게 표현되어야 한다는 것이 그의 확신이다. 교회에서 고백되는 주기도문, 사도신경 어느 곳을 보아도 자연을 구원하는 일에 대한 관심이 없음을 지적하였다. 새로운 인간을 약속하고 보증하는 세례 예식에도 인간과 자연의 관계를 전혀 다르게 예시하는 내용이 보이지 않는다는 것이다.[21] 그렇다면 정말 우주의 시초부터 그리스도(영적) 차원이 있었음을 믿고 우주적 기독론을 말하는 신학을 하고 그런 영성을 키우는 것이 급선무란 생각은 이제 거절하기 어려울 것이다.[22] 우주적 영성을 말한다면 이제 우리는 특정 종교가 계시의 전체를 갖고 있다는 생각을 앞세울 수는 없다. 이는 마치 백합화가 꽃들의 전체 아름다움을 다 갖고 있다는 말과 다름 아니기 때문이다. 백합화가 아름답듯이 다른 꽃들 역시 아름다운 법이다.

기독교 안팎에서 많은 이들이 하느님의 일차적 계시를 우주 자연 속에서 발견하고 그것을 그들 나름의 우주 이야기로 언표하며 살아왔고 살고 있다. 기독교 신학자들은 자신의 창조론뿐 아니라 그들이 표현한 계시에도 더욱 관심을 기울여야만 한다.[23] 다른 꽃들도 아름답듯이 다른 식으로 육화된 우주 계시 역시 우리에게 소중할 수 있기 때문이다. 베리 신부의 꿈, 생태대로의 탈주, 곧 새로운 출애굽은 자연이 인간보다 우선임을 상기시킨다. 이 세상 만물이 살아남지 못하는 한 인간의 생존 역시 어려울 수밖에 없다. 자신의 의로움을 포기치 않은 욥에게 나타난 하느님의 의외의 음성을 다시 생각할 때이다. "내가 이 세상을 만들었을 때에 너는 어디에 있었느냐?"[24]

생태대로의 탈주는 거저 되지 않는다. 우주 자연에 대한 은총의 감각, 곧 생명체에 대한 정감이 생기지 않는다면 가능한 일이 아닐 것이다.[25] 생태계의 모든 존재들이 우리에게 말을 걸고 있고 탄식하고 있다는 예민한 감수성이 그 어느 때보다 필요할 때이다. 기독교인 된 우리는 우주적 그리스도의 새로운 자각 속에서 생태적 수치심[26]을 느껴야 한다. 지구상의 모든 것들 속에 내주한 영적 측면을 무시하고 함부로 살아온 지난 세월에 대해, 여전히 물질적 축복과 영혼 구원만 외치고 있는 오늘 교회 현실을 보며 생태학적 수치심을 느껴야 하는 것이다. 이것이 우리가 하느님과 우주 자연 앞에서 해야 될 첫 번째 도리이다. 지금 지구는 로마서 8장이 기록하듯 임산부의 고통 속에 있다. 임산부의 고통은 삶과 죽음의 기로에 서 있는 고통이다. 지구가 새로운 생명을 잉태할 수 있도록, 생태대로의 도약이 가능토록 우리의 수치심은 항차 자연을 위한 희생의 방식으로 나타나야 할 것이다.[27] 우리 모두가 이런 방식으로 존재할 용기 Courage to be를 갖기를 우주 자연이 고대하고 있다는 것이 성서의 증언이 아니던가?

얼마 전 필자는 정주 목회자들이 모인 자리에서 일생 잊지 못할 성만찬을 경험한 바 있다. 정주 목회자란 일생을 농촌에서 살며 농촌을 살리고 환경을 살리는 일에 삶을 던지고자 한 목회자를 일컫는다. 필자가 속한 감리교 내에서 정주 목회 운동이 일어나게 된 것을 하느님께 감사한다. 예배 시 정주 목회자들이 집례한 성찬식에 강원도 한 산골의 샘물과 엄지손가락 크기로 뭉친 보리밥 덩이가 포도주와 떡을 대신해 사용되었다. 늘 사용하던 떡과 포도주가 인간(영혼)만을 위한 성찬의 도구로 여겨졌다면 이들이 사용한 맑은 샘물과 보리밥은 인간과 우주를 아우르는 성사적 Sacramental 표증으로 각인되었다. 포도주와 떡이 시냇물과 보리밥으로 바뀐 것은 단순 재료의 달라짐 그 이상이다. 기독교와 우리가 선포하는 메시지 자체에 대한 시대 적합한 반성과 통찰이 없으면 생겨날 수 없는 일이다. 이 점에서 우리 교회는 이들 정주 목회자로부터 배울 바가 너무도 많고 크다. 교회의 규모로 목회자의 크기가 가늠되고 성직의 서열 구조가 강조되는 현실에서 생태학적 수치심을 자신들 영성의 첫 걸음으로 삼아야 할 이유가 여기에 있다.

나가는 글

– 토마스 베리 신부의 "기독교 애니미즘"에 대한 보론

주지하듯 애니미즘과 기독교는 이천 년 기독교 역사 속에서 함께할 수 없는 이념체계였다. 그보다 훨씬 먼저인 구약성서 시기로부터 초자연적 신관을 지닌 히브리 창조 설화는 농경 문화의 내재적 신과는 상극적 관계를 형성해 왔다. 애니미즘의 파멸과 극복이 히브리 성서의 성립 배경이었고 그 에토스를 가지고 이천 년 서구 역사를 지배해 온 것이 기독교였다고 말해도 틀리지 않다. 종교개혁 이후 과학 혁명이 일어난 시기에 이런 모습은 절정에 이르렀다. 바로 이런 정황을 직시하고 초월신과 애니미즘이란 이질적인 양자를 종합하여 하나로 이해하려 했던 베리 신부의 신학적 시도는 참으로 파격적이라 말할 수 있다. 근본적으로 이것은 '존재 우위' 사유 대신 '생성'을 우주의 본질로 생각한 샤르뎅 신부의 영향력을 생각하지 않고서는 말할 수 없는 내용이다. 태초부터 존재했던 것은 오로지 '정신으로 되어 가는 물질'이었다는 진화론적 주장이 바로 기독교적 애니미즘을 말할 수 있는 이론적 토대였던 것이다. 그러나 인간 자체를 출현시킨 신생대가 자연 생태계의 파멸로 멸망 직전에 있고 인간 자신의 삶도 위협받는 현실에서 베리 신부는 낙관적인 미래를 펼쳤던 샤르뎅과 달리 현실에 대한 어마어마한 공포를 역설했다. 물론 그 역시 전적으로 새로운 세계, 곧 생태대를 향한 매혹을 인간이 지녀야 할 감성임을 강조했으나 그보다 공포를 앞세운 것이다. 이것은 생태학적 수치심을 지닌 인간이 자신 및 우주의 치유를 위해 지녀야 할 종교적 태도일 것이다.[28]

필자는 종교학자 루돌프 오토Rudolf Otto의 '두렵고 떨림(누미노제)'의 경

험, 곧 인간 종교성의 선험적 원리를 베리 신부가 오늘의 생태계 현실에서 '공포와 매혹'이란 말로 바꾸어 이해한 것이라 이해한다. 젖과 꿀이 흐르는 가나안 땅에 대한 매혹이 히브리 민족에게 출애굽의 용기를 주었듯이 생태대에 대한 매혹이 파멸 직전에 있는 신생대에 사는 인간에게 새로운 출애굽의 희망을 줄 수 있다는 베리 신부의 말에 일말의 타당성을 부여할 수 있다. 그러나 생태대란 어느 날 갑자기 시야에 들어온 사막의 신기루와 같은 것일 수 없다. 생태대의 출현은 두려움을 느낀 인간의 어마어마한 책임을 통해 가능할 뿐이다.[29] 이런 지질학적 전환기는 그렇기에 인간에게는 희생의 순간이기도 하다. 신생대 속에서 값없이 태어난 인간이 이제는 생태대로의 도약을 위해 되갚지 않을 수 없다는 것이다. 생태대에 대한 매혹은 책임적 희생을 통해서만 현실이 될 수 있는 법이다. 이 점에서 신의 은총만을 의지해 온 변증법적 신정통주의 신학과 달리 책임 자체를 은총Gnade als Verantwortung으로 믿었던 바젤의 신학자 프릿츠 부리Fritz Buri의 신학적 언술이 다시금 중요해진다.[30]

인간이 희생할 각오로 자연을 접한다면 자연은 그에 합당한 방식으로 인간에게 새로운 답을 줄 것이다. 그렇다면 인간은 어떤 식으로 새로운 출애굽, 곧 생태대로 나아갈 수 있을 것인가? 이것은 공포와 매혹 사이에서 책임을 요청받는 인간 삶의 방향성 자체의 물음이기도 하다. 베리 신부는 다음과 같이 생태대의 조건을 제시하면서 인간이 이런 조건을 충족시킬 수 있을 때 매혹이 현실이 될 수 있음을 강조했다. 즉 "우주는 객체들의 집합이 아니라 주체들의 사귐의 장이며, 지구 생존 자체는 그것이 총체적으로 기능할 때 가능한 것이고, 유일회적으로 주어진 지구의 존재 가능성을 재삼 각인하며, 따라서 지구가 우선이고 인간이 다음임을 생각하고, 지구를 죽이는 일 자체가 중대한 범죄로 인식되어야 생태대로의 지질학적 이행이 일어날 수 있다"고 하였다.[31] 이런 조건하에서만 생태대가 만들어지는 것이기에 인간은 이 조건을 충족하기 위해 적응하는 법을 배워야 한다. 이것이 바로 피조물이 고대하는 방식이기 때문이다. 그러나 현실적으로 '적응' 이란 인간 자신이 불편해지는 일 이외의 다른 것이 아니다. 엘 고어가 말하는 '불편한 진실' 을 온 몸으로 수용하는 일이다. 지금까지 인간은 자신의 자율성에 근거하여 효율성을 창출하며 마음대로 살아왔다. 그러나 지금부터는 친족관계에 있는 자연의 본성에 맞게 자신의 자율성을 제한해야만 한다. 더 이상의 효율성이 이제는 불가하다는 것이 기독교 애니미즘이 우리에게 주는 메시지인 것이다. 이런 베리 신부의 결론은 대다수 생태신학자들이 주장하는 내용과 크게 다르지 않다. 기독교 애니미즘을 과격하게 주창한 지구신학자로서의 결론이 여타의 온건한 신학자들과 변별력이 없는 것은 의외이다. 더욱이 친족관계로서의 애니미즘 시각에서 인간과 자연의 동근원성을 말하는 베리 신부에게 인간의 책임성이 어떻게 발현될 수 있는지에 대한 설명이 부족한 듯싶다. 필자는 원론적으로 베리 신부의 입장에 공감을 표한다. 대단히 매력적인 생태신학자임을 경탄하며 존경한다. 하지만 이런 이유로 켄 윌버의 홀아키적 우주론의 측면에서 몇 가지 문제점을 지적할 수밖에 없다.

우선 필자는 기독교적 애니미즘Animism에 대한 베리 신부의 시각에 동조하면서도 전적으로 지지하지는 않는다. 인간을 하느님 형상으로 본 기독교 인간 이해가 생태학적 위기의 원인으로 종종 비판받지만 기독교 성서는 어느 경우든 인간과 자연, 인간과 동물 간의 무차별적 동일성을 말하지 않기 때문이다. 우주 자연 속에서 인간이 지나치게 강한 인간 중심주의를 행사한 것이 문제이지 인간에게 특별한 위치를 준 것 자체를 부정할 수는 없다고 생각한다. 물론 이것은 역사 속에서 '인간 패권주의', 다른 말로는 '종 차별주의'로 발전될 수 있는 개연성을 내포한다. 현실 역사 속에서 성서적 인간상이 그렇게 오도되었고 그런 결과를 만든 것도 사실이다. 그러나 그것으로 인간을 자연과 동일시하는 것은 다소 무리가 뒤따른다. 베리 신부에게는 신생대에 대한 공포와 생태대를 향한 매혹을 느낄 수 있는 인간 주체성에 대한 존재론적, 세계관적 이해가 결여된 듯 보인다. 필자는 역사 속에서 오도된 '강한' 인간 중심주의 대신 적어도 '약한' 인간 중심주의가 성서의 기본 시각이라 믿고 있다. 그리고 이 점을 오늘의 시각에서 잘 반영하고 있는 것이 켄 윌버의 홀아키적 세계관이라고 평소 생각해 왔다.

윌버의 홀아키적 세계관 역시 베리 신부의 경우처럼 영의 진화로 인해 우주 내 존재의 연속성을 강조한다. 하지만 홀아키Horachy는 부분/전체의 양면성을 지닌 개념[32]인바, 자체 속에 헤테라키적 '넓이'뿐 아니라 하이라키적 '깊이'의 차원을 지닌다. 말했듯이 홀아키론은 존재하는 모든 것이 물질, 생명, 정신의 다양한 층으로 구성되어 있고 그것 모두를 영의 활동의 산물로 보기에 베리 신부처럼 애니미즘을 말할 수 있는 충분한 여지가 있다. 하지만 물질은 그 자체로 전체이긴 하나 생명을 구성하는 부분이며 생명 속에는 물질로 환원될 수 없는 '깊이'가 있기에 양자는 평면적으로 동일시되기 어렵다. 이 관계는 생명과 정신의 관계로 확장할 때도 마찬가지이고 원자/분자 차원으로 축소하는 경우도 같은 결과가 산출된다. 따라서 물질, 생명의 차원으로 환원될 수 없는 불가역적 속성이 인간에게 존재하기에 애니미즘이란 말로 모든 것을 표현할 수 없는 것이다. 하느님 영이 모든 만물에 관통하여 흐른다는 것, 그래서 우주 만물을 영의 단편들Fragments of Spirit[33]이라 말할 수 있을지라도 하이어라키 없는 헤테라키만으로 우주의 본질은 들어나지 않는다. 물질 없는 생명 없고 생명 없는 정신(혼)도 불가능한 것이기에 하위의 존재일수록 기저 가치(헤테라키)는 크고 상위 존재 일수록 가역 불가능한 '깊이'로 인해 '내재 가치'(하이라키)가 크다는 사실이다. 따라서 기저 가치로는 자연이 인간보다 크고 많지만 내재 가치로는 인간이 자연 생명보다 큼을 인정해야만 한다. 바로 이것이 애니미즘과 구별된 홀아키적 인간 이해의 본질인 것이다. 윌버의 눈에는 베리 신부의 기독교 애니미즘이 내재 가치와 기저 가치 간의 혼동으로 보일 것이다.

주지하듯 우리는 베리 신부가 신생대로부터 생태대를 향한 새로운 출애굽을 강조하고 있음을 보았다. 이를 위한 인간의 희생과 책임을 말하였고 그를 위해 무엇보다 현실에 대한 공포(두려움)와 신세계에 대한 매혹이 필요함을 말하며 생태학적 수치심을 강조하였다. 그러나 이 과정에서 베리 신부가 말한 생태대의 실상이 무엇인지가 잘 파악되지 않는다. 생태대란 그가 주창한 기독교 애니미즘이 실현된 상태일 터인데 구체적으로 어떤 현실태로서 상상할 수 있는지가 그려지지 않는다는 것이다. 이런 생태대는 흔히 의심받듯 낭만주의적 퇴행으로 비판받을 소지가 충분히 있다. 더욱이 앞서 본 대로 베리 신부는 인간을 자연으로 통합시키고자 했다. 이것은 종종 '에고' Ego를 '에코' Eco에 희생시키는 과정에서 생겨날 수 있다. 윌버는 이 점을 극구 비판한다. 에고와 에코의 분별은 근대의 축복이란 것이다. 양자의 극단적 분리가 재앙이지 분별은 영의 진화의 열매라고 이해하는 것이다. 만약 베리 신부의 기독교 애니미즘이 에고를 에코에 희생시키는 낭만주의적 퇴행이 아니라면 생태대에 합당한 인간 및 사회 문화에 대한 이해가 적시되어야만 한다. 이 점에서 윌버의 '네 상한론' [34]은 베리 신부가 꿈꿨던 생태대의 실상을 가늠할 수 있도록 돕는다. 생태대란 자연이 홀로 만들어 낼 수 있는 영역이 아니다. 그리고 그것 자체가 완결된 최종의 단계일 수도 없다. 윌버에게 베리의 생태대는 인간과 자연의 분리를 느끼지 못하는 참자기와 세계혼이 하나인 초신체적 정체성(우하상한)의 상태, 심층 생태학이 말하는 경험주의적 전일주의라고도 말할 수 있을 것이다.[35] 윌버는 이 단계를 인간 내면을 생태-사회 시스템으로 환원시킨 독백의 결과라고 비판한다.[36] 인간을 거대한 생명의 그물망으로만 보는 가이아 이론과 같은 전일주의, 곧 생태대는 종종 인간의 내면적 깊이(좌상상한)를 붕괴시키고 인간의 문화(좌하상한)를 깊이 성찰하지 못한 것이다. 생태대 안에서 그리고 그 이후의 인간 영적 발달[37]과 사회 형태에 대해서 베리 신부는 침묵하고 있다. 이 점에서 필자는 베리 신부의 지구신학이 인간과 사회(문화)와의 관계 속에서 좀 더 정교하게 이론화될 필요가 있다고 본다.

마지막으로 베리 신부는 생태학적 수치심을 강조했고 망가진 자연 생태계 앞에서 두려움의 발견술Heuristik der Furcht[38]을 인간에게 요구하였다. 비관도 낙관도 아닌 두려운 현실적 상황 인식 하에서 책임감이 생겨날 수 있다고 보았던 것이다. 하지만 이 일을 위해 베리 신부는 생태대에 대한 새로운 동경, 그를 향한 매혹 또한 강조했다. 수치심만이 아니라 매혹 역시도 책임감을 불러일으키는 원동력이 된다고 믿었기 때문이다. 하지만 필자는 수치심과 매혹이 어떻게 함께 가능할 수 있을지 알지 못한다. 윌버에 따르면 수치심과 매혹은 의식 발달 단계에 있어 선후가 다른 것이다. 매혹이 수치심보다 의식 발달의 이른 단계라는 것은 부정할 수 없다.

주지하듯 매혹이란 자연과의 거리가 없는 상태의 경험이다. 그렇기에 자연과의 거리를 둔 감정인 두려움보다 그것은 앞선 의식세계일 것이다. 그렇기에 공포와 매혹을 함께 묶어 설명하는 베리 신부의 생각에 선뜻 동의하기 어렵다. 두려움 이전의 매혹과 두려움 이후의 매혹도 동질의 것이라고 말할 수 없을 것이다. 베리 신부에게 이 점이 분명치 않다. 이런 오류는 베리 신부에게 인간 의식 발달 과정에 대한 섬세한 이해가 부족했던 결과라 하겠다. 비록 평균적 의식 수준 이상의 것을 '은총'이란 한 마디 말로 표현하려 했으나 그것으로 충분치 못했던 것이다. 하지만 윌버는 서구의 발달 심리학과 동서양의 신비주의를 연결지어 통합 심리학을 정초했고 그 틀에서 섬세하게 인간 의식 단계를 명시했다. 의식 발달에 대한 정교한 논의 체계가 마련되어야 우리는 범주 오류로부터 자유로울 수 있는 것이다. 진실로 베리 신부만큼 매력적인 생태신학자를 발견하기란 쉽지 않다. 그의 삼위일체론은 필자에게 대단히 크게 각인되어 있다. 새로운 우주론의 시대에 가장 의미 있는 신학이 될 것으로 믿어 의심치 않는다. 단지 윌버의 시각으로 보충되지 않는다면 그의 지구생태신학은 대단히 아름답되 현실적이기는 어렵다고 판단된다. 앞으로 윌버의 시각에서 좀 더 상세하게 베리의 생태대의 꿈을 이론화시킬 과제를 느낀다.

2장

多夕사상[1]과 생태학적 회심

'빈 탕 한 데 맞 혀 놀 기'[2]

1

　흔히들 오늘의 시대를 일컬어 'Post'(-이후) 시대라 한다. 거대 담론이 붕괴된 상황을 후기 현대, 혹은 탈현대라 부른 지 오래되었고 다원 종교 시대를 맞이하여 기독교 이후 시대Post-christian era란 말도 널리 회자되고 있는 것이다. 그런가 하면 인류가 제2의 차축시대의 도래를 맞이할 것이라는 말도 들린다. 각기 다른 형태로 분화되고 발전된 종교들이 영성이란 이름하에 통합 내지 수렴될 것이란 전망이 그것이다. 하지만 생태학자들 사이에선 새로운 미래를 예시하는 'Post'란 개념의 낭만성을 비판한다.[3] 전혀 다른 시대의 도래를 예견하기에는 인간 존재 근거인 자연의 질적 파괴가 임계점을 넘어섰다고 보기 때문이다. 그렇기에 한 생태학자는 인류는 지금 '―이후' 시대를 살고 있는 것이 아니라 기후(자연) 붕괴 원년을 경험하고 있다고 말했다. 인간 삶의 선택 여하에 따라 금세기 내에 전 인류가 '6도의 악몽'에 처할 수 있다는 것을 IPCC(정부 간 기후협약 모임)도 인정하고 있다. 하지만 인구는 점점 늘어나고 미국 중산층 삶을 희구하는 현실에서 지구는 점점 더워질 수밖에 없다. 지구 생명을 살리는 일이 인류가 좀처럼 풀기 어려운 난제인 것도 이런 이유 때문이다. 녹색 성장이란 이름하에 환경 우호적 기술 개발을 꾀하는 정부와 기업 차원의 노력이 있는 것도 사실이다. 하지만 생태계 파괴를 기술적으로 해결할 수 있다는 논리에 동의하기 어렵다. 자본주의적 탐욕의 원리, 종래의 삶의 수준을 유지, 확장시키려는 욕망으로부터 자유롭지 못하기 때문이다. 현실적 대안으로 불리는 '녹색 성장'이란 개념에도 자본주의적 에토스가 판을 칠 수밖에 없다.

이 점에서 동서양의 종교가 자신들의 '뿌리 은유'를 생태학적으로 재해석하고 있는 것은 희망이 아닐 수 없다. 개신교의 경우 성육신을 '땅'(자연)에서 하느님을 만나는 일로 재해석하였으며 가톨릭은 우주적 그리스도의 빛에서 전 자연을 성례전적 지평으로 이해했다.[4] 불교는 윤회를 에코 시스템의 측면에서, 업業의 인과성을 가해자이자 피해자가 될 수밖에 없는 환경 문제와 연결시켜 인간 의식의 전환을 꾀하고 있는 중이다.[5] '뿌리 은유'에 대한 생태적 재再이해는 분명 소유Having가 아닌 존재Being로 인간의 가치 변화를 선사할 수 있을 것이다. 하지만 기독교의 경우 태생적으로 신(인간)과 자연의 다름을 강조하여 자연에게 소극적 역할을 부여할 수밖에 없고 반면 불교 역시도 무아無我를 말함으로 주체성의 문제를 약화시킬 수 있는 여지를 남기고 있다. 하여 범신론에 이를 수 없는 기독교 생태신학에 대한 비판이 있는가 하면 자아 동일성이 없는 불교에게 책임 윤리를 기대할 수 없다는 지적이 각기 자신들 내부에서 제기되는 실정이다. 하지만 기후 붕괴 원년에 접어든 인류의 생태학적 회심을 위해 정말 필요한 것은 '존재론' 적이자 '본성적' 욕망인바, 이는 '있음' 〔有〕보다는 '없음' 〔無〕의 표상 속에서 가능한 일이다.[6] 불교적 '공' 空 개념이 기독교 서구의 '존재' (실체) 개념보다 생태학적 위기 시대에 유익하다는 말이다. '없음' 이 없는 '있음' 은 쉽게 소유로 조작될 수 있고 그 틀에서 고작 당위(욕망 억제)를 문제 해결로 보기에 '유' 有로서의 세계 인식은 근본적인 생태학적 회심을 위해서는 불철저한 것이다. 필자가 多夕사상을 생태학적 시각에서 주목하는 것도 바로 이런 이유에서이다.[7]

주지하듯 多夕은 '없음' 을 '있음' 의 근거로 본 토착적 기독교 사상가이다. 근원적으로는 「천부경」天符經의 '귀일' 歸—사상에 근원하되 그것을 불교적 바탕에서 이해하여 토착적인 신관, '없이 계신 하느님' 을 확립한 것이다. 이것은 불교의 여래장 사상, 곧 불성佛性 개념의 기독교적 표현이라 할 수 있겠으나[8] 多夕은 이를 유교적 수행 개념, 효孝와 연계시켜 인간의 주체적 책임성을 강조할 수 있었다. 이는 귀일사상에 근거하여 불교와 유교 그리고 기독교를 회통시킨 결과라고 생각한다. 이 글에서 필자는 '없음' 을 앞세우는 多夕신학이 인간에게 요구하는 생태학적 회심의 본질을 생각해 볼 작정이다. 그로써 多夕신학이 기후 붕괴 원년을 사는 인류의 살 길임을 원론적 차원에서 강변할 것이다.

2

2-1

주지하듯 多夕사상의 핵심은 '없이 있다' 는 그의 하느님 이해에 있다. 이성 중심, 존재자 중심의 서구 형이상학(동일성 철학), 기독교 신관이 지구적 지배 논리로서 물질문명을 주도해 온 상황에서 多夕은 오히려 '없음'(빈탕)을 성스런 영역으로 본 것이다. 이런 '없음' 은 의당 칸트적인 인식론적 무無나 실존철학자들의 허무, 해체론자들의 파괴와 같지 않다. '없이 있음' 은 서구 주류 담론 어느 것으로도 해명될 수 없다. '없이 있는' 하느님, 소위 '빈탕' 에 이르는 길을 인간의 '바탈' 〔本性〕에서 찾았기 때문이다.9 多夕에게 초월은 자기 뿌럭지 '밑둥' 을 파고 들어가는 것과 다르지 않았던 것이다. 하지만 '없이 있는' 존재가 인간의 밑둥〔本然之性〕이란 것은 논리, 존재론적 차원의 서술만은 아니다. 하느님이 '참나' (얼나)와 같다는 것은 지난한 수행 차원 없이는 가능치 않기 때문이다. 그래서 多夕은 본성本性의 순우리말 '바탈' 을 '받할' 에서 온 것으로 보고 위로부터 '받아 '할' 일이 있다는 뜻으로 풀었다. '없이 있음' 의 실재인 인간의 바탈, 곧 '얼' 은 정靜적인 동시에 동動적이고, 존재론적이면서도 윤리적인 양면성을 담지하고 있는 것이다. 불교적으로는 돈오頓悟와 점수漸修 모두를 함께 지닌 개념이라 하겠다. 하지만 多夕의 '없이 있음' 은 순수 불교적 개념으로 환원되지 않는다. 본래 '0도 = 360도' 의 세계관을 지닌 불교와 달리 多夕의 하느님은 세상을 넘어서 있기도 하다.10 이는 多夕사상이 본래 보이지 않는 초월(영)적 세계를 강조한 三才(三極)론의 틀에서 비롯했던 까닭이다.11 多夕사상의 본원처가 「天符經」에 있다는 사실도 이를 반증한다.12 「天符經」 81자는 본체인 하나〔一〕가 천지인 셋으로 나뉘나 다시 '하나'로 통일됨을 말하는 상경上經, 만물이 화생化生되는 생명의 세계를 그린 중경中經 그리고 우주 생성의 근원인 '하나'가 '참 나'이기에 '참 나'를 찾는 것이 '하나'로 돌아가는 것[歸一]임을 말하는 하경下經으로 되어 있다. 바로 하경의 '인중천지일' 人中天地一이란 말이 이후 동학東學의 '시천주' 侍天主 사상을 탄생시켰고 多夕의 하느님 이해에 지대한 영향을 미친 것이다.[13] 여기서 귀일의 '하나'는 모든 것을 있게 하는 초월적 근원이자 전체인바, 多夕은 이를 '없음'으로 표현했고 이 '하나'를 인간 속의 '바탈'로 본 것이다. 여기서 중요한 것은 이 '하나'가 만물 속에 내재하며 그 완성과 생성 속에 참여한다는 사실이다. 인도 신학자 R. 파니카의 말대로라면 '하나'는 우주적 그리스도라 아니할 수 없다.

2-2

多夕에게 예수는 자신을 '하나', 곧 빈탕의 아들로 깨달아 '얼나'로 솟구친 존재였다. '없이 있는' 하느님이 자신의 '바탈'임을 믿고 그와 부자불이父子不二의 관계를 맺은 존재란 것이다. 하지만 어느 누구라도 '빈탕'의 자식임을 알아 천지를 화육시키는 절대 생명을 살 수 있다면 그 역시 독생자일 수밖에 없다. 예수가 그리스도인 것은 '빈탕'에게 바쳤던 효孝, 곧 그를 '얼나'로 솟구치게 한 십자가로 인함일 뿐이다. 多夕에 의하면 예수의 '몸' 자체는 우리처럼 탐진치의 발원지이다. 하지만 여기서 부정되는 것은 '몸나'이지 '몸' 자체는 결코 아니다. 多夕은 '몸성히'를 통해서 '마음놓이'[放心]가 이뤄짐을 의심치 않았다. 몸의 건강은 '위로부터받아 할 일' (바탈)을 위한 필요충분조건이었던 것이다. 多夕에게 '몸'은 사백 조의 살알(세포)이 뭉쳐 유기체로 나타난 자연의 신비 그 자체이기도 했다.[14] 동일 선상에서 우주가 하느님의 신격神格이자, 기성불로 언급된

적도 수차례 있었다.[15] '하느님 속성을 만물을 보고 깨닫는다' 는 우주 자연의 성례전적 지평이 그에게도 존재했던 까닭이다. 여하튼 多夕은 냉수마찰을 생활화함으로 자신의 몸을 '기체'氣體로 만들어 놓았다. '몸성히' 를 통해 '몸나' 의 욕구를 벗을 수 있다고 확신했기 때문이다. 多夕에게 '탐진치' 는 자신의 몸을 전부全部로 아는 인식의 산물로서 원죄와 같은 것이었다.[16] 그것은 예수조차도 자유로울 수 없는 개별아個別我로서의 인간의 근원적 한계일 것이다. 이런 '몸나' 를 '참나' 로 아는 존재들로 인해 현실의 생태적 위기는 가중될 수밖에 없다. 여기서 多夕은 십자가상의 예수가 아버지 뜻에 자신을 맡겼듯 '몸나' 의 욕망, 탐진치를 벗는 예언자적 수행(고행)을 우리에게 요구하고 있다. 건강한 몸에 의지하여 '얼나' 가 되라는 것이다. 이는 오늘의 의미에서 '생태학적 회심' 이라 불려도 좋을 듯하다.[17] 여느 서구적 종교다원주의 이론과 달리 뭇 인간의 그리스도 지평(바탈)을 토대로 천지天地를 살리는 그리스도가 되라는 것이다. '길을 가다 길이 되라' 는 多夕의 얼(바탈) 기독론은 생태학적 회심의 철저성radicality을 온전히 드러내고 있다.

2-3

성령은 多夕에게 의당 하느님 영이자 인간의 '바탈' 이었다. 우주를 지속, 생성시키는 '하나' 이자 내 속의 '바탈' 로서 영이 상대계 안팎을 넘나들고 있다고 하였다. 多夕은 우주 만물에 깃들어 있는 성령을 발견하는 것을 인간의 과제로 여겼다.[18] 그로써 인간은 자신 속에서 그리스도를 낳는 존재가 될 수 있다고 믿었다.[19] 이를 위해 '몸나' (목숨)인 개체 존재는 '말숨' 으로 자신의 '바탈' 을 불살라야 마땅하다. 절대 생명인 '하나' 와 연합[歸一]하기 위해서는 '받할' 에 대한 자각을 근거로 바탈을 태워야 한다는 것이다(바탈 태우). 여기서 多夕은 동양의 수행적 전통—우로보로스 신화 양식의 재현[20]—에 입각하여 예수 십자가를 '인좌식 일언인'—座食—言仁으로 풀었다.[21] 줄여 말하면 단식斷食과 단색斷色으로 예수 십자가 사건을 이해한 것이다. '몸을 줄이고 마음을 늘리는 것'이 예수 삶(십자가) 속에서 발견한 多夕의 케리그마였다. 예수가 십자가에서 제 뜻을 놓고 하늘 뜻을 위해 죽었듯이 多夕 역시도 단식과 단색으로 자신을 하느님께 제물로 바치고자 했다. "쌀 한 알을 심어 천 알, 만 알 수확하는 것도 이 득이지만 단식으로 나 자신을 하느님께 바쳐 하느님 아들로 변하는 이득이 더 크다."[22] 여기서 하느님 아들은 자아自我가 무아無我로 '몸나'가 '얼나'로 됨을 의미한다. '몸나'가 이웃과 자연을 해치는 탐욕스런 '나'我라면 '얼나'는 모두가 하나인 대무大無의 세계를 사는 존재일 것이다. 多夕은 사람이 우주 만물과 조화롭게 사는 것을 예禮라 했고 그것을 '알맞음'(中庸)이라고 불렀다. 그렇기에 '얼나'는 생태적 회심을 이룬 존재일 수밖에 없다. '얼나'를 생태적 자아라 달리 말해도 틀리지 않을 것이다. 多夕이 대속代贖의 교리를 생태적으로 풀어낸 것도 이런 맥락에서다. "내가 먹는 낱알과 채소가 나의 생명을 위해 희생되어 힘을 내게 대속합니다."[23] 혹은 "그리스도가 내 양식이라면 나를 위해 대속되는 만물은 죄다 그리스도입니다."[24]

하지만 우주 만물을 성례전적 제물로 이해했던 多夕에게 진물성盡物性 개념이 중요했다.[25] 물질을 보고 욕망을 일으키지 않기 위해서(見物不可生) 대속하는 물질의 본성을 온전히 알아야 했던 것이다. 닭고기를 먹으면 닭처럼 일찍 깨어 기도하는 것을 多夕은 진물성의 본뜻으로 여겼다. 단식과 단색도 결국 진물성을 위한 방편이라 생각할 수 있다. 우선 단식 혹은 일식一食은 견물생심적見物生心的 욕망으로부터의 자유를 목적했다. 일식은 본래 多夕에게 있어 자기 살을 먹고 자신의 피를 마시는 일이었다.[26] 남의 생명 소중함을 깨달아 자기 생명으로 제물을 삼고자 했던 것이다. 그래서 多夕은 대속代贖보다 자속自贖의 개념을 중시했다. 이는 불교적으로 스스로 제물이 됨으로써 인과의 사실성을 끊는 일과 비교될 수 있을 것이다(時間際斷). 서구 기독교인들의 생태적 맺음말인 '자기 비움'이 자속의 개념으로 더욱 철저해졌고 구체화되었다고 볼 수 있다. 자신을 제물로 삼는 일식은 '얼나'의 길로서 자연 역시도 이런 '생태적 자아(주체성)'로 인해 소생, 회복될 수 있다는 것이 필자의 확신이다. 21세기의 화두가 평등도 자유도 아닌 '단순성'Simplicity인 것은 '최소한의 물질로 사는 삶', 곧 일식의 생태적 중요성을 거듭 환기시킬 수 있다. '진물성'盡物性을 근거로 한 '일식'一食의 구원사적 의미는 인간과 자연을 살리는 대도大道가 필요한 '기후 임계점'의 현실에서 강조해도 지나치지 않을 것이다.

한편 단색斷色에 대한 생태학적 의미 지움도 얼마든 가능하다. 남녀 간 성性 자체는 인류의 대代를 잇는 필요 막급한 일임이 틀림없다. 성욕 자체가 몸과 분리될 수 없는 것 또한 사실이다. 하지만 자신의 정精을 마구 배출함으로 자신의 몸과 자연의 균형이 무너져 내리고 있는 것 또한 목하目下 현실이다. 多夕은 이를 일컬어 인간의 '본능(성) 상실'이라 했다.[27] 자연 생명체는 저마다 자신만의 본성을 갖고 있다. 흙과 돌이 지닌 땅적 물성物性과 생물의 그것이 갖지 않다. 하지만 인간은 땅으로부터 하늘의 太虛(빈탕)로 나가는 존재이다.[28] 땅에 있으면서 하늘에 통하는 것이 인간의 자연이고 본성이란 것이다. 동물(자연)은 생존을 위해 살생하고 교미한다. 그들에게 식食과 색色이 오로지 본능이기 때문이다. 하지만 인간이 탐하는 식색은 본능(성)을 넘어서 있다. 금세기 중 지구 인구가 90억에 이를 것이란 전망은 생태 위기의 본질 중 하나이다. 그래서 多夕은 부부유별夫婦有別을 다시금 강조한다. 낮은 단계의 욕망을 제어할 수 있는 욕망이 인간의 본성(자연)이라고 믿기 때문이다. 몸적 사랑이 필요하지만 실성失性한 사람이 되지 않도록 '마음은 넓게 갖고 몸은 꼭 졸라매야 한다'(博而約之)는 것이다.[29] 정精이 간직되어야 마음이 놓일 수 있고 자신의 '바탈'을 불사를 수 있는 힘이 생길 수 있음은 당연하다. 多夕은 이런 존재를 '마음 씻어난 이'로 불렀다.[30] 혹자는 해혼解婚을 가르치는 多夕을 향해 성性을 자식 낳는 도구로 전락시켰음을 비판한다. 그러나 성에 대해서도 금욕 절제함이 더없이 필요한 시대이다. 자신의 몸을 꼭 졸라(꽁무니) 마음을 저 '위'에 꼭 대는(꼭대기) 사람이 점점 많아져야만 한다. 인간은 자신의 몸을 '예기' 禮器로 만들 수 있는 유일한 존재인 것이다.[31] 생태여성주의 Eco-feminism는 역사 속에서 자연과 여성의 동근원적 운명성을 밝혀 주었다. 남성에 의한 여성 지배와 인간에 의한 자연 지배가 동전의 양면처럼 존재했음을 밝힌 것이다. 그 와중에서 자연은 어머니, 마녀 그리고 창녀에 이르기까지 늘 여성으로 비유되곤 했었다. 이 점에서 多夕의 단색은 자연 지배 욕망과 당연히 유관有關할 수밖에 없다. 경제를 이유로 골프장을 짓고 갯벌을 메워 운하를 건설하는 작태는 여성에 대한 성적 탐욕과 본질에 있어 다르지 않은 것이다. 일식처럼 단색 역시도 생태학적 회심의 구체적 내용이 될 수 있는 이유가 여기에 있다.

3

필자는 多夕신학의 생태적 핵심을 '없이 있는' 하느님과 '없이 살아야 할 인간에서 본다. 인간에게 '없이 살아야 할 길'을 보이신 이는 바로 십자가에 달린 예수였다. 그의 십자가는 오늘 우리에게 그 길을 걷게 하는 의미로서 대속代贖이 된다. 대속代贖과 자속自贖이 불이不二의 관계에 있을 수밖에 없는 까닭이다. 일식一食과 단식斷食은 결국 '없이 있는' 하느님과 하나 되려는 인간의 고행, 곧 수행적 종교의 일면一面이다. 多夕의 말대로라면 '빈탕한 데 맞혀 노는 일' 바로 그것이 생태학적 회심의 본질인 것이다. 多夕은 서구 기독교가 여전히 '있음'에 주목할 때 '없음'에 주목했다. 모든 것을 있게 하는 '하나'를 '빈탕한 데'라고 한 것이다. 인간이 이 '빈탕'을 모르기에 탐진치의 지배를 벗을 길 없다고 보았다. '빈탕'의 큰 하나를 모르기에 탕자처럼 '몸나'가 작동할 뿐이다. 본래 '빈탕'과 '마음(바탈)'이 둘이 아님에도 불구하고.[32] 이런 맥락에서 多夕의 다음 말은 대단히 의미 깊다. "꽃을 볼 때 온통 테두리 안의 꽃만 보지 꽃을 둘러 싼 허공, 곧 빈탕을 보지 않습니다. 허공만이 참입니다."[33] 여기서 多夕은 꽃을 꽃 되게 하는 것은 꽃 자체가 아니라 그를 둘러싸고 있는 '빈탕'임을 강조했다. '빈탕'은 소유할 수도 잡을 수도 없는 '하나', 곧 '없이 있음' 그 자체인 것이다. 하지만 꽃만 보는 경우 그 꽃은 꺾고 싶고 갖고 싶은 물질밖에 될 수 없다. '뜻'이 아니라 '맛'을 추구하는 '몸나'가 그로부터 비롯하는 것이다. 바로 이것이 서구 생태학적 위기의 실상이자 뿌리일 수밖에 없다. 인간의 죄성은 이런 '있음'의 세계관적 산물인 것이다. 이로부터 多夕은 '빈탕한 데 맞혀 놀자'고 인간을 초대하고 있다. '있음'이 아니라 '없음'에 걸맞게 살자는 것이다. 그래서 거듭 강조하고 있다. "몬[物]에 맘이 살면 맘의 자격을 잃는다"(見物不可生)고.[34] 마음에 물物이 살아나면 맛보려 하기에 마음이 빈탕이 될 수 없다는 가르침이다. 일식과 단색은 모두 빈탕한 데 맞혀 노는 일이었다. 맛을 쫓아 살지 않고 뜻을 좇아 사는 일이었기 때문이다. '없이 있는' 하나(빈탕)가 하느님이고 그리고 그것이 인간의 바탈 속에 존재하는 한 인간 역시 '없이 사는' 존재가 되어야 마땅한 일이다.

多夕은 종종 성서가 말하는 '거룩'을 '깨끗'이란 말로 이해했다. 마음이 깨끗해야 하느님을 볼 수 있다는 성서의 말씀이 있기 때문이다. 하지만 현 상태가 '깨'어져서 '끝'이 나야만 깨끗할 수 있는 법이다. 깨끗의 반대는 당연히 더러움이다. 하지만 多夕에게 더러움은 '덜 없음'이었다. 빈탕한 데 맞혀 놀지 못한 인간 현실이 바로 덜 없음, 곧 더러움이었던 것이다. "… 깨끗은 깨끝입니다. 상대계가 끝이 나도록 깨트리면 진리인 절대가 나타납니다. 참 나를 깨닫는 것이지요. 깨끝이면 아멘입니다. 다 치워야지요. 없도록 치워야지요. 덜 치워 덜 없는 것이 더러운 것입니다."[35] 필자는 이처럼 철저한 생태학적 회심을 말한 사람을 본 적이 없다. 소유 Having와 존재Being의 상호 다른 삶의 양식을 무의식 속에 배태한 인간에게 '없이 있는 하나'에 대한 깨침만이 존재로의 길, 생태학적 회심의 본원처가 될 수밖에 없는 이유이다. 그렇기에 '없이 계신 하느님' 안에 사는 사람은 '덜' 없는 존재로 머물 수 없다.

교회 역시도 자신의 '덜 없음'을 어느 때보다 자각하고 더욱 깨끗해져야만 할 것이다. 그동안 교회는 교리를 토대로 힘을 축적했고 자기 폐쇄적 공간으로 변질되고 말았다. 그리스도의 몸이라 하는 교회가 '얼나'를 잊고 '몸나'로 변질되어 뜻을 잃고 맛을 추구하고 있는 까닭이다. '몸나'는 본래 세상의 맛이란 맛은 ― 그것이 권력이든 물질이든 간에 ― 죄다 보려는 속성을 지니고 있다. 그러나 그것이 자신을 죽이는 독毒인 것을 오늘의 교회는 명심할 일이다. 교회 역시도 '덜' 없어 더러운 존재가 되었음을 자각해야만 한다. '덜 없는' 존재는 그것이 개인이든, 교회이든 간에 자신만 더럽히지 않는다. 부지불식간 우주 만물, 생태계 전체를 망가 트릴 수밖에 없는 것이다. 결국 '덜' 없다는 것은 '빈탕', 곧 '하나'를 알 지 못한 데서 기인한다.[36] '몸나'를 깨치고 '얼나'로 솟구친 참 생명, 즉 '없음'(하나)에 근거한 생태학적 회심만이 온갖 피조물이 고대하는 희망 을 만들 수 있을 뿐이다. 건강한 몸으로 마음을 편하게 하여 자신 속의 하 늘인 '바탈'을 불살라 빈탕한 데 맞혀 노는 삶, 바로 이것이 多夕신학이 한국 교회 및 서구 생태학적 사조에 선사하는 '케리그마'라고 확신한다.

3장

공생공빈共生共貧, 21세기를 사는 길[1]

들어가는 글

스찌다 다까시의 저서 『공생공빈共生公貧』을 평생 농부로 사신 김영원 장로[2]께서 번역했다. 병환 중임에도 사명감을 갖고 이 책을 번역하신 그 뜻을 생각하며 책을 전해 받고 고마운 마음에 단숨에 읽었다. 생의 마지막 불꽃을 드러낸 작품이라 생각되니 숙연한 마음 때문에 사실 책 페이지를 제대로 넘길 수 없었다. 위 책의 내용도 좋았으나 읽는 내내 떨리는 손으로 글을 적는 장로님의 모습이 더욱 감동으로 느껴졌던 것이다. 장로님께서 농촌에서 일군 80평생의 삶 자체가 본 책 『共生共貧』의 저자 쓰찌다 다까시의 그것보다 더 아름답고 순박하며 깊이가 있었을 것이라 생각되기도 했다. 하지만 공과대학 교수직을 마다하고 해박한 이론으로 현대 문명을 비판하며 공동체를 일구었으며 일본 사회 내에서 '쓰고 버리는 시대를 생각하는 모임'을 이끌어 낸 저자의 지속적 노력이 독자들의 마음에 묵직한 감동을 준 것도 사실이다. 동일한 시대에 견원지간인 한일 양국에서 태어나 같은 문제의식을 갖고 평생을 살아온 두 분의 삶에 경의를 표하지 않을 수 없다. 생태학적 위기, 아니 생명 자체가 무너지는 위기 시대에 예언자적 양심을 보여준 이분들의 삶, 이들이 꿈꿨던 세계를 우리 자신의 것으로 만들려는 노력과 결단이 지속적으로 이뤄지기를 소망하며 『共生共貧』책의 내용을 정리하고 평가할 것이다.

1. 공생공빈共生公貧의 문제의식

생태학자들은 21세기 문명의 화두로 단순성Simplicity을 말하고 있다. 주지하듯 지난 세기는 자유와 진보를 상징하는 청색 이념(자본주의)과 평등 가치를 지향하는 적색 이념(공산주의) 간의 갈등과 투쟁의 시기였다. 그러나 이 싸움에서 적색 이데올로기가 몰락하고 신자유주의 이념이 지구화(세계화)라는 이름하에 세계 지도를 청색 하나로 물들여 갔고 그 역시 지금 역사의 퇴물로 기록될 운명에 처해 있다. 하지만 여전히 자유무역협정FTA을 통해 세계 경제를 효율적 구조로 재편하여 모든 나라를 잘살게 만들겠다는 수사학이 신문 지면을 메우고 있는 중이다. 하지만 이 과정에서 오랜 전통을 지닌 한일 양국의 농업 기반이 무너지고 있는 것도 사실이다. 중산층을 붕괴시키는 양극화가 국가 차원을 넘어 전 세계적 문제로 확장되고 있기 때문이다. 이런 상황에서 문명 비판가들은 성장과 분배 간의 우선순위 논쟁 이전에 '단순성' Simplicity이 미래를 위한 대안적 가치임을 역설하기 시작했다. 성장은 물론이고 분배 역시도 '단순성' 의 가치를 전제로 실현되어야 한다는 것이다. 향후 문명이 단순성, 곧 최소한의 것으로 살려는 정신적 가치를 실험치 못한다면 인류의 미래는 없다는 것이 환경학자들의 공통된 이야기이다. 이런 맥락에서 '대지에 뿌리를 내리며, 더욱 천천히, 더욱 작게' 를 외치는 쓰찌다 다까시의 책 『共生共貧』은 환경학자들의 논지와 일치되는 일종의 문명 비판서의 역할을 충분히 다하고 있다. 함께 살기 위해서는 더불어 가난해야 한다는 저자의 획기적인 대안적 사고는 절망의 시대에 종교나 민족의 차이를 넘어 인류 모두에게 희망의 메시지임이 분명하다.

이 책은 서장을 포함하여 여섯 장으로 구성되어 있다.[3] 그러나 각 장은 무거운 학문적 내용을 말하지 않는다. 오로지 저자의 생활 반경 속에서 체험된 자연환경, 농업의 문제, 삶의 가치, 계절의 변화 속에서 느꼈던 지혜 등이 솔직 담백하게 그려져 있을 뿐이다. 다섯째 장의 글만이 오늘의 환경 위기가 기독교 서구의 세계관과 그들의 삶의 방식에 연유되어 있음을 밝히는 논문 형식으로 되어 있다. 인상적인 것은 시민을 소비자라 칭하며 소비를 미덕으로 아는 시대에 '쓰고 버리는 시대를 생각하는 모임' 을 1973년에 결성하여 검소와 느린 속도를 찬양하는 생명문화 운동을 전개했다는 사실이다. 소비를 미덕으로 만드는 공(産)업 문명의 시대는 필히 멸망한다는 것이 저자의 냉정하고도 객관적인 현실 인식이 나타나 있다. 인간을 욕망덩어리로 만들며 리사이클링을 거부하고 진보만을 선善으로 인정하는 산업 문명은 엔트로피 2법칙에 근거 필히 파경에 이른다는 것이다. 이로 인해 공과대학 교수였던 저자는 동시대를 사는 학자들에게 '전문 바보' 라고 조롱을 받기도 했다. 그럴수록 저자는 자신의 생활

반경하에서 파국적 문명을 고칠 수 있는 방식을 찾기로 작정했다. 이 책이 의미 있는 것은 거대한 생태 담론이나 문명 비판 이론 때문이 아니라 현실과 맞닥트린 저자의 치열한 삶의 경험 때문이다. 특별히 저자는 불교적 가치에 많은 영향을 받고 있는바, 불교의 제행무상諸行無常을 현실(문명) 비판의 토대로 이용했으며 자연을 부처님으로 알고 자연의 뜻에 따르는 삶을 강조하기도 했다. 인간을 에워싸고 있으며 살 수 있도록 힘을 주는 자연을 부처님이라 부르는 대목도 도처에서 발견된다(自然法爾).[4] 저자가 유기농업을 하고 단식을 즐기며 '일물전체식'一物全體食을 하는 것은 모두 이런 이유에서이다.

2. 공생공빈共生公貧의 문명 비판적 시각

바로 이런 맥락에서 저자는 21세기를 진단한다. 풍요 문명에 눈감기 어렵지만 그것이 지속되기 어렵다는 현실을 끊임없이 숙지시키며 오히려 문명의 폭력성을 부각해 낸다. 산업 문명은 종의 다양성을 파괴하기에 모든 것이 모든 것과 관계하는 공생의 세계를 지켜 낼 수 없다고 보기 때문이다. 돈(물질)을 숭상하는 금주주의金主主義[5]는 자원 낭비를 자초하며 생태 환경 전체를 오염시키는바, 급기야 물 부족은 식량 자급률을 떨어트리고 농업을 붕괴시키며 인류 전체를 굶주리게 한다는 것이다. 이것이 바로 저자가 예상하는 21세기 인류가 직면할 모습이다. 금융자본주의의 폐해를 혹독히 경험하는 현실에서 실물 경제를 염려하는 저자가 공생 세계에 대한 각성을 촉구하는 것은 당연한 일이다. 이를 위해 인간 '양지'良知[6]의 발현을 쓰찌다 다까시는 기대한다. 여기서 '양지'란 결과를 예상할 줄 알며 전체 관계성을 인지하는 인간의 기본 능력을 일컫는다. 이 점에서 유기농이란 바로 양지가 발현된 인간의 삶의 모습과 다르지 않다. 광우병이 생겨 인간이 위태롭고 환경 호르몬으로 인류 미래가 불투명해지며 아토피로 인해 신생아들이 고통받는 현실에서 인간의 탈출구는 공생공빈, 곧 인간의 자연 됨을 위해 자발적으로 가난해지는 길밖에 없음을 저자는 강변하고 있다. 그래서 농업과 신앙을 하나로 생각하며 살고 있는 '아미쉬' 공동체7의 삶을 인류의 대안으로 제시하는 듯 보이곤 한다.

또한 저자는 자신이 엮어 낸 '쓰고 버리는 시대를 생각하는 모임'의 활동을 소개하고 있다. 신중하게 만들고 귀중하게 사용하며 함부로 버리지 않고 오래 사용하는 지혜를 사랑하는 사람들의 일종의 결사체結社體이다. 다시 말해 소비만이 아니라 생산과 소비를 함께 생각하며 살고자 하는 이들의 자발적 모임이다. 여기서 저자는 손의 창조력에 근거하여 자급자족하는 삶의 형태를 소개한다. 된장과 메주를 직접 만들어 먹고 가금류에서 알을 얻으며 상호 협력하여 쌀농사를 지켜감으로 금金주주의를 넘어설 수 있다고 믿고 있는 것이다. 페스트푸드가 아니라 슬로푸드를 먹는 즐거움과 건강을 찬양한다. 자연을 지키고 농업을 보호하며 나아가 인간 자신을 안전하게 만들기 위해 인간 간의 협력과 협조를 강력히 부탁하기도 한다. 소비가 미덕인 사회는 물질만이 아니라 인간 역시도 쓰고 버리며 물질과 같은 존재가 되기 십상임을 알기 때문이다.[8] 하여 저자가 조직한 모임에서는 세상 화폐 대신 공감과 상부상조에 기초한 인간관계의 상호 교환을 실험했다. 최근 한국에서도 지역 화폐를 쓰려는 운동이 일어나고 있고 마을 살리기란 이름하에 지역 공동체를 활성화시켜 인간 간의 공감을 회복시키는 일들이 생겨 나고 있는 중이다.

계속하여 저자는 자연에서 얻은 지혜로 살림살이를 꾸려 나갈 것을 말한다. 효모 빵을 굽고 산야초를 만들며 널려진 잡초에서 허브[9] 차를 얻고 그 나머지는 자연으로 돌려 쓰레기 없는 삶을 이루고자 하는 것이다. 가능하면 에너지를 적게 사용하여 원자력으로부터 자유로울 길을 모색하고 있다. 이는 오키나와를 미국에 넘겨주고 대가로 얻은 도시 문명을 원주민에게 되돌려 주는 정치운동으로도 이어진다. 강한 군대를 지향하는 정부 정책에 온몸으로 항거하는 것도 저자의 일이라 여긴 것이다. 최대의 환경 파괴를 가져오는 것이 전쟁임을 알기 때문이다. 대량 유통에 의한 먹거리를 거부하고 합성세제를 사용치 않으며 자작自酌하여 먹고 마시는 문화 만들기 역시 그의 몫이었다. 이를 위해 농약이나 유해한 비료로 키워 낸 대량생산 메커니즘의 폐해를 널리 알리는 것 역시 그가 감당할 일이었다. 컴퓨터 시대에 이르러 종이 소비를 문명의 척도로 여기는 것도 참으로 위험한 일이라고 생각했다. 정보가 인간을 삼켜버리고 자연을 먹어치우는 현실을 목도하고 있기 때문이다. 먹고 남아 쓰레기를 양산시키는 소위 '뷔페'와 같은 음식 문화를 거부하고 가능하면 국물이 없는 조리법들을 권장하기도 했다. 땅을 돈의 가치로 보는 천민자본주의에 대한 경계 역시 철저할 수밖에 없었다. 해서 저자는 올바른 먹거리 생산을 위해 비영리적인 시민단체를 조직하여 활동하는 것을 21세기를 사는 방법이라 확신한다. 양지良知의 소리에 따라 이산화탄소를 줄이는 삶의 구체적 방식을 더불어 구현[共生]하라는 것이다. 이를 위해 좋은 환경, 좋은 땅, 유기농 그리고 좋은 먹거리 생산을 위해 인간 삶의 방식 및 가치관의 전환을 촉구하고 있다. 이는 J. 리프킨이 말하듯 '엔트로피 법칙'[10]을 따르는 삶 혹은 '생명권 의식'[11]을 지닌 삶이라 하겠다.

3. 자연의 타력성에 대한 신뢰

이런 가치관을 갖고 살기를 힘썼던 저자는 과학자의 딜레마를 적시했다. 해서 실험실의 연구만을 전부로 알고 연구의 사회적 의미에 대해 무지한 과학자 집단을 비판한 것이다.[12] 과학자로 활동하면서 공업사회의 멸망을 주창하는 자신의 처지를 괴롭다고 토로한 적도 여러 차례이다. 하지만 자신을 '전문 바보'라 칭하며 자신이 자각한 것을 시작하는 것 또한 과학자의 사회적 책임이라 여겼다. 낙엽을 썩혀 퇴비를 만들고 그것으로 흙을 살리고 텃밭을 활용하여 필요한 채소를 얻으며 그곳에서 자라는 무수한 벌레들의 삶을 보고 그들과 생명의 교감을 나누는 일들이 바로 그것이다. 물론 이런 일을 함께 할 수 있는 사람들의 모임을 결성하여 조합을 만들고 운동으로 이끌어 내는 지도력도 발휘했다. 하지만 저자의 궁극 목적은 이런 삶을 가능케 하는 새로운 자연관(세계관)을 제시하는 데 있었다. 고베 지진에서 번영의 정점에 선 서구 문명 파괴의 전조를 보며 오히려 그것을 하늘의 계시라고까지 수용하며 삶의 모형 변이를 촉구할 정도였으니 말이다. 우리 시대의 종교가 되어 버린 과학기술, 이것이 인간 위주의 이원론적 토양을 지닌 기독교 서구의 산물임은 그 역시 부정하지 않았다. 최근 유전자 조작과 같은 폭압적인 인간의 자연 지배를 풍요에 취해 인류의 미래를 눈감게 하는 일이라고 경고했다.[13] 문명화의 결과로 세계의 녹지가 사막화되고 기후 온난화로 북극이 사라지며 시베리아의 동토凍土가 해빙되는 현상도 미래에 대한 전망을 비관할 수밖에 없는 이유였던 것이다.

이로부터 저자 다까시는 서구 기독교에 근거한 인간 우위적 자연관으로부터의 이탈만이 희망일 수 있다고 역설한다. 동양적 자연관으로 과학

기술적 자연관의 문제점을 해결할 수 있다는 것이 저자의 확신인 것이다. 인위人爲를 버리고 필연必然의 흐름을 그대로 따르는 무위자연無爲自然, 곧 '저절로 그러함'의 세계를 긍정하는 지혜가 인간과 자연의 일체감을 회복시킬 수 있다는 것이다. 바로 21세기의 화두인 단순 소박함과 비폭력성이 이로부터 비롯한다고 믿고 있는 것이다. 목적지향(인위)적인 과학기술의 폭정으로부터 해방된 인간과 자연은 진실로 행복해질 수 있다. "…모든 생물은 인간에 의해 변형되지 않고 자유롭게 발전될 수 있는 잠재력, 인간의 잔인한 탐욕으로부터 해방되는 권리, 종의 생명력 유지에 필요한 자연을 공정히 분배받을 수 있는 권리가 있다."[14] 저자는 노장老莊의 무위자연뿐 아니라 불교 역시도 부처가 자신을 비인격적 자연 그 자체와 동일시할 정도로 일체 생명의 행복과 가치를 전해 준다고 보았다. 인간의 자력自力이 아니라 자연의 타력他力, 곧 무위자연에 모든 것을 맡김으로써 생명세계가 유지, 존속될 수 있다는 확신인 것이다.[15] 바꿔 말하면 인간의 유위有爲가 자연의 무위無爲로 방향지어질 때 인류의 미래가 있다는 말이다.

하지만 저자의 비판과 달리 성서 역시도 이와 유사한 제안을 하고 있다. 지금 고통받고 신음하는 피조물들이 고대하는 방식으로 인간의 삶이 달라져야 한다고 가르치기 때문이다(롬 8:18-25). 결국 저자는 생명을 직조해 내는 자연의 예정 조화 능력을 믿으며 그 능력에 인간이 자신의 힘을 보태야 한다고 말한다. 저자가 자연의 타력이란 말을 쓴 것도 이 때문이다. 신의 타력을 믿는 기독교와 달리 자연의 타력[16] 일명 무위자연無爲自然 즉 아무것도 하지 않으면서 하지 않는 것이 없는 자연을 믿는 것이다. 오랜 진화 과정을 거쳐 이토록 안정된 생명 공간을 일궈 낸 자연에 대한 저자의 신뢰가 참으로 대단하게 느껴진다. 이런 자연에 따라, 이런 자연을 도와 사는 것이 인간과 사회와 우주를 건강하게 하는 것이라고 역설하는 이유이다. 여느 서구 생태학자들처럼 의사나 약에 의지하지 말고 인간 몸의 자연 치유력을 강조하며 먹이사슬 구조의 아래 단계를 먹고사는 것이 자연스런 것임을 강조한다. 『육식의 종말 - 쇠고기를 넘어서』[17]의 저자 리프킨의 생각과 일치하는 부분인 것이다. 육식을 줄일 때 인류의 불평등 구조가 조정될 수 있다는 것은 분명한 사실이다. 이를 위해서 인류는 역설적으로 원시 감각을 회복할 필요가 있는 것이다.[18] 많이 걸으며 몸을 움직이고 무공해 유기농으로 재배한 곡물 채소를 먹고 슬로푸드를 강조하는 웰빙 문화도 실상은 원시 감각을 회복코자 하는 현대인들의 역설적 사고방식의 표현일 것이다. 해서 저자는 유기농을 노장적 무위자연의 경작법이라 명명했다. 좋은 먹거리를 생산해 내는 유기농의 중요성을 한껏 강조하고픈 것이다. 물론 저자는 자연농법의 중요성과 의미를 결코 모르지 않는다.[19] 하지만 인위적으로 조작 대상이 되어 온 자연을 그대로 둔다는 것은 방임과 다르지 않기에 자연농법은 현실적이지 않다고 말한다.[20] 오히려 무위無爲를 이상으로 삼는 인간의 인위人爲야 말로 현실적 대안일 수 있다고 말함으로써 극단의 자연주의자들과는 변별됨을 증거한다. 자연에 순응하려는 인간의 인위를 긍정하는 점에서 저자의 논지는 동서양 공히 소통될 수 있으며, 기독교/불교를 막론하고 공감을 얻을 수 있는 지혜라고 생각된다. 결국 '인간만이 희망이란 것이다.'

나가는글

- 바보의 길

저자가 자신의 책 후기에서 밝히듯 오늘 우리는 쓰고 버리는 것을 진지하게 고민하지 않을 수 없는 시대에 살고 있다. 소비를 부추기며 과도한 생산을 발전이라 여기는 현실에서 과학자인 저자가 스스로 전문 바보가 되어 인류에게 원시 감각의 회복을 말하는 것을 경청할 이유가 있는 것이다. 필요 이상의 에너지와 자원을 쓰며 살아가는 것이 죄악인 시대에 살고 있다는 말이다. 검소와 검약의 가치를 비웃고 농촌 문화를 홀대하며 도시의 위대함을 찬양하는 현대 문명은 카인의 후예들의 삶이며 추락할 수밖에 없는 이카루스의 운명을 짊어질 수밖에 없다. 한국 교회도 이 길에서 결코 자유롭지 못한 상황이다. 기독교/불교의 차이에도 불구하고 우리의 공통 과제는 저자가 제시한 가치관을 갖고 '바보의 길'을 가는 데 있을 것이다. 이것이 우리 시대의 진정한 구원의 길—녹색 구원—이다. '더불어 가난하게 살자'는 저자의 말은 '최소한의 물질로 살자'는 러시아 사상가 베르자이예프N. Berdyeav를 상기시킨다. 하지만 모두가 '더불어 살자'는 말에 공감하지만 이를 위해 '더불어 가난하기'를 바라지 않고 있는 상황이다. 그토록 인류가 대망했건만 코펜하겐 환경회담의 결과가 심히 실망스럽다. 공생共生을 말하려면 공빈公貧을 말해야 하거늘 이 지점에서 모두들 실족하고 만다. 그러나 '함께 가난해지자'는 이 말을 하늘의 음성으로 들을 수 있 사람에게 구원(녹색 구원)이 선사될 것인바, 우리의 소망은 바로 거기에서, 그들로부터 비롯할 것이다. 영원히 배부르기를 바라는 인류는 21세기의 난제를 해결할 힘이 없다. 성서가 오늘 우리에게 '가난한 자의 복'을 말하는 것은 이 점에서 너무도 지당하다. 이런 복을 정말 영적으로 허약해진 인류가 받을 수 있을 것인가?

4장

자연 은총의 재발견

생 태 학 적 시 각 에 서 본 기 독 교 영 성

들어가는 글

생태신학Ecological Theology이란 말이 신학계에 회자되기 시작한 지도 족히 30여 년은 된 것 같다. 로마 클럽에서 밝힌 성장 한계의 비관적 전망을 받아들여 '생육하고 정복하라'는 성서적 가르침을 생태학적 시각에서 비판적으로 읽어 간 것이 1975년 나이로비에서 열렸던 세계교회협의회였으니까 말이다.[1] 이후 많은 생태학적 이론들이 나왔고 자연에 대한 신학적 논의가 활발해졌지만 정작 교회는 이에 대한 목회적 대응을 하지 못했다. 인간의 죄와 타락, 그로부터 인간 영혼의 구원이라는 인간 중심적 패러다임에 고착되어 오로지 인간들, 더욱 교회 안의 사람들에 대한 관심이 모든 것이었기 때문이다. '들판의 백합화를 보고, 공중 나는 새를 보라'고 하신 예수 말씀이 있었지만 교회는 사람들의 눈을 문자로만 향하게 했고 자연 속에서 하느님 신비를 만나는 일에 마음을 쓰지 않았다. 이렇듯 문자 중심주의와 인간 우월성에 빠진 교회는 인간 삶의 토대가 되는, 그러나 정작 무너져 내리고 있는 자연을 향유 및 소유의 대상으로만 볼 줄 알았지 하느님의 영이 거주하는 영적인 공간으로 이해할 수 없었다. 교회가 끝 모르는 욕망을 부추기는 자본주의 이념체계에 쉽게 동화되었던 것도 이런 배경에서 이해 가능하다. 물질적 풍요로움을 신적인 축복과 쉽게 일치시켰고 부지런히 땅을 사모아 건물 짓는 일을 반복하였으며 사람 관리를 잘하고자 기업의 경영 마인드를 가져 왔고 그를 토대로 대형 교회를 만들었으며 이제 그 교회를 자식에게 대물림하게 된 사실은 모두 이런 현실들로부터 비롯한 것이다.

1. 생태학적 시각에서 본 기독교 영성의 위기

역설적이게도 이런 교회들일수록 인간의 영성을 의외로 강조한다. 인간을 영적인 존재로 인식하고 인간의 육적인 삶의 형태를 혐오하도록 가르치고 있는 것이다. 교회는 자신들이 제공하는 신앙 집회에 참여할 것을 권하며 그것으로 인해 육적인 생활이 청산될 수 있다고 주장한다. 일상을 거부하고 교회 안 생활에 익숙하고 적응하는 것이 그들이 말하는 영적 함양의 길이다. 그러나 분명한 것은 밥 먹고 잠자고, 일하고, 갈등하며 희로애락 喜怒哀樂의 감정이 수없이 반복되는 일상의 삶의 영역을 무가치하게 만드는 일을 영성이라고 할 수 없다. 오히려 기독교적 영성은 하느님 은총을 체험하는 것이되 그 체험을 자신이 발 딛고 살아가는 구체적인 현장에서 주변을 복되게 만드는 일과 직접적으로 관계된다. 이는 마치 태양의 빛을 받은 달이 어두운 밤하늘에 그 빛을 되돌려 반사하는 것과 같다. 영/육 이원론적이며 교회와 세상을 둘로 나누는 영성은 기독교적이지도 생태학적이지도 않다. 이런 가르침이야말로 이교적이고 반反생명적일 수밖에 없다. 현대인들은 더 이상 이런 가르침에 만족하지 않는다.

사경회란 이름하에 반복되는 문자 중심의 성서 연구도 매력을 잃은 지 오래다. 그래서 현란한 음악과 밴드, 기계적인 음향을 사용하여 인간의 말로 신경을 자극하는 찬양들이 도입되고 있는지도 모른다. 아름다운 옷을 입은 사람들의 율동이 'Worship dance' 라는 이름하에 새로운 예배 장르로 개척되는 중이다. 비디오 화상 화면을 동원하여 예배를 마치 하나의 공연처럼 기획하고 준비하는 교회들도 점차 늘어나고 있다. 그러나 이것들 모두 인간 중심적이며 조작적이고 자본주의적 냄새를 짙게 풍긴다. 해서 인간의 눈을 자연으로, 우주로 그리고 하느님의 마음으로 이끌기는 여전히 역부족이다.

우리 주변에는 하느님을 알기를 원하는 사람만큼이나 본래적 자신을 찾고자 하는 사람이 많이 있다. 고독한 섬처럼 홀로 자족하며 지내기보다는 모든 사람과 사물 그리고 자연과의 관계성을 회복하며 살고 싶은 것이다. 삶의 안정을 위해 경쟁적으로 인생을 살아오면서 망가진 몸과 마음을 추스르고 싶어 하는 이들도 적지 않다. 그러나 기성 교회들은 이들의 내면적 요구와 진지하게 만나지 못하고 인습적으로 치유해 왔다. 다시 말해 이런 바람, 달라지고 싶은 마음들을 죄용서의 차원에서만 접근한 것이다. 그러나 3년간의 공생애 속에서 예수가 행하셨던 것은 죄용서만이 아니라 치유 행위였다.[2] 오늘날 한국 교회가 간과하고 있는 점이 있다면 바로 이것이다. 물론 치유란 상담을 통한 인간 심리 치유의 의미겠으나 인간의 몸과 전 우주 자연의 회복을 지향하는 생태학적 뜻도 내포되었다. 죄 용서가 인간 및 세계 정황에 대해 부정적 이해를 전제하는 반면 치유 행위는 인간 및 자연에 대한 적극적이며 열린 시각을 함축하고 있다. 이런 치유 행위는 생태학적 영성의 회복을 통해서 생겨난다. 동시에 이것은 삶의 패러다임 자체가 달라지는 사건이기도 하다. 일순간의 감정적 변화를 의미하는 것이 아닌 것이다. 부흥회를 통해 한순간 급격히 일어났다 소멸되는 그런 식의 현상과는 전혀 다르다. 이를 위해 생태학적으로 이해된 기독교에 대한 새로운 전망이 필요하다.

생태학이란 사실적 종말로 치닫고 있는 생명공동체를 치유하기 위한 학문인바, 그 빛에서 성서를 읽어갈 때 우리는 새로운 자각과 경각심을 갖게 되고 이 세계를 창조하신 하느님의 뜻을 전혀 다르게 경험할 수 있다. 이런 이유로 필자는 교의적인 성서 읽기보다는 경험론적 성서 읽기를 선호해 왔고 '알기 위해서는 믿어야 한다'는 전통적 신앙관에 앞서 '믿기 위해서는 새롭게 알아야 한다'는 귀납적 신앙론bottom up experience에 바탕을 삼아 새로운 영성에 눈뜨게 되었고 불고 싶은 대로 부시는 하느님 영의 역사에 굴복하여 우리로 인해 새 세상이 만들어지기를 간절히 염원하게 되었다.

2. 생태학과 기독교 영성의 새로운 만남

생태신학적 맥락에서 기독교적 영성은 다음 세 가지의 큰 틀 안에서 이해될 수 있다. 전체 관계성(귀속감)과 지속성, 그리고 해방과 치유의 역사[3]가 바로 그것이다.

먼저 전체 관계성이란 신비로움과의 대면, 즉 우주 전체와 깊은 관계를 맺고 있다는 귀속감(소속성)의 다른 표현이다. 하느님의 본질 및 그 속성을 나타낼 때 쓰는 영어 거룩성 'holiness'가 전체성을 뜻하는 'wholeness'와 어원적으로 같다는 사실이 이를 증명한다. 종교를 지칭하는 라틴어 원어 'religio' 역시 '다시 묶는다', 즉 연결과 결합의 의미를 지니고 있는데, 이는 우주 전체에 대한 소속감을 제도화한 것으로 볼 수 있겠다. 이런 모든 것은 생태계oikos를 지배하는 으뜸법칙 중의 하나가 '모든 것은 모든 것과 더불어 관계를 맺고 있다'는 사실과 맥을 같이한다. 종교적으로, 미학적으로 상호 의존적으로 관계를 맺고 있는 세계의 실상Reality을 성서는 '하느님 보시기에 좋았다'라고 언표하고 있는 것이다. 하느님조차도 세계와 무관한 초월적 존재가 아니라 살리시는 영으로서 이 세계에 내주하고 있다는 것이 성서의 가르침이기도 하다. 이는 인간의 삶이 몸과 지성 및 감성으로서 통전성을 갖고 있음을 의미한다. 관계를 맺지 않고 홀로 자족한 모습으로 존재하는 것이 창조세계 내에 없다는 진리는 우주 안에서의 인간의 위치를 새롭게 정위하며 삶의 모든 영역들을 거룩하게 변화시키는 통합성을 요구한다.

다음으로 지속성이란 우리의 영성이 일회적 사건이 아니라 반복적인 실천력을 동반해야 함을 뜻한다. 앞서 말했듯 일상생활을 통해 종교적 체험이 배어나올 때 우리는 그것을 영성이라고 불렀다. 밥을 먹고 글을 쓰고 말을 하는 모든 일에까지 종교적 체험(전체 관계성)이 스며들도록 하는 일, 즉 일상의 삶으로 젖어드는 종교 체험의 존재 양식이 영성이란 것이다. 이러한 존재 양식은 결코 일회적인 사건으로 종결될 수 없으며 살아 있는 한 지속적으로 요청될 뿐이다. 누구나 한 번은 살리고 해방하는 힘(영성)을 지닐 수 있으나 그것을 지속할 수 있는 힘은 쉽게 얻어질 수 없다. 그렇기에 지속성은 기독교적, 생태학적 영성의 실천적 판단 기준이자 성령(은총)의 사건일 수밖에 없다. 해방과 치유의 역사 또한 기독교 구원관의 생태학적 표현으로서 인간 공동체의 회복과 만물 안에 계신 하느님 창조질서의 보전을 일컫는다.

영성이란 본래 응축된 생명력이자 '옴살스런' 것으로서 안의 생명력이 밖으로 터져 나오는 것인데 이로써 내면적 치유와 외부적 해방이 가능할 수 있다는 말이다. 따라서 영성의 증거이자 또 다른 판단 기준은 교회 공동체 안팎에서 일어나는 해방과 치유의 사건들 속에서 찾을 수 있다. 이것은 바람이 부는 것을 나뭇가지의 흔들림을 통해 알듯, 성령의 활동은 인간이 맺는 열매를 통해서 드러난다는 성서 가르침의 핵심이다. 여하튼 수행적 진리Performative truth로 불리는 성령의 역사는 영성의 내면을 구성하는 본질일 수밖에 없다.[4] 이 점에서 영성은 하느님의 영의 인식 근거이며 성서의 살리시는 하느님 영은 영성의 존재 근거라고 말할 수 있겠다.

따라서 하느님에게서 온 영이자 그리스도의 영이란 교리적 입장에서 전체 관계성(통합성), 지속성 그리고 해방과 치유의 실천력을 다른 방식으로 언표했던 영의 존재 양식을 배타하는 것은 어불성설이다. 종교 없는 영성은 가능하지만 영성 없는 종교는 불가능하다는 인식이 팽배해져 있는, 소위 영성의 시대에 접어든 시점에서 우리는 영성의 본질 및 실천적 판단 기준을 더 주목해야 할 것이다. 영성의 실현을 통해 얻어지는 엄청난 삶의 변화를 기대해야 할 때인 것이다. 이것은 정교正教보다는 정행正行이 더욱 중요하다는 종교해방신학의 논리와 맥을 같이하는 부분이다. '인간 몸속에 영혼이 있는 것이 아니라 영혼 속에 몸이 있다'고 보았던 중세 신비가 엑카르트의 말처럼 우리는 '기독교 내에 하느님이 있는 것이 아니라 하느님 속에 기독교가 있다'고 믿는 발상의 전환이 필요한 때에 살고 있는 것이다.

생태학과 관계된 기독교 영성의 이런 특성들은 다음과 같은 자연 은총의 형태로 가시화되고 있다. 인간 중심주의를 벗겨 내는 생태학적 영성, 상호 관계성(귀속성)의 신비는 우선 살아 있는 지구에 대한 발견에서부터 시작한다. 지구 출현 이후 태양의 온도는 대략 30~50% 정도 상승하여 지구에 더 많은 태양 빛을 보낼 수 있었다. 그럼에도 지난 4억만 년간 지구 대기권은 21%의 산소량을 항상적으로 유지해 왔다. 더 많은 태양열을 받았던 지구가 광합성 작용을 통해 산소를 많이 만들어 내었음에도 말이다.

주지하듯 지구 산소 층이 1% 높아지면 지구의 화재 발생률이 60% 정도 증가하게 된다. 이에 대해 학자들은 지구 내의 생명체와 지구화학적 순환 사이의 인공 지능적 과정이 있었음을 추론해 내었다. 제임스 러브록에 의하면 열대 우림 지역에 정주해 온 흰개미를 비롯한 수많은 미생물들이 매년 100톤 이상의 메탄가스를 생산해 내고 있으며 이렇게 만들어진 메탄이 대기층을 돌면서 공기 중 산소를 가감하는 일종의 조정자 역할을 하고 있다는 것이다. 대기 속에 머물던 메탄가스가 성층권에서 산소층과 만나 물과 수증기로 산화되면서 과도하게 생성된 산소를 소비하고 있다는 사실이다. 이것은 지구가 살아 있는 유기적 생명체계임을 보여주는 것으로 인간 및 모든 생명체와 무기체들의 상호 연관 속에서만 생명현상이 지속될 수 있음을 증거한다. 이로써 인간은 자연을 지배하는 지배자가 아니라 성서의 창조본문이 옳게 말하듯이 청지기임에 틀림없지만, 그러나 인간만이 자연을 지켜낼 수 있는 존재가 아니라 산에 뒹구는 토끼들의 똥, 흰개미들이 내품는 방구(메탄) 역시 자연 생태계, 우주 생명권을 존속시키는 주체들인 것을 숙지해야만 한다.[5]

이렇듯 자연 은총으로서 '전체'를 자각하고 상호 의존됨을 아는 것이 생태학적 영성의 핵심이자 구체적인 내용이다. 또한 우리는 앞서 영성이란 것이 삶의 모든 영역들을 거룩하게 변화시켜 내는 통합성을 가져야 한다고 말하였고, 이런 과정은 지속성을 필요로 하는 것이라고 기술한 바 있다. 이런 측면에서 생태학적 영성은 인간 존재를 구성하는 여러 요소 중에서 지금까지 지나치게 강조되어 온 지성과 의지 외에 인간의 몸, 그 몸이 느끼는 감성 등에 대해 더 주목하고 있다. 하지만 경쟁이 최고 미덕이 되고 빠른 속도감이 삶의 원칙으로 자리 잡은 오늘, 자연 그 자체인 우리의 몸은 지나치게 혹사당해 왔다. 1초에도 수천 수만 리의 거리를 오고 가는 두뇌의 빠른 회전만으로 인생을 살려고 하다 보니, 몸이 병들고 지쳐버린 것이다. 성서는 인간의 몸을 하느님 영이 거하시는 장소라고 했고, 동양 의학적으로 말하자면 자연 치유력을 갖고 있는 삶의 토대인바, 지금 이러한 몸이 탄식하고 있는 상황이다.

인간 몸의 상태를 알려주는 바로미터가 있다면 그것은 바로 똥이다. 매일 배설하는 똥을 보면 그 사람의 몸의 상태만이 아니라 삶 자체를 알 수 있게 된다. 좋은 똥은 다음 5가지의 기준에 합당해야 한다. 농도, 색깔, 굵기, 냄새, 비워짐. 우선 좋은 똥은 적당한 농도가 되어 배설하는 데 지장이 없어야 한다. 언제든 어느 음식을 먹었던지 간에 누런 색깔의 똥을 배설해야 한다. 새끼손가락만 한 가는 똥이 아니라 굵고 긴 똥이어야 하며 반쯤 물에 떠 있는 상태가 좋다. 그리고 악취가 나지 않아야 하며, 자신의 창자가 다 비워진 느낌을 주는 배설이어야 하는 것이다. 전날 과식하거나 육류를 많이 섭취했을 때 우리의 똥은 악취가 나며, 충분한 양을 배설하지 못하고 그 굵기도 가늘게 된다. 암癌이란 한자어를 보면 세 개의 입(口)을 가지고 산山처럼 많이 먹어서 생기는 병이란 뜻을 갖고 있다. 과욕과 탐심 등에 의해 인간 몸에 치명적인 병이 생긴다는 사실을 알려주는 뜻글자인 것이다. 그렇기에 좋은 똥을 배설하는 일은 어려운 것이며 사람의 삶이 모자라거나 지나침이 없이 절도(중용)를 지니고 살아야 함을 가르친다. 언제 어디서든지 과불급하지 않게 사는 일이야말로 초월적 체험이 일상 속에 배어나오는 것이라 할 수 있다. 몸의 수행을 종교들이 강조하고 있는 것도 이런 이유에서일 것이다. 이것은 긴 시간이 소요되는 것으로써 지속적이 노력이 필요한 일이다. 기독교가 동양 종교들에 비해 부족한 점도 바로 몸의 수행적 차원에 있다.[6] 이 점에서 생태학적 영성은 몸 수행과 밀접한 관계를 맺을 것이며, 인간 몸으로 하여금 언제든 바르게 느끼고 인식할 수 있도록 이끌어 가야 한다.

마지막으로 생태학적 영성은 물질에 대한 전향적 이해를 촉구하는바, 이는 삶의 안팎을 거룩하게 만드는 일이라고 생각한다. 물질을 얻기 위해 우리는 속도의 임계치를 넘어서는 일을 지속적으로 해왔다. 그러나 기술의 힘으로 자율적이 되면 될수록 더욱 종속적 인간이 되며, 속도가 빨라질수록 더 바빠지며, 많이 가질수록 상대적 박탈감이 커지는 현실을 경험하게 된다. 경제 활동만을 요구받고 있는 현대인들은 지금 스스로 어떻게 먹고, 어떻게 낳고, 어떻게 죽는 것도 모르는 정신적 불구자가 되어 가고 있는 중이다. 자신의 손과 발의 창조적 활동은 사라지고 오로지 소비자로만 전락하고 있는 것이다. 이미 오래전에 베르자이에프는 최소한의 물질로 살아가자는 제안을 하였다. 인간은 물질 없이는 살 수 없지만 '최소한의 물질은 물질이 아니고 정신'이라는 것이다. 그는 이것을 하느님의 말씀으로 살아가는 광의의 종교적 삶으로 규정하였다. 최근 이반

일리치도 이 점을 간파하여 경제적 수축을 제안하고 있다. 경제만 생각하는 불구자인 현대인을 치유하기 위해서, 인간에게 손발의 역할 및 창조성을 되찾게 하기 위해서 경제에 우선성을 부여하는 사회에 제동을 걸고 있는 것이다.[7] 이런 대안적 삶은 물질과 정신의 이원론을 벗겨내는 데서부터 시작된다. 물질 그 자체는 무생명적인 것이 아니라 그 속에 이미 정신적인 것이 내재해 있기 때문이다. 이런 생태학적 인식 하에서만 우리는 최소한의 물질, 곧 정신으로 살아가는 영성적 삶을 기대할 수 있다. 이러한 가치 전환을 불가능하다고 믿는 사람들은 인간을 진정으로 신뢰하지 않을 뿐만 아니라 초월적 가치(영성)를 생각하지 않는 존재임이 틀림없을 듯하다.

3. 기독교 영성의 본질로서의 자연 은총, 그 생태학적 의미

불고 싶은 대로 부는 하느님 영의 모습처럼 신앙인들의 종교적 에토스도 이제는 특정 제도나 조직, 교리 등에 매여 있지 않다. 신앙인들은 종교의 본질을 이곳에서 찾지 않으며 종교 창시자들의 근원적 삶의 양식, 그들의 종교 체험과 직접 관계하는 것임을 자각하고 있는 것이다. 근원에서 일탈된 현실 세계의 강요를 그들은 억압이며 부자유함으로 느끼고 있다. 그렇기에 영성에 대한 갈망은 종교 근원에 대한 목마름이자 참된 자유를 향한 몸부림이며 분열된 자신을 통째로 감싸 안고 싶은 마음의 표현이라 하겠다. 종교 기관들은 수없이 존재하나 바람직한 종교 문화가 형성되지 못한 지금 기독교를 비롯한 종교들의 할 일 첫 번째는 생활 신앙인들의 이런 관심과 욕망을 읽어 내는 일이다. 성직자들이 '제도적 은총'에 안주하여 자신들의 권위를 보존하려고만 든다면, 믿음의 세계를 '신조'와 동일시하는 것으로 자족해 버린다면 '종교 없는 영성의 시대'가 빠르게 도래할는지도 모른다. 익히 아는 대로 인쇄술의 발달과 맞물려 문자의 재발견 시기에 일어난 개신교 신학은 그 장점이 약점이 되어 문자 중심의 신학체계(성서로만!)를 고착화시키는 오류를 범했다.[8] 즉, 진리는 머리(이성)에서 이해된다는 가부장적 생각이 성서와 자연이라는 계시의 두 원천에서 자연을 송두리째 배제시켜 버린 것이다. 이로부터 지금껏 교회는 우주 만물 속에 편재한 영의 현존에 둔감하였으며, 모든 생명체 속에서 살아 움직이시는 하느님을 방치해 놓았던 것이다.

앞서 보았듯이 생태학이란 살아 있는 생명체들이 거주하는 집, 곧 생명 공간에 대한 학문으로서 인간이 우주 전체와 깊은 관계를 맺고 있다는 존재들 간의 상호 귀속성을 알려주고 있다. 이 점에서 우주 및 자연이란 인간 삶의 근거이며 토대가 되는 것으로서 인간이 스스로 만들지 않았으되 그것 없으면 한시도 생존할 수 없는 은총의 특성을 지닌다. 얼마 전 타계한 여성신학자 도르테 죌레D. Sölle는 '은총이란 최상의 것은 거저 얻었다는 고백 이외의 다른 것이 아니다'라고 말한 바 있다.[9] 고백 신조적 인식 틀(신명기 사관)로 자신의 죄를 입증하려는 친구들을 온몸으로 저항했던 욥이었으나 '내가 이 세상을 만들었을 때에 네가 어디 있었느냐?'는 창조주 하느님의 현현으로 더 이상 자신의 정당성을 주장할 수 없었던 욥의 심정을 헤아려 볼 필요가 있다. 그러나 우리는 욕망의 노예가 되어 자신들의 노력과 관계없이 주어진 우주 만물의 자연 은총을 망각하였거나 그 영역을 축소시켜 왔다. 기독교인 된 우리는 예수 그리스도의 십자가 은총만을 강조하고 거기에 집착을 보였으나 자연 은총에 대한 고백 없이 그리스도를 고백하고 기독교인이 된다는 것은 현실적으로 불가능하며 공허한 일이 되기 십상임을 알아야 한다. 우주의 마음이신 하느님께서 자연을 통해 베푸시는 치유와 회복의 은총과 그리스도 예수에 의해 계시되고 베풀어진 은총, 곧 인간을 참된 인간(구원)으로 인도하는 하느님 사랑에 대한 기독교인들의 이해는 전혀 상충될 사안일 수 없다.

그렇기에 우리는 먼저 자연 속에서 자연을 통하여 느껴지고, 얻어지는 자연 은총—그것을 색깔로 표현할 때 녹색 은총이 된다—을 생각해야 한다. 영성을 말하고 생명에 대한 관심이 고조되는 시점에서 기독교는 자연과 우주 이해에 주목하지 않을 수 없게 된 것이다. 인간 및 전 생명체의 토대를 이루는 자연의 경이로움, 때론 그의 불확실성에 대한 과학적 설명들이 기독교적 영성과 영감의 새로운 근원이 될 수도 있다. 우주 대폭발Big Bang 이후 지금까지 우주 내에 10의 120제곱 분의 1의 오차도 없었다는 과학적 발견은 우주 내의 생명이 어떤 의도성, 방향성을 갖고 있음을 보여주는 부분이다.[10] 하느님이 전적인 초월성만을 자신의 본질로 하지 않고 우주 만물에 내주하면서 세계와 삶을 함께 나누신다는 사실은 생명체들에게는 너무도 큰 축복이다. 우주 안에서 어느 것도 홀로 자족하지 못하며 상호 연결되어 있다는 사실은 인간이 의식하든 못하든 우리의 삶에 강력한 힘으로서 작용하기 때문이다. 물고기에게 물처럼, 따사롭게 내리쬐는 태양처럼 그물망과 같은 관계들의 깊이가 우리를 둘러싸고 있다는 사실을 생태학자들은 장Field의 개념을 빌어 설명하기도 한다. 예컨대 지구 내에는 눈에 보이지는 않지만 중력장이 있고, 자력장이 있으며, 모든 식물들의 종자 속에 그 꼴을 이루는 형태장이 있는 것처럼 우주 자연 내의 이런 내적 관계성을 영성적 체험의 장으로 이해하고 있는 것이다. 전통적으로 기독교 신앙은 세계와 관계 맺는 하느님의 존재 양태를 내재성, 편재성 등으로 언표했고 하느님이 우리와 함께한다는 임마

누엘 체험을 말하였으나 생태학적 시대의 우주 자연의 이야기 속에서는 장場의 현존으로 하느님의 영을 말할 수도 있다는 것이다.[11] 엑카르트는 매 순간 모든 관계 속에서 우리의 삶에 영향을 주는 보이지 않는 힘을 영혼이라 불렀고 인간의 몸이 바로 그 영혼 속에 있음을 천명한 바 있다. 인간의 몸속에 영혼이 있지 않고 영혼 속에 몸이 있다는 신비가의 통찰이 바로 장Field의 이론을 통해서 입증되고 있는 셈이다.

그렇다면 2등의 존재 의미가 사라지고 1등만을 요구하는 경쟁의 시대에, 욕망을 부추기는 자본주의 사회 속에서 하느님의 녹색 은총, 자연적 은총은 어떻게 우리에게 체험될 수 있을 것인가? 자연 은총의 영성을 깨달으려면 다음과 같은 물음에 대한 자각이 필요하다.[12]

먼저 우리가 일상적으로 발 딛고 살아가는 공간(땅)에 대한 지각 능력, 즉 땅과의 교감 능력에 대한 물음이다. 이는 자신의 거주 지역에서 생산되는 식물 10가지, 지난 1년 간 우리 지역에서 멸종된 생명체의 수, 산에 오를 때마다 만나게 되는 풀과 꽃들 5종류의 이름을 댈 수 있는가? 하는 물음에 대한 자기 반성적 성찰인 것이다.

둘째는 이런 공간 지각력을 바탕으로 생명, 생명체에 대한 존엄성(생명 외경)을 가지고 삶을 살고 있는가? 하는 질문이다. 이것은 들판의 꽃이 인간에게 꺾이기 위하여 존재하는 것이 아니며 바다의 물고기가 인간에게 먹히기 위하여 존재하지 않는다는 자각을 필요로 한다. 즉, 삼라만상 속에는 모든 생명체들이 저마다 살려고 하는 의지Wille zum Leben를 갖고 있는 것이기에 자신의 생존을 위해 타 생명체의 희생을 최소화하는 삶을 살고 있는가를 자문하는 일이다.

셋째로 자연 은총이 몸에 대한 자각과 긴밀히 연관되어 있음을 아는 일이다. 앞서 밝혔듯이 얼마나 우리 몸을 소중히 여기며 일상을 살고 있는

가를 성찰해야 할 때이다. 누구를 막론하고 인간 몸은 닦달되어 온갖 병고의 집합장소가 되어 있다. 자연 그 자체인 인간 몸이 기계(시계)에 의해 조정되고 길들여짐으로써 몸의 자연성이 파괴되었던 까닭이다. 성공이란 미명하에 감추어져 온 상처받은 인간의 몸, 간과되어 온 인간의 몸을 자연으로 새롭게 발견하고 감싸며 사랑하는 일은 생태학적 영성의 핵심에 속하는 부분이다.

끝으로 일상의 삶을 영위하면서 얼마나 이웃 및 자연의 소리를, 총칭하여 타자의 소리를 들으며 살고 있는가? 하는 물음이 우리들에게 남겨져 있다. 산에 오르면서 우리는 오염된 비바람에 고통하며 흐느끼는 나무의 소리를 들은 적이 과연 있었던가? 배고파 굶주리는 이웃의 소리를 듣고 가슴 아파한 적은? 생각해 보면 지금껏 우리는 '자기 소리'만 너무도 크게 내며 살아왔었다. 하느님께 기도드릴 때도 지나칠 만큼 크게 자기 소리만 내지 않았던가? 정작 하느님 그분의 소리를 들을 만한 내적 고요, 기다림도 망각한 채 말이다. 그러나 이제 자연 은총은 타자의 소리를 들을 수 있는 길을 열어준다. 자기라는 닫힌 울타리를 넘어 그들의 소리를 그들의 소리로 듣게 함으로써 남과 더불어 연대할 수 있는 가능성을 선사하는 것이다. 남의 소리를 그들의 소리로 들을 수 있다는 것은 축복이요 은총이며 우리가 추구하는 영성의 본질이다. 만약 우리가 이런 경험을 갖지 못한 채 일상적 삶을 살고 있다면 그것으로서 인습화된 종교인, 신앙인일 수는 있어도 실재적인 무신론자로서 살고 있다는 구체적 징표가 될 것이다. 그러나 자연적 은총은 우리를 기독교적 영성으로 인도하는 첩경일 수는 있어도 그것 자체로 기독교 영성을 대신할 수는 없다. 물론 지금껏 말한 대로 자연 은총의 감각을 갖지 못한 채 기독교인으로 살 수 없음도 당연한 사실이다. 자연적 은총은 기독교의 핵심, 곧 십자가 사건을 가져온 그리스도 은총과 결코 무관할 수 없다.

우리가 자연적 은총으로 인해 내적인 고요함을 얻고 타자의 소리를 진정으로 들을 수 있게 되었을 때 우리에게 들려지는 소리들이, 즉 자연으로부터, 이웃들로부터 들려지는 소리들이 모두 비명이고 절규—피조물의 탄식—라는 것은 이미 로마서 8장이 말하고 있다. 우리가 아는바 성서에는 노아 홍수 이후 새로운 세계의 존립 요건으로서 하느님은 인간에게 다음 두 가지 단서를 지키도록 했다. 사람들 눈에서 억울한 눈물이 흐르도록 하지 말 것이며, 둘째로는 동물들을 피째로 먹을 수 없다는 명령이었다(창 9:1-7).[13] 전자가 인간 세계 내에서의 인간 간의 형평성(정의) 물음이었다면 후자는 인간과 총칭하여 자연 간의 생태학적 균형에 관한 언급이었다. 바로 이 두 가지 단서가 지켜지지 않음으로 해서 오늘의 세계는 모든 피조물들이 탄식하고 고통을 받는 현실로 변해 버렸다. 로마서 8장 17절 이하의 말씀, "모든 피조물이 탄식하며 하느님 아들들의 출현을 기다리고 있다"는 것이 바로 오늘의 실상을 웅변한다. 그렇기에 오늘 우리에게 들려지는 소리들은 온통 고통과 탄식 그리고 아픔의 소리들뿐이다. 더 이상 '보시기에 좋았다'는 창조세계의 아름다움이 우리 현실이 아니란 말이다. 이런 신음과 고통 그리고 탄식의 소리를 자연 은총만으로 해결할 수 없다. 하느님의 적색 은총 곧 십자가 은총이 요청되는 지점이다. 그러나 십자가 은총은 종래의 속죄적 해석과 같지 않다. 십자가 은총, 인간을 참된 인간으로 부르시는 구원의 사건은 밖으로부터 들려지는 고통과 비탄의 소리들과 내적으로 하나 될 수 있도록 하는 힘이요, 은총이기 때문이다. 자연 은총과의 연장선상에서 십자가 은총은 다음의 방식으로 우리에게 영성의 길을 제시한다. 우선 십자가 은총은 세계 내 고통에 대해, 그들의 탄식을 향해 우리 자신을 개방시키고 그와 결속되게 하는 힘을 준다. 세계의 고통을 자신의 몫으로 인정하고 고통 속에 있는 피조물들과 연대할 수 있는 능력을 선사하는 것이다. 탄식하고 있는 피조물들이 고대하고 바라는 존재양식으로의 전환을 가능케 한다. 고통받고 탄식하는 존재들이 더 이상 부담스러운 존재, 실체가 아니라 오히려 자신을 구원시키는 동인動因이 된다고 가르치고 있는 것이다. 이 점에서 일본의 노벨상 수상작가 오에 겐자브로大江健三郎의 이야기는 도움이 된다.

20대 초반부터 실존, 자유, 주체, 개인 등 프랑스 실존철학을 세계관으로 하여 글을 써서 명성을 얻은 오에 겐자브로, 그러나 30대의 늦은 결혼을 통해 출산된 첫아들은 중증의 정신박약이었다. 사람 노릇 못 하는 아들의 존재는 '실존'에 토대한 자신의 삶을 짓누르는 고통이었고 짐이었다. 그 아들을 보고 있노라면 작가로서의 자신의 삶을 지탱해 온 세계관이 하루아침에 무너져 내리는 느낌이 들 정도였다. 10여 년간 그는 아들의 존재를 철저하게 부정하며 여전히 개인, 주체 그리고 실존의 개념을 갖고 글을 썼고 명성을 얻어 갔다. 그러던 어느 날 심각한 질문에 부닥친다. 내가 아이의 존재를 이렇듯 철저하게 부정하며 쌓아놓은 공적과 명예들이 무슨 의미가 있을까 하는 것이었다. 이후 아버지로서 그는 그 아이와 더불어 공생共生하기로 작정한다. 이후 긴 세월 동안 자식에게 공을 들이며 아버지의 절박한 사랑으로 그간의 공백을 메우는 과정에서 급기야 정신박약아 아들은 작곡가로서의 인생을 얻게 되었다. 오에 겐자브로는 다 자란 아들을 보며 이렇게 고백하고 있다. "처음 이 아이의 존재는 나의 삶을 옥죄는 고통이고 짐이었으나 지금 와 생각하니 그는 나 자신을 구원시키는 주체가 되었다"고. 타인의 고통과 고난이 더 이상 무거운 짐이 아니요, 자신을 구원시킨다는 것은 십자가 은총이 가르치는 영성적 측면이다.

기독교인이라고 한다면 어느 누구도 이런 삶을 피해 갈 수 없을 것이다. 십자가 은총은 또한 우리 자신 속에 숨겨진 폭력성(죄)을 승인하고 인정하도록 한다. 세계 내의 고통과 탄식이 의식적이든 무의식적이든 간에 자신 속에 내재된 폭력성으로 인해 발생된 것임을 겸손히 인정토록 하는 것이다. 인간이 자신의 유한성을 인정하지 않고 최고를 지향하며 끝 모르는 욕망의 노예가 되어 버릴 때 그로부터 폭력이 발생하며 파괴가 생겨난다. 그동안 기독교가 타 민족, 타 문화 그리고 인간 외적인 피조물(자연)에 대해서 얼마나 악마적 존재로 살아왔었는지를 우리 모두 익히 알고 있다. 십자가 은총은 바로 우리 자신 속에 숨겨진 폭력성과 우리 자신을 당당히 맞서도록 도와준다. 하지만 십자가 은총은 세계 내의 폭력만이 아니라 내 자신 속에 내재된 폭력성(죄)에 당당하게 맞서도록, 그러나 역시 비폭력적 방식으로, 자신 스스로가 십자가에 달리는 방식으로 세상의 폭력성과 맞설 것을 촉구한다. 비폭력의 길이란 예수 십자가의 길이자 은총으로만 가능해지는 세계 구원의 길인 것이다. 교회에서 절기마다 행해지는 성만찬 예식은 바로 비폭력으로 세상을 이길 가능성을 제시하는 기독교 영성의 귀한 보고라 아니할 수 없다. 믿음으로 먹고 마신 떡과 포도주가 그리스도 예수의 살과 피로 변했다고 믿는다면 우리 몸은 더 이상 내 몸이 아니고 예수 그리스도의 몸이 되었다고 말해야 한다. 예수 그리스도의 몸이 남을 위해 자신을 내어주는 데에 그 본질이 있는 것이기에 성만찬은 우리로 하여금 자신의 삶 전체를 내어놓도록 하는 십자가 은총의 도구가 되는 것이다.

　그뿐만 아니라, 성만찬 행위는 기독교적인 생태학적 영성을 풍부하게 한다.[14] 성만찬 식탁은 무엇보다 세상의 식탁과 상호 비교하도록 우리의 생각을 인도한다. 예수 그리스도에 의해 초대받은 성만찬 식탁이 많으면 많은 대로, 적으면 적은 대로 함께 골고루 나누어지는 식탁인 반면 세상의 식탁은 한 사람만 배부르고 두세 사람을 굶주리게 하는 식탁이다. 또한 성만찬의 식탁이 먹고 남아서 버려지는 부분이 없는 간편하고 단순한 식탁이라면 세상의 식탁은 먹고 남아서 버려지는 것이 많은 식탁이다. 그렇기에 성찬 예식에 참여한 우리 기독교 신앙인들은 이 세계 내에서 골고루 나누어지는 식탁, 먹고 남아서 버려지는 부분이 없는 식탁, 곧 예수의 밥상 공동체를 만들기 위하여 최선을 다해야만 한다. 바로 이것이 세상의 폭력성에 대해 비폭력적으로 승리하는 기독교적 영성의 길인 것이다.

4. 자연 은총의 자기표현으로서의 선교 그리고 구원

이미 고인이 된 여성생명신학자 선순화는 1970년대 말까지 대학 신입생들의 필독 도서로서 카E. H. Carr의 『역사란 무엇인가?』가 으뜸이었으나, 1980년대 중반부터는 J. 리프킨의 『엔트로피』, 『생명권 정치학』과 같은 '생명'이 핵심 주제가 되는 책들이 그 자리를 얻었다고 하였다.[15] 이것은 참으로 올바른 지적이라고 본다. 오로지 경제적 관심하에 사적인 안정을 구축해 온 근대 이래의 인간은 역설적으로 자신의 정신과 육체를 망가뜨려 버렸으며 하나밖에 없는 지구 생태계가 허물어지는 것을 목도하며 불안과 두려움을 느끼고 있기 때문이다. 이것은 자연을 물적 토대로 이해한 나머지 하느님의 자기표현 공간으로서의 자연에 대한 감각을 상실했던 기독교를 비롯한 근대 서구사상이 책임질 일이라고 생각한다. 이 점에서 생명의 희생을 최소화하는 문명이야말로 고도의 문화임을 말했던 슈바이처의 통찰은 대단히 중요하다. 인간이 자연을 희생의 대가로 삼고, 제1세계가 제3세계를 볼모로 잡고 있으며 남성이 여성의 희생을 가중시키며, 도시 문화가 농촌의 희생 위에 존립하고 있는 상황에서 우리는 현재의 신자유주의적 세계화를 반생명적이라고 말할 수밖에 없다. 이 점에서 자연 은총은 생명의 희생을 최소화하고 약자의 억울함을 경감시키려는 문화적 전략으로써 선교를 말해야 한다. 선교란 모든 존재에게 풍성한 생명을 나누어주려는 기쁜 소식을 세상에 전하는 것으로서 삶의 통전성을 지향하는 일이다. 이 점에서 도시 문화를 위해 희생양이 되고 있는 오늘의 농촌은 선교의 불모지라고 할 수 있겠다. 독거노인들, 늙고 병든 할머니들만 남아 있는 곳, 부족한 인력을 농약의 힘으로 메우며 자연을 더욱 황폐케 하는 농촌, 생명 가치를 돈으로 인식하게 된 농민들, 한국 종자시장의 70~80%를 외국 자본에 빼앗긴 현실, 그래서 매년 특정 회사의 씨앗을 사지 않으면 농사를 지을 수 없는 상황 등은 생명(녹색) 선교의 필연성을 환기시킨다. 그러나 필자는 녹색 선교의 주체를 여전히 자연 은총에 열려져 있는 농민이라고 믿는다. 농촌에는 아직도 소중한 생명 가치들이 이런저런 형태로 남아 있기 때문이다. 농민들의 가슴속에, 그들의 정서 안에, 그들의 일상적 삶의 흔적 속에 묻어 있는 아픔과 고통 그리고 생명 가치들을 새롭게 발견할 수 있도록 돕는 것이 바로 녹색 선교의 과제이자 생명 신학의 할 일인 것이다.

수년 전 한국 신문들은 마늘 농사를 짓고 있는 한국 농부들의 분노가 극에 달하여 자신들의 분신과도 같은 자연 생산물인 마늘을 갈아엎고 불태워 버린 사건을 여러 차례 보도했다.[16] 중국 및 대만에 이동 통신 전화기를 판매하기 위하여 중국산 마늘을 대거 수입하고자 하는 정부의 방침에 항거하기 위한 것이었다. 값싼 중국 마늘이 들어올 때 한국 농부들의 생산한 마을은 경쟁력을 잃게 되고 그로써 도시 소비자들로부터 외면당하기 때문이다. 지금까지 농부들이 경작해 온 농산물들이 그들의 손에 의해 버려진 일은 한두 번이 아니었다. 농촌 교회에 부임한 전도사, 목사들 치고 들판에서 자라고 있는 곡식, 채소 등을 보며, 자신들의 교우들의 삶을 위하여 그것들이 무럭무럭 건강하게 자라 주기를 기도해 보지 않은 사람이 없었을 것이다. 그러나 정작 정부의 정책 부재로, 수입 농산물의 과다 유입 등으로 그렇게 자란 농산물들이 농민들, 성도들의 삶에 아무런 도움이 되지 못한 현실을 보며 그 축복의 기도가 저주가 되었음을 가슴아파한 목회자들도 여럿 있었다. 자신들의 전 재산을 쏟아 부어 농사를 짓건만 그로부터 되돌려 받은 것이 아무것도 없었을 때, 더더욱 농사를 지을수록 빚만 늘어가는 현실 속에서 그들은 생명의 농산물을 갈아엎어 버리곤 했던 것이다. 이것을 가리켜 마르크스는 노동으로부터 소외이자, 생산물로부터의 소외라고 불렀다.[17] 물론 마르크스적 의미와 조금은 다른 부분이 있을 것이다. 그러나 생산물 자체가 자신들의 분신인 상황에서 그것이 농부들에게 도리어 화가 되어 돌아올 때 그들은 엄청난 소외를 경험할 수밖에 없을 것이다. 분노란 바로 소외의 표현이다. 성서적으로 말하자면 땅에서 가시덩굴과 엉겅퀴가 나오는 상황이라고 하겠다. 아무리 땀 흘려 땅을 경작해 보지만 그 땅은 인간에게 먹을 것을 제공하지 못하고 있는 것이다.

오늘날의 신자유주의적 세계화는 한 늙은 할머니의 삶이 보여주듯이 인간의 존엄성, 노동의 신성성을 앗아감은 물론 농산물 자체를 무가치하게 만들어 가고 있다. 우리는 너무도 쉽게 생명을, 생명 없는 깃, 오로지 돈 되는 것과 바꾸어 버리며 살아간다. 이는 인간이 처음에는 '물질로 물질을 바꾸다가 나중에는 생명으로 물질을 바꾼다'는 욥기의 등장인물인 사탄이 보는 인간 이해와 조금도 다르지 않다. '푸르러라' 는 하느님의 창조 사건이 있은 후 모든 식물(농산물)이 인간에 앞서 땅을 생명 공간으로 유지해 가는 데 필요한 하느님의 첫 번째 공창자共創者인 것을 명심해야 할 것이다.

우리는 또한 한국의 종자시장의 70% 이상이 국외 다국적 기업들이 수중에 들어간 사실을 크게 염려하고 있다. 종자 주권의 상실은 국내 농민들을 다국적 기업에게 종속되게 만들고 의존도의 확대는 경제적 불평등을 심화시킬 수밖에 없는 것이다. 더더욱 이들 종자 기업들은 종자의 수명을 당해 연도로만 제한시키는 터미네이터Teminator 기술이나 자사의 특수 농약만을 사용하여 싹을 틔우는 트레이터Traitor 기술을 사용하여 농민들의 삶을 위협할 뿐만 아니라, 국내의 자연 생태계 자체를 붕괴시킬 수 있는 힘을 지니고 있다.[18] 학자들은 이들의 기술을 '생물 해적 질'biopiracy 이라 부르고 있는데 이미 이러한 피해가 세계 각처의 농업국들 속에서 생겨나고 있다. 예컨대 세계 바닐라의 70% 이상을 생산하는 마다가스카르 섬은 경작을 위해 1만 명 이상의 사람들이 그 일에 종사해 왔다. 그러나 이 섬에서 바닐라의 유전자를 추출한 다국적 기업(생명공학)들의 조직 배양 기술로 인해 종자, 식물체, 열매, 씨뿌리기 재배, 수확 등의 자연 과정이 삭제될 운명을 맞고 있다는 사실이다.[19] 자연 및 땅으로부터 생명체가 뿌리 뽑혀지게 될 때 농업에 종사하는 농부들 역시 그들의 삶의 터전인 땅으로부터 삭제되고 말 것은 너무도 당연한 이치이다. 이런 상황이 조만간 우리의 현실이 된다고 할 때 비료를 많이 사용하여 땅이 산성화되었다든지, 농약 과다 사용으로 먹을 채소가 없다든지 하는 것은 오히려 작은 이야기가 될 수도 있다. 땅으로부터 생명체가 뽑히고 사람들이 땅으로부터 토해지는 지경에 이르면 한국 고유의 농촌 순화, 풍속, 세계관 등 모든 면에서 우리가 경험해야 할 충격, 치러야 할 희생의 대가는 너무도 클 것이다.

지금까지 우리는 교회 중심적 사유에 너무도 익숙해져 왔다. 구원의 방주라는 메타포로 이해되고 있는 현재의 교회는 세상을 섬기는 공동체가 아니라 세상과 구별되어 세상 위에 군림하려는 입장을 지니고 있는 것이다. 이러한 교회는 신앙의 유무로 인간을 편 가르고 인간의 영혼만을 구원의 대상으로 놓았기 때문이다. 때로는 교회가 본래 하나였던 농촌의 지역공동체를 둘로 나누는 역할을 자초하였다고 비판하는 소리도 들린다. 믿는 사람들에게 주어지는 구속론적 특권이 세상(마을)을 섬기는 데 있지 않고 타인들로부터 구별되는 데 있었기에 믿는 이들 간의 협력, 믿는 이들 간의 코이노니아는 생겼을지언정 마을 공동체와는 결별되는 결과를 초래했던 것이다. 품앗이도 신앙인들끼리만 하였고 음식 나누는 일도 신앙을 지닌 사람들과 더불어서만 행하게 되었던 것이다. 교회 중심적 신앙 형태는 결국 개 교회 중심주의를 낳았고 자기 교회, 자기 교파 이외에는 구원이 없다는 편협성을 복음의 내용으로 삼았으며 사회구조적 문제로 인해 그 속에서 고통받고 있는 영육을 아우르는 구체적인 인간에게 해방의 메시지로 다가가지 못했다.

그러나 최근 성령론적 교회론의 입장이 새롭게 강조되고 있다. 교회란 불고 싶은 대로 부시는 성령의 사역이 이루어지는 장소라는 것이다. 따라서 성령의 사역은 가시적 교회의 사역보다 훨씬 넓고 크며 광범위할 수밖에 없다. 다시 말해 성령의 사역은 선교와 봉사를 교회 밖에서도 일어나도록 한다는 것이다. 약자를 희생의 대가로 하여 이루어진 신자유주의적 경쟁 사회체제 하에서 생명의 영이신 성령은 그들을 대신하여 탄식하시며 이런 식의 세계화를 악마적인 것으로 규정하고 정치, 문화 그리고 오늘의 농촌 현실 속에서 일어나는 모든 생명운동을 자신의 역할로 이해하고 계신다. '주님의 영이 있는 곳에 생명과 자유가 있' 기 때문이다(고후 3:17). 시편 36편에는 하느님 자신이 '생명의 샘' 으로 불리며 성령이 구체적으로 인간의 육체를 비롯한 모든 생명체에게 강림하고 있음을 말하고 있다. 그렇기에 이제 성령 강림의 신학, 인간의 입장에서는 하느님 영을 대면하는 신학으로서의 생명신학은 교회라는 울타리를 넘어 굶주리고 병든 생명, 그리고 하나밖에 없는 지구 생명체의 파멸 위기 속에서 자연에 대한 성찰, 그리고 그 모든 것이 함께 일어나고 있는 한국 농촌 현실에 눈을 돌려야만 할 것이다. 보편적으로 말해서 생명의 영으로서 성령이 가져오는 것은 교회라는 제도가 아니라 새로운 생활이어야 한다는 사실이다.

이런 맥락에서 녹색(생명) 선교는 한국적 현실에서 환경과 농촌을 살리는 문화적 전략을 필요로 한다. 이들 양자의 관계는 나눌 수 없는바, 전자는 후자를 포함할 수 있는 광의의 개념이고 후자는 전자의 의미를 명료화시키는 구체성을 띤다. 무엇보다 먼저 녹색 선교의 목회 전략은 모든 피조물, 자연 생명체 안에 있는 하느님의 신비, 곧 생명의 거룩함을 발견하도록 하는 데 있다. 개인적, 제도적인 폭력, 낭비 등에 의해서 생명이 마음대로 조작되고 지구가 파괴되는 일을 막는 것이 하느님의 거룩함을 지키는 신앙의 일이라는 것이다.

말을 바꾸자면 필요 이상의 에너지를 사용하며 살아가는 삶은 그것이 아무리 거룩하고 아름다운 종교적 포장을 하고 있다고 해도 죄며 악이고, 도시의 삶 자체가 과도한 에너지를 쓰며 살도록 강요하는 한, 도시의 생활이 농촌의 그것보다 타락했음을 부정할 수 없다. 농촌의 삶 속에 내재된 검소, 검약, 근면의 가치가 비웃어지고 많은 것이 좋은 것이 되고, 속도감의 마법에 걸린 도시적 삶, 신자유주의의 경제관이 지배하는 그 공간 내에서 인간도 자연도 자신의 거룩함과 생명성을 지켜 낼 수가 없다. 자연인 우리 몸이 기계적 시간에 의해 점점 파멸되어 가고 있기 때문이다. 하느님께서는 성서를 통해서 들의 백합화를 보고 공중에 나는 새를 보라고 여러 차례 강권하셨으나 우리의 눈은 이들 하느님의 피조물들을 쳐다볼 만한 여유도, 느림의 미학도 빼앗겨 버렸다. 죽어 있는 문자만을 보거나 TV 매체를 통해 보이는 화려한 상품에 넋을 빼앗기고 있는 상황이다. 따라서 우리의 선교 전략은 우리가 발 딛고 있는 공간(땅)을 성스럽게 깨닫게 하며, 그 근거와 더불어 친밀해지도록 가르치는 데 있다. 우리 자신이 발 딛고 사는 공간, 더더욱 그 안에 경외되어야 할 생명성을 지니고 있는 땅에 대한 지각 능력을 키워야 한다는 것이다.

하느님을 향한 인간의 깊은 신뢰성을 뜻하는 'Faith' 혹은 'believe'의 순수 우리말은 '믿음'이다. 그러나 '믿음'이란 본래 밑, 즉 대지, 땅을 지칭하는 것으로 밑에 대한 일상의 경험, 즉 한 번도 망가져 본 적이 없고 풍부한 생명력으로 인간을 자라게 했던 자연(땅) 경험으로부터 생겨난 것임을 알아야 한다.[20] 이 점에서 땅과 더불어 존재하는 농촌의 삶은 필연적으로 구속적이다. 필자는 자연 은총에 근거한 생명신학 및 선교 전략을 시편 24편에 기록된바 "땅과 거기 충만한 것과 세계와 그 중에 거하는 자가 모두 여호와의 것이다"라는 말씀에 기초하여 생각한다. 인간 세상에 존재하는 모든 것은 하느님 영의 단편들이다. 어느 것도 하느님의 생명의 영과 무관하게 생각할 수 있는 것은 없기 때문이다. 우리가 인간 생명으로 지속적으로 존재하려면 하느님 영의 단편적인 피조물들의 생명을 거룩하게 보존하여 하느님의 생명의 그물망 속으로 통합되어야만 한다. 땅이 인간에게 의존된 것이 아니라 인간이 땅에게 의존되어 있으며 그리고 이들 모두가 하느님의 것이기 때문이다. 그러나 지금까지 우리는 하느님 피조물을 주인 없는 재산처럼 다루어 왔다. 하느님의 것을 사적인 것으로 만들기 위해 혈안이 되어 있었던 까닭이다. 바다, 하늘, 그리고 최근에는 유전자에 이르기까지 그 모든 것을 구획하여 사적 재산으로 만들기 위한 쟁탈전이 그 어느 때보다 확산되고 있는 실정이다. 그래서 그들은 일의 노예가 되어 버렸고 그들로 인해 인간도 자연도 쉴 수 없게 되었다. 하느님을 상실하고 전체를 망각한 사회에서 있는 그대로의 것을 보고 즐기며 명상하는 일이 불가능해진 것이다. 이로부터 하느님의 것을 하느님에게로 돌려놓으려는 총체적 인식이 그 어느 때보다 요청된다. 많은 것을 소유하려는 것은 결국 죽음의 본능을 살고 있다는 표증밖에 되지 않기 때문이다.

지금까지 우리 인간은 자기 소리만을 너무도 크게 내고 살아왔다. 정작 하느님의 소리를 들을 수 있는 내적 고요의 기다림을 잊은 채 말이다. 그러나 농부들은 자기를 앞세우지 않으며 묵묵히 자기 일만을 하고 산다. 자연을 조작하려 들지 않으며 자연으로부터 그 무엇인가를 기다릴 줄 아는 것이다. 때가 되면 비가 오고, 추수할 수 있다는 믿음을 가지고 있다. 그러나 속도감, 빠른 것이 미덕이 되어 버린 현실에서, 경쟁적인 도시 문화의 와중에서 기다림의 의미를 잊은 지도 오래되었다. 그럴수록 날 때가 있으면 죽을 때가 있고, 심을 때가 있으면 거둘 때가 있음을 선포하는 것이 전체를 조망하는 일과 함께 생명신학 및 선교의 문화적 전략이 되어야 한다.

이 점에서 녹색 선교는 농촌만을 대상으로 하는 좁은 의미의 전도로 이해될 수 없다. 그것은 경쟁과 속도가 미덕인 이 땅에 여전히 하늘과 자연에 대해 귀속감을 갖고 있으며 느림의 가치를 보유하고 있는 농촌의 생명력을 재발견하고 그것을 새롭게 각성시켜 경제 논리에 희생된 자신들의 상처를 치유하고 도시인들의 삶을 구원시키고자 하는 우리 시대의 문화 전략, 신학적으로 말하자면 불고 싶은 대로 부는 성령에 대면하고자 하는 신앙인의 노력을 지시한다. 농촌과 자연과 여성을 희생의 대가로 삼아 발전해 온 오늘의 자본주의적 도시 문화를 비판하되 그를 올바르게 치유하고자 하는 바람을 담고 있다는 것이다. 이를 위해 먼저 농부들의 자기의식이 무엇보다 중요하다. 바른 농사를 짓는 것이 십자가를 지는 것만큼이나 어렵다고 말했던 한 농사꾼의 고백처럼, 자신을 피해자, 낙오자로서만 인식할 것이 아니라 도시인들의 거짓되고 허황된 삶을 부끄럽게 만들 만한 땅(농사)에 대한 자의식이 생겨나야 하는 것이다.

오늘 우리 시대는 눈에 보이는 가시적 교회 형태와는 다른 대안적 공동체를 염원하며 바라고 있다. 하느님에 대한 신앙보다는 돈에 대한 신뢰에 깊이 젖어 있음으로써 하느님, 자연, 인간으로부터 소외된 우리는 교회 안에서조차 참된 위로와 소망을 느끼지 못하며 살고 있는 것이다. 도시인들이 교회와 사찰에 깊이 발을 들여놓으려고 하는 것은 사실 자신의 이런 소외감을 극복해 보려는 것이지만 도심의 교회와 사찰은 그들에게 길을 보여주지 못하고 있는 실정이다. 믿음이 율법화되고, 삶, 생활을 잃어버린 도시인들은 대안적 가치를 그리워하며 참된 공동체를 염원하고 있는 것이다. 이런 점에서 교회는 대안 가치의 창출을 목적으로 세워야 하고 농촌을 문화 전략 차원에서 그 어느 때보다 중시해야 한다.[21] 농촌이 살아야 도시가 살 수 있기 때문이다.

나가는글

주지하듯이 예수는 그 시대의 대안적 가치를 창출했던 분이었다. 당시의 성직자들이 인습화된 종교적 율법에 의지하여 경제적·문화적 기득권을 유지하고 있을 때 예수는 그들의 길이 바로 넓은 길임을 지적하고 인습화된 종교적 삶의 양식에 도전하셨다.[22] 동시대의 많은 사람들이 따르고 추종하던 그 길을 향해 비판하고 그 방향을 돌리려는 일이 얼마나 힘들고 어려운 일인지 우리는 잘 안다. 예수는 결국 그러한 인습적 가치에 매몰된 사람들의 몰이해 및 그들의 기득권 수호의 차원에서 희생되신 분이다. 우리는 하느님 영을 재활성화하려고 했던 예수의 죽음을 보며 신자유주의 경제 질서, 속도 숭배의 현대 문명을 거슬러 올라가는 것이 얼마나 힘든 것인지 헤아려 짐작할 수 있다. 그러나 그것이 생명의 길이며 약자의 희생을 최소화하고 강자 스스로 구원을 보증하는 길이기에 우리는 녹색 선교 차원에서 하느님의 생명을 선포하지 않을 수 없는 것이다. 이로 인해 필자는 한국 교회가 성령의 활동을 위해 '절뚝거리는 야곱'이라는 메타포를 녹색 선교의 문화 전략으로 삼도록 제안하고 싶다.[23]

필자에게 '절뚝거리는 야곱'은 적어도 오늘날 자연 은총의 일면을 보이고 있다고 생각되기 때문이다. 물질주의와 개인주의 곧 효율성을 최고의 가치로 삼았던 다시 말해 도시적 삶의 특성을 지닌 대표적 인물로서 압복 강변 이전의 야곱을 떠올릴 수 있다. 생물학적인 운명을 바꾸기 위해서 어떤 경쟁 대결, 속임수를 마다하지 않았던 야곱, 그러나 그는 모든 것을 얻었으나 자신의 근본 문제, 형과의 갈등을 치유하지 않고서는 삶의 안정을 누릴 수 없는 존재이기도 했다. 정치·경제적인 측면에서만 안정을 생각하고 살아온 오늘 우리에게 이런 야곱의 고뇌와 번민은 전혀 낯설지 않을 듯하다. 이 일로 압복 강변에서 홀로 앉아 고독하게 기도하며 고민하던 야곱이 하느님의 천사를 만나게 되었고 자신의 근본 문제 해결을 위해 그와 사투를 벌이다가 절뚝거리며 걷게 되었다는 것이 성서가 말하는 바다. 절뚝거림으로써 야곱은 예전처럼 빠르게, 경쟁적으로 살 수 없었고 처음으로 자신의 한계를 경험했으며 비로소 멈추어 설 줄 아는 인생을 살게 된 것이다. 자신만 알던 야곱이 하느님과 형의 얼굴을 대면할 수 있는 성숙한 존재로 달라졌다는 것이다. 성서는 압복 강변 이후의 야곱의 실존에게 이스라엘이란 새로운 이름을 부여했고 그에게 비로소 구원이 발생했음을 증언하였다.

여기서 유대인 신학자이자 레비나스는 '하느님의 타자성은 연약한 이웃의 타자성과 다를 게 없고 그 이웃의 타자성은 나에게 멍에가 되고 고통이 되지 않고 나를 구원하는 주체가 된다'고 재차 역설한 바 있다. 그러므로 절뚝거리는 야곱, 더 이상 빠르게만 달려가지 않도록 가르치는 성서적 메타포는 영성 공동체를 염원하는 한국 교회의 앞날을 위한 녹색 선교의 비전이라고 믿는다. '절뚝거리는 야곱'의 메타포로 우리의 미래를 마음껏 상상하고 재구성하는 일이 우리의 몫으로 남아 있는 것이다.

3부

생 태 영 성 과
신 학 의 재 구 성

1장

기후 변화와 신학의 재구성

우주 자연은 초월의 빛이다

들어가는 말

이 글에서 필자는 개신교 여성신학자인 샐리 맥페이그Sallie Mcfague의 최근 저서 『기후 변화와 신학의 재구성』*New Climate for Theology - God, the World and Global Warming*이란 책을 비판적으로 소개할 생각이다.[1] 맥페이그는 가톨릭 독자들에게는 다소 생소한 학자이겠으나 개신교 내에서는 가장 영향력 있는 생태여성신학자의 한 사람으로 평가받고 있다. 그의 책들이 거지반 한국에서 번역된 것을 보면 국내에서도 독자층이 널리 형성된 것으로 보인다. 지금은 70대 후반의 노인이 되었지만 평생 재직하던 미국 밴더빌트 대학교 신학부에서 그가 일궈낸 학문적 업적은 대가의 면모를 충분히 보여준다. 그간 여성신학자의 자의식으로 기독교 신학을 재구성했듯이 기후 붕괴 시대[2]를 사는 손녀의 장래를 염려하는 할머니의 입장에서 맥페이그는 생태학적 위기에 대한 여성신학적 답을 주고자 했다. 그녀의 마지막 책이 될 공산이 큰 이 책을 통해 우리는 기후 붕괴와 신학의 상관성을 여실히 볼 수 있을 것이며 생태 위기 시대에 적절한 신학의 자기 변화, 곧 재구성의 필연성을 절감할 수 있었으면 좋겠다.

필자가 아는바 『기후 변화와 신학의 재구성』은 맥페이그의 주저 중 여섯 번째의 책으로서 기후 변화에 대한 저자의 우환의식을 드러내고 있다. 젊은 시절 맥페이그는 자신의 조직신학적 기초로서 복음서 안의 '예수의 비유' Parable Jesus를 연구했다. 그것이 후일 그대로 저서명이 될 만큼 예수의 비유 연구는 자신의 신학적 방법론을 기초짓는 중요 계기가 되었다. 예수의 언어가 '비유'라는 사실은 신학의 언어 역시 고정 불변한 '도그마'가 될 수 없음을 적시한 것이다. 이 점에서 맥페이그는 예수(성서)의 언어였던 '비유'를 '메타포' Metaphor로 발전시켜 신학적 방법론을 다룬 책 『은유신학』*Metaphorical Theology*을 완성시켰다.[3] 이후 그는 '메타포(은유)' 중에서 널리 통용되는 '지배적 메타포'를 '모델' Model이라 칭했고 '은유'의 확장된 개념으로 사용했다. 여성들에게는 하느님이 아버지이기보다 어머니나 연인 등이 '지배적 메타포'로 타당함을 역설하며 『하느님의 모델들』*The Models of God*이란 책도 집필했다.[4] 이 과정에서 맥페이그는 'It is, but it is not'의 특성을 지닌 메타포를 신학 언어의 본질로 보았고 특히 생태학적 위기 시대에 걸맞은 사실 적합한 신론을 구성하는 방법론적 도구로 사용했다. 세계를 하느님 몸의 메타포로 보면서 하느님의 모성성을 강조했고 그 빛에서 자연세계에 대한 인간의 생태적 감수성을 일깨운 것이다. 이 과정에서 성서를 비롯한 서구 기독교 신학 내의 가부장적, 초월적 언어 사용의 문제점에 대한 치열한 비판이 자리했다. 이 땅의 예수를 하느님의 '육화' 로 보는 대신 그의 한 '은유' 로 본 것 역시 '은유신학' 의 백미라 하겠다.[5] 소위 '은유 기독론' 의 빛에서 존재(실체)론적 예수 우상 Jesusolatry을 타파한 것이다. 하느님 아들 예수가 교회 안팎에서 여성해방의 족쇄로 자리했음을 알았기 때문이다. 신학의 허구적 보편성을 지양코자 자신을 미국 중산층 여성을 위한 신학자로 자리매김한 것도 독특했다. 남미 해방신학이 '가난한 자를 위한 예수(성서)' 를 말했던 것만큼이나 중산층 여성들의 의식과 삶의 변화 역시 신학이 추구하는 진정한 보편성에 일조할 수 있다고 생각했다. '보편성' 이란 주어진 어떤 것이 아니라 자신의 자리에서 끊임없이 만들어 가는 것으로 이해했던 것이다.

맥페이그의 생태신학은 『하느님의 몸』*The Body of God*이란 책에서 가장 구체적으로 전개되었다.[6] 여기서 저자는 초자연적 신관 대신 하느님의 내재성에 초점을 둔 생태신학을 구상했다. 책 제목이 말하듯 이 세계를 '하느님의 몸' 으로 상상한 것이다. 이로써 환경 파괴는 하느님의 아픔이자 고통으로 이해되었다. 이런 '몸' 으로서의 세계 이해는 의당 범재신론 Panentheism의 표상과 조우한다. 하지만 세계를 자신의 '몸' 으로 삼는 생태적 하느님은 '신즉 자연' 의 범신론과는 구별되어야만 했다. 우주자연을 초월이 아니라 초월의 빛이라 한 이 글의 제목이 이를 암시하고 있다.[7] 한편 '몸' 의 강조는 여성신학자로서 생명을 잉태하는 여성을 강조할 목적과 마땅히 연루되어 있다. 앞으로 논의할 『기후 변화와 신학의 재구성』에서 저자가 성육신의 영성을 강조한 것도 몸으로서의 세계 이해에 기초한다.

이런 신학 작업을 근간으로 맥페이그는 2000년에 『풍성한 삶』*Life Abundant*[8]이란 책을 출판했다. 저자는 이 속에서 지구의 사실적 종말을 가져올 생태학적 위기 상황에서 하느님의 생명의 잔치에 초대되었다는 기독교적 자각을 강조했고 그것을 탐욕적인 자본주의적 소비 문화와의 단절로 이해하여 지구 생명의 풍요로움을 회복시키고자 했다. 생태학과 경제학의 밀접성에 대한 신학적 통찰이 담겨 있는 현실 비판서이다. 그러나 맥페이그는 가중되는 지구 온난화로 생명 전체를 무화無化시킬 만한 기후 임계점의 현실을 목도하며 더욱 긴박한 심정으로 8년 만에 이 글에서 다룰『기후 변화와 신학의 재구성』을 펴냈다. 이 책을 누구에게 헌정할 것인가도 많이 고민했다고 서문에 적고 있다. 많은 고마운 이들이 있음에도 불구하고 미래를 살아야 할 자신의 두 손녀에게 바친 것은 평생여성생태신학자로 살아온 그녀의 절박한 위기의식의 발로일 것이다.

1. 기후 붕괴 시대의 상황과 신학의 본성

맥페이그는 기후 임계점에 이른 오늘의 위기 상황에서 신학의 과제를 전통 교리를 해체하고 인간과 하느님에 대해 새로 묻고 하느님과 세계 관계를 재구성하는 일로 인식한다.[9] 당장 현장에 뛰어드는 실천력도 중요하나 이 작업은 행동을 촉발시키는 실천의 뿌리가 되는 일이기에 더없이 본질적이라 여겼다. 어떻게 살 것인가는 인간과 신의 재구성의 결과에서 그 답을 얻을 수 있다는 것이다. 그렇기에 그는 주류 교회들이 전통적 신관에 의존하여 여전히 개인적 죄나 성윤리에 고착되는 현실에 적극 개입했다. 특별히 맥페이그는 도시에 사는 중산층의 생태의식을 강조하고 있다. 생산은 없고 소비만 있는 도시 문화가 달라지지 않는 한 교회가 있다한들 생태계 회복은 요원하기 때문이다. 이를 위한 도시 공간 내 예배의

새로운 역할과 의미가 탐색되었다. 생지옥dystopia으로 경험될 생태계 절
망 앞에서 예배란 '새로운 세계가 가능한가?'에 대한 비전과 결코 무관
할 수 없다는 것이다. 이에 대한 확신을 맥페이그는 새로운 신관을 통해
주고자 했다. 만물 속에 내주하는 영이신 하느님의 재발견 곧 성례전(신비
주의)적 감수성을 일리一理 있는 답으로 제시한 것이다.[10] 생태학적 희망을
포기하지 않는 깊고 섬세한 여성신학자의 신심信心에 동의를 표한다.

우선 맥페이그는 '지구변화에 관한 정부간 협의체' IPCC의 자료에 근거
하여 기후 변화의 위기 상황을 알린다. 주지하듯 IPCC는 환경 과학자들
다수의 합의된 의견만을 보고하는 신중하면서도 아주 보수적 단체이다.
그래서 이 단체가 말하는 것은 경청해야만 하며 위기 상황의 실상은 사실
이들 보고서보다 심각할 것으로 추측하는 것이 옳다.[11] 온실가스 증가로
북극의 빙하와 육지의 산림이 사라지면 지구 온난화의 가속화로 생명이
살 수 없는 기후 임계점에 이르게 된다. 시베리아 동토凍土에 묻혀 있는 5
천 억 톤의 탄소가 온난화로 인해 메탄으로 대기 중에 방출될 경우 그 기
하급수적 생태 변화는 상상조차 어려울 것이다.[12] 일단 온난화가 시작되
면 그것은 스스로를 강화시키고 급기야 기후 자체 속에 내장된 지연 구조
built-in-delay를 질적으로 망가트리는 것이다.[13] IPCC는 여름철 북극 전 지
역의 빙하를 볼 수 없는 시점을 2030~40년으로 예견하고 있다. 인류
40%의 식수원인 히말라야 산맥의 빙하가 사라지는 것도 멀지 않다고 경
고한다. 생명의 종이 정상보다 1000배 이상으로 빠르게 멸종하는 상황도
생태계를 되돌릴 수 없게 만드는 직접적 요인이 아닐 수 없다.

무엇보다 2100년까지 인간 및 생물의 생존 자체가 불가능한 상태인 섭
씨 6도 상승을 예상할 정도가 되었다.[14] 산업혁명 이전까지만 해도 대기
중 이산화탄소 농도는 280ppm, 즉 공기 100만 개 분자 속에 대략 280개

정도의 이산화탄소 분자가 있었다. 0.03%의 이산화탄소 농도는 실상 지난 4억만 년 동안 지속되어 온 비율이었다. 하지만 오늘날에는 384개로 늘었고 향후 50년 동안 그간 인류가 사용했던 화석 연료로 인해 100ppm의 증가 곧 2도의 상승은 기정사실화되었다. 그러나 이에 더해 대기에 미치는 인류의 영향력이 550ppm에 이른다면 그래서 섭씨 6도는 아니더라도 3도의 기온 상승이 초래될 때 앞서 열거한 대로 지구 생태계가 감내하기 어려운 상황이 될 것이다. 어찌하든 지구 온난화를 섭씨 2도 이상 오르지 않게 하는 것이 인류의 최대 과제가 되고 있다.[15] "지구의 평균 기온이 섭씨 15도인데 우리가 3도를 상승시킨다면 수십만 가지 생명체 종자가 사라질 것이며 아마도 수십억 명의 인간 운명을 결정짓게 될 것이다."[16] 하지만 오늘의 상황은 이런 인류의 바람에 쉽게 부응하지 않을 수도 있다. 중국을 위시한 후발국들이 미국 중산층의 생활 방식을 이상화하고 있고 빈국의 인구가 지속적으로 증가하고 있는 한, 소위 '평평하고 붐비는' 세계로 인해 '뜨거워'지는 지구를 막을 수 없기 때문이다.[17]

하지만 맥페이그는 신학의 역할과 책임을 바로 이 지점에서 인식했다. 오히려 그는 이런 급격한 기후 변화를 우리 시대가 맞이할 '제2차 세계대전' 또는 싸워야 할 '나치'라고 불렀다.[18] 기후가 인간의 '존재 근거'였음을 새삼 인식하고 그를 질적으로 파괴하는 현실과 맞서기 위함이다. 자신들이 초래한 기후 위기라는 새 조건하에서 인류는 이전과 '다른 방식'으로 삶을 살 수밖에 없다. 인류는 지금 환경 적자[19]를 메우기 위해 자신들의 방만했던 삶과 총력전을 벌려야 하는 것이다. 원유 확보를 위한 종래의 미국 정책 역시 수정되어야 마땅하다.[20] 화석 연료 사용으로 인한 기후 변화가 심각할 정도로 인류 간 정의를 위협하는 상황이기 때문이다. 환경 문제를 배부른 국가들의 엄살로만 이해할 시점은 지난 듯하다. 주지하듯 북아메리카와 서유럽의 이산화 탄소량은 전 세계 배출량의 2/3 정도이며 아프리카 대륙은 불과 3%밖에 되지 않는다. 그럼에도 기후 변동으로 인한 희생은 아프리카로부터 시작된다. 세계 내 가난한 이들이 기후 변화의 최대 희생자들이 될 수밖에 없는 것이다. 제1세계가 제3세계에 강제로 부과한 기후 부채Climate debt는 상상을 불허할 정도로 엄청나다.[21] 이 점에서 맥페이그는 인류 전체의 (공동체적)관점에서 기후 위기를 바라볼 것을 요청한다. 오늘날 리우환경회의를 비롯해 도쿄 의정서 등 세계기후조약이 체결되고 탄소배출권이 거래되는 것도 이런 노력의 일환이다. 하지만 환경 문제와 가난의 문제를 함께 인식하지 않으려는 경제 강국들이 있는 것도 부인할 수 없는 현실이다. 그럼에도 온실가스 배출량을 줄여 임계점 이하— 향후 50년간 지구 온도 상승을 2도 이내로 제한하는 일—를 유지하는 일과 최악의 상황을 맞이할 제3세계 사람들과의 기술과 자본의 공유는 필요 막급한 당면과제일 수밖에 없다. 전 지구적 GNP의 2-3% 정도면 인류 생존이 가능하다는 것이 IPCC의 판단이기도 하다.[22] 이일이 가능하려면 우리들 자신의 존재방식이 전혀 달라져야 한다. 우리가 누구인가에 대한 물음이 선행되어야 하는 것이다. 피조물이 고대하는 방식으로 달라져야 한다고 말해도 좋을 듯싶다. 생명권 Biosphere[23]을 살리기 위한 방법을 우선 개인의 변화에서 찾고 그것을 국가 기관, 정치 현실 속에서 구현시키자는 것이 신학자 맥페이그의 제안인 것이다.

이런 맥락에서 맥페이그는 지구 온난화를 당연히 신학적 문제로 받아들였다. 지구 온난화야 말로 21세기 인류가 당면한 가장 큰 주제이기 때문이다. 기후가 인간 존재의 근거라면 그것은 의당 신학적 주제일 수밖에 없을 것이다. 자신의 존재 근거를 인간 스스로 파괴한 상황에서 맥페이그는 자신이 자신의 적敵이 된 현실을 직시하도록 했다. 그러나 여전히 지속되는 군사 정치와 소비 문화가 현실적으로 우리 자신을 환경의 아군我軍이 될 수 없도록 한다. 이 점에서 여성신학자 맥페이그는 '다르게 살기' 위한 방편으로 인간에 대한 공동체적 관점을 강조한다.[24] 익히 알듯 지금껏 기독교 서구는 개인주의적 인간 이해를 선호해 왔다. 그러나 기후 변동이 임계점에 이른 현 상황의 극복을 위해서는 어느 때보다도 공동체적 인간 이해가 필요막급하다. 모든 존재가 상호 의존되어 있다는 소위 '시' 侍의 자각이야말로 외적 체제를 바꿀 수 있는 근본 토대라는 것이다. 개인주의 하에서 연약한 인간은 체제 순응적 존재가 될 수밖에 없을 것이나 공동체적 인간 이해, 곧 '지구에 속한 존재'라는 인간관에 의해 체제 자체를 변화시킬 수 있다고 믿는 것이다. 종교의 사사화私事化를 적극 거부하는 것도 이런 이유에서이다.[25]

그렇다면 '지구에 속한 존재'라는 새 인간학은 신학적으로 어떻게 이해해야 옳은가? 우리는 지금껏 하느님을 영적인 존재로 인식해 왔다. 개인의 지복至福 및 영적 상태와 관계하는 초월적 하느님은 실상 배기량이 큰 차를 타고 다니는 것과는 무관한 존재였다. 오히려 그것을 축복이라고 영적인 교회가 가르쳐 왔다. 어느 종교를 막론하고 종교지도자들 치고 온실가스 배출량이 적은 차를 타는 모습을 본 적이 드문 것도 현실이다. 이 점에서 맥페이그는 환경 위기를 신학적 문제로 이해한다. 인습적 신관에 의지하는 한 '지구에 속한 존재'인 새 인간 이해는 불가능하다는 것이다. 저자는 생태학의 어원이 되는 오이코스oikos가 경제적Economic인 것과 일체적Ecumenical 말의 뿌리인 것을 환기시킨다.[26] 역사적으로 신학은 교회가 하나의 그리스도적 보편 교회임을 강조한 것도 사실이다. 이는 교회가 우주적 차원을 버릴 수 없고 먹고 사는 땅(경제)의 문제를 함축해야 함을 보여준다. 하지만 심리적 맥락으로 복음과 신학을 축소시키는 것이 요즘 교회 현실이며 가난한 지역에선 복음의 정치적 차원만을 강조하고 있다. 그러나 임계점에 이른 오늘의 상황은 공히 하느님과 그리스도를 우주론적 맥락에서 이해하지 않을 수 없게 한다.[27]

사실 성육신 종교로서 기독교는 하느님이 육신을 입고 지구 위에서 우리와 함께 계신다는 입장을 견지했다.[28] 우주론적 그리스도와 성육신 사상은 모두 현대 진화론적 생태 세계관과 모순되지 않는다.[29] 성서의 하느님은 더 이상 개인주의적이지도 인간 중심적이지도 않고 피안적 존재일 수 없기 때문이다. 따라서 구원 역시 그 깊은 본질에 있어 죄로부터의 속량이나 내세에서의 영생과는 다르다. 이런 식의 종교 사사화는 오히려 현실에서의 탐욕적 삶을 부추길 뿐이다.[30] 지구 위에서 모든 피조물이 함께 행복하게 사는 것이 기독교적 구원의 핵심이다. 타자를 희생양으로 만들어 자신만을 구원하는 배타적 종교가 아니라 기독교는 모든 사람, 모든 피조물의 기초적 요구가 충족되는 지복에 관심을 갖는다. 이 점에서 하느님은 시편 104편이 노래하듯 사려 깊은 생태학적 경영자이시다. 이는 인간을 이익 창출을 위한 존재로 인식하는 신자유주의적 경제관과는 근본적으로 다르다. 소비주의를 숭상하는 시장 제일주의를 죄로 인식하며 '다른 세계가 가능하다'고 믿는 '생태적 인간 이해'가 어느 때보다 필요한 시점이다.

2. 생태적 인간 이해에 기초한 신학의 재구성

기후 붕괴 원년을 살고 있는 현대적 상황에서 맥페이그는 전혀 '다른 세상'을 만들어야 할 주체로서 생태적 인간상을 제시했다. 하지만 이것은 서구 개인주의의 세 축이었던 사적인 영혼 구원(종교), 이익 추구를 위한 인간 욕망(경제), 자유주의(정치)가 극복될 때 가능한 일이다.[31] 이를 위해 인간만이 중요한 존재가 아님을 알아야 한다. 과학자들이 발견한 150억만 년의 역사를 지닌 우주적, 진화론적 생태 이야기를 주목해야 하는 것이다. 이런 우주를 인식한 존재가 인간이긴 하지만 우리는 결코 만물의 잣대라 할 수 없다. 여전히 우주(지구) 속에 속해 있을 뿐이다. 우리 인간은 물, 식량, 토지 그리고 기후 등에 철저히 의존되어 있는 것이다.[32] 기후야 말로 인간이 관계의 그물망 속에 있는 존재임을 여실히 보여준다. 지구 온도가 2-3도만 올라도 생존이 불가능하며 지구상 산소의 비율이 1%만 늘어도 지구가 불바다가 될 수 있기 때문이다. 그렇기에 신학은 하느님이 모든 피조물의 하느님이라는 우주 중심주의로 나갈 수밖에 없다. 수백 년 동안 인류가 자신에게로 집중했던 인간 역사를 접어야 하는 것이다. 21세기를 사는 우리가 교회 중심의 '구원사' 신학을 넘어 '보편사'를 거쳐 땅을 지향하는 '우주사'의 신학으로 나가야 될 이유가 여기에 있다. 맥페이그가 교회를 다시 땅으로 끌어내릴 것을 주창한 것도 이런 맥락일 것이다.[33] 이는 하느님이 이 세계 속에 육화되었다는 확신에 기초한 주장이다.

이 점에서 저자는 '모든 것은 모든 것과 관계 있다'는 생태적 지식을 '하느님은 사랑이시다'라는 신앙적 명제와 일치시켰다.[34] 하느님 사랑을 우리의 일상에서 경험하기 위함이다. 하지만 중요한 것은 이런 생태적 관계성(전일성) 자체가 개인의 정체성을 손상시키지 않는다는 점이다. 숲의 비유를 통해 생태적 인간상은 다음처럼 설명된다. 수많은 나무들이 숲(전체)을 이뤄 상호 의존되지만 숲속의 개개 나무들 존재가 결코 사라지는 법이 없는 것처럼 그렇게.[35] 이렇듯 생태적 통일성, 곧 하느님 사랑은 항시 생명 공간(오이코스)의 본질에 속한다. 하지만 인간의 생활 세계는 언제든 타자(다수)를 희생시켜 전체 혹은 부분이 특혜를 입는 양태로 나타나곤 한다. 생태적 통일성이 전체주의(하나)는 물론 자유주의(다수)도 아닌 이상 생태적 인간상은 전혀 다른 삶을 제시할 수 있고, 제시해야만 할 것이다.

우선 맥페이그는 인간 세상을 호텔처럼 살지 않기를 요구했다. 세상에 대한 '크리넥스 관점'을 버릴 것을 종용하는 것이다.[36] 세상을 호텔로 상상한다면 자연 및 자원을 일회성 소비재로 생각하는 크리넥스 관점은 결코 사라질 수 없다. '쉽게 사용하고 버리는' 미국 중산층처럼 인류가 살려면 지구와 같은 혹성이 7개 정도 더 있어야 하며 수억의 중국인이 미국인처럼 살려 해도 3-4개의 지구가 더 필요할 것이다. 환경 부도가 목하의 현실인 상황에서 유일한 생명 공간인 지구를 하느님의 피조물로 고백하는 기독교인들에게 기후 변화, 식량 부족, 에너지 과잉 소비, 숲과 수자원의 파괴 등이 긴박한 신학적 주제가 될 수밖에 없는 이유인 것이다. 자신(人間)만 알던 철없는 시절을 벗어나 우주 안에서의 자신의 위치와 몫을 분명히 아는 성숙한 생태적 인간상(어른)은 그 자체로 종교적일 수밖에 없다.

이상의 생태적 인간상은 종래와 같은 초월적 하느님 이해 대신 관계적 하느님 이해를 가능케 한다. 아울러 기독교 신관의 재구성을 통해 생태적 인간상에 더욱 힘이 보태질 수 있는 것도 진실이다. 종래 신학은 하느님 사랑(관계성)보다 힘을 더욱 강조하고 내재성보다 초월성(피안성)에 역점을 두어 왔다.[37] 절대적 초월적 하느님이 당신의 권능과 호의를 갖고 세계를 無로부터 창조하고 전 피조물을 자신의 영광을 위해 보존(섭리)한 다는 생각뿐이었다. 하느님에게 세계에 대한 일체의 책임을 전가시켰던 것이다. 여기서는 하느님이 우리 인간과 같은 공간에 있고 인간 역시도 책임을 나눠 지는 존재란 생각이 애시 당초 없다.[38] 그러나 맥페이그는 성육신 신앙에 근거하여 하느님과 세계의 관계—창조와 섭리—를 재해 석한다. 하느님이 나사렛 예수 한 몸으로 육화되었기보다는 세계panta 속 에 육화되었다는 것이 구성신학자constructive theologian인 저자의 출발점이 다.[39] 사실 이는 지혜문학서의 빛에서 요한복음 1장 14절을 해석할 때 얼 마든지 가능한 통찰이었다.[40] 전통 창조론이 이원론적 위계적 구조하에 서 피조물을 배제시켰던 것에 비해 성육신에 토대를 둔 창조 이해는 하느 님이 우주 안에 계시며 인간 및 삼라만상은 하느님을 드러내는 표시이고 임계점의 위기 상황에서 세계의 고통은 하느님 자신의 상처인바, 이를 해결할 수 있을 인간학적 길을 적시하고 있다. 세계가 '하느님 몸'The Body of God이라는 새로운 신관[41]을 통해 맥페이그는 현 상황이 요청하는 생태적 인간을 양육할 수 있다고 생각한 것이다.

우선 맥페이그는 '하느님이 계시지 않는 곳이 없다' 는 어거스틴 말에 의거하여 창조론과 성육신 사상이 다른 것이 아님을 논증하였다.[42] 하느 님과 세계는 동일하지 않으나 세계를 하느님 육신의 육화라 보는 것은 무 리한 해석이 아니라는 것이다. 이로써 '하느님 몸' 으로서의 세계 이해는 神을 천상에서가 아니라 지금 여기 이 땅 위에서 만날 수 있도록 했다. 우주 및 세계 안에서 하느님을 만나는 일이 생태적 실천의 문제가 된 것 이다. 굶주린 이를 먹이고 병든 이를 치유하고 온실가스를 줄이는 것이 세계 내에서 하느님을 만나는 방식이란 말이다.[43] 하느님 육신(몸) 안에서 하느님과 대면하는 이런 실천적 삶을 성육신 신학 전통의 핵심이라 본 것이다.[44] 우주 안에서 의식(우주의식)을 갖게 된 인간은 하느님 몸이 건강하게 유지, 보존은 물론 바르게 창발될 수 있도록 도울 수 있다. 하느님 형상이란 神께서 지은 피조물에 대해 은총의 행위를 반복적으로 베풀듯 그 행위에 상응하는 삶을 살라는 동적인 뜻이라는 구약학자 웨스터만의 해석이 힘을 보태 준다.[45] 우리 인간이 하느님 몸을 구성하는 타자들에 의존되어 있고 동시에 그것을 돌보는 존재로서 하느님의 파트너라는 사실은 상호 모순이지만 그것 자체가 창조와 섭리의 본질인 것이다. 하느님이 지금 여기 세계(지구) 내에 현존하기에 지구를 돌보는 것이 하느님을 사랑하는 일이고 우주가 존속되는 방식(섭리)인 것임을 맥페이그는 강조했다. 우주 만물에 대한 책임을 하느님이 인간과 공유한다는 것은 하느님 사랑, 곧 생태학적 통일성의 본질이란 말이다. 더욱 많은 다양성들이 모여 우주 생명을 이루며 존재를 결여할 만큼 무가치한 존재가 없는 만큼 그들 각각의 고유한 역할을 인정하는 것이 하느님 사랑이란 것이다.

그럼에도 신학자로서 맥페이그는 자신의 생태적 미래에 대한 궁극적 확신을 자신의 '몸', 곧 세상을 만들고 만물에게 생명을 준 하느님 자신에 두고 있다. 하느님이 '모든 것 속에서 모든 것' Alles in Allem되는 현실을 부활의 리얼리티로서 깊이 신뢰하는 것이다.[46] 대부분의 악, 심지어 자연악이라 불리는 것도 인간 자신에 근거한 것이 많지만 그럼에도 이 세상에 대한 궁극적 책임을 맥페이그는 하느님에게서 찾고자 했다. 세상을 창조했고, 부활을 가능케 한 생명의 힘이 죽음의 현실을 이길 것이라는 확신 때문이다. 그럼에도 하느님이 책임을 질 것이란 확신(부활)은 인간 실천을 추동하는 동력일 뿐 그 이상/이하도 아닐 것이다. 생태적 재앙을 초래하던 인간을 전혀 '다르게' 살게 하는 힘이기에 군주적 하느님으로 되돌아갈 수는 없다. 성육신(예수) 종교로서 기독교는 하느님이 지금 지구 위에서 우리와 함께 고통하고 있다는 고백 한마디면 충분할 것이다.[47] 그로써 하느님이 인간의 희망이듯 인간 역시 하느님의 소망이 되는 운명 공동체에 속할 수 있을 뿐이다.

여하튼 생태계 위기의 시대, 나아가 과학적 사고가 지배하는 현실에서 속량의 기독교 대신 모든 피조물이 생명의 잔치에 참여하는 창조(우주)의 기독교를 주창한 것은 구성신학으로서의 생태여성신학의 지대한 공헌이라 생각한다. '존재'를 결여할 만큼 무가치한 것이 없다는 것이 육화의 종교로서 기독교의 참 메시지인 것이다. 이 점에서 가톨릭 생태신학자 토마스 베리 신부가 인간 중심주의(속죄론)의 자폐증에 걸린 기독교 신앙인을 해방(치유)시켜 신생대로부터 생태대로의 길을 나설 것을 요구한 것도 바로 이런 생명 잔치를 그리워했기 때문일 것이다.[48]

3. 생태적 감수성(실천)으로서의 예배
- 지구(생태) 경제학과 도시 생태학을 위한 제언

우리는 앞서 경제학이 신학과 무관하지 않다는 맥페이그의 주장을 보았다. '오이쿠스'와 '에코노미'가 어원적으로 같다는 말이 바로 그것이다. 생태적 인간을 추동하여 만물을 생명의 잔치에 초대하는 기독교 신학이 삶의 현실에서 '지구 경제학' 혹은 '생태 경제학'에 관심하며 정의를 실천 과제로 삼는 것은 지극히 당연한 일이다. 생태적 경제 모델은 인간의 복지Wellbeing가 여타 생명체는 물론 지구 과정과 상호 관계를 맺고 있다는 사고를 근간으로 한다.[49] 이것은 땅이 그 자체로 성육신의 지평이며 지구상에서의 인간사 자체가 종교적인 것임을 말한다. 초월의 초월을 이 땅 지구로 인식하는 성육신의 새로운 이해가 전제되었기 때문이다. 이 점에서 기독교가 말하는 초월은 하느님을 지시하지 않고 하느님 사랑 때문에 이 땅에서 땅을 위한 실천 행위를 뜻한다.[50]

물론 맥페이그는 세계 내 어느 종교도 탐욕을 가르치는 종교가 없음을 주목했다. 만족할 줄 모르는 개인을 양산하는 기존의 신新고전주의 경제 이론은 생태학은 물론 종교들과도 무관한 것이었다. 불행하게도 기독교는 산업혁명 이래로 기계론적 세계관에 편승하여 개인주의와 소비주의를 부추기는 경제 모델을 지지해 왔다. 그래서 빈부 격차 및 지구 온난화의 주범이란 소리를 듣고 있는 것이다. 세계를 지배해 온 자본주의 경제학이 신의 이름으로 '있는 그대로(如如)'의 자연을 사치로 보았고 경쟁을 당연한 논리로 여겼으며 인간의 이익 추구를 개인주의적 에토스로서 맘껏 추동했기 때문이다.[51] 과도한 소비를 통해 재화 획득에만 관심을 가질 뿐 지구상에 미치는 영향에 대해서는 '알게 뭐야'로 일관했던 것이다.

그러나 보았듯이 지구 온난화는 이런 소비 지향적 경제 모델의 멈춤을 급격하게 요구한다. 더 이상의 기후 변화가 지구 자체를 불임의 공간으로 만들 수 있기 때문이다. 최근 미국서 시작되어 전 세계로 파급된 경제 위기는 오히려 경제 개념을 바꿀 수 있는 절호의 기회로 인식될 수도 있다. 브레이크 없는 신자유주의 종언이 조심스럽게 거론되기도 한다.[52] '있는 그대로'의 자연이 주는 혜택이 개발을 통해 얻는 이익보다 적지 않기에 녹색 혁명, 곧 자연이 주는 '공짜 서비스'를 활용하라는 것이다.[53] 식량, 어류 목재를 공급하고 서식처를 제공하며 물 공급과 기후 조절 그리고 공해 통제 등이 자연이 주는 녹색 은총의 실례들이다. 임계점에 이른 지구 온난화가 일시에 이런 서비스를 앗아간다면 성서가 예고하는 하늘나라의 생명 잔치는 가능치 않다. 생명의 그물망이 깨짐으로 지구 전체의 생명 시스템이 무너지기 때문이다. 이 점에서 기독교는 인간이 전적으로 지구 의존적 존재임을 강변하는 생태적(유기체적) 경제 모델에 관심을 두지 않을 수 없다.

인간이란 본래 생명의 세계인 지구에 초대받아 모든 것을 공짜로 빌려 쓰는 존재이기 때문이다. 최상의 것을 거저 받은, 그래서 은총 아닌 것이 없는 세계에 인간은 살고 있는 것이다. 하느님 나라 역시 인간이 만든 일체의 사회 신분적 경계를 부수며 육체의 차원에서 필요한 모든 것이 나누는 모습으로 그려지고 있다.[54] 하지만 마지막 날 초대된 하느님 나라 생명 잔치는 지구 자원을 평등하게 분배하고 그를 지속시킬 수 있을 때 가능할 것이다. 그렇기에 성서는 언제든 손익 분기점에 앞서 몸의 필요에 초점을 둔 생태적 경제를 선호할 수밖에 없다. 인간 복지와 전 우주 생명이 나뉠 수 없는 '전체'로 존재한다는 전제하에서. 그렇기에 지구 안에서 지구와 더불어 지구로부터 살고 있음을 한시도 잊지 말라고 한다.[55] 맥페이그가 특권적 중산층 생활방식을 고집하는 것 자체를 '죄'라고 이해한 것도 이런 맥락이었다.[56] 빈곤과 생태계 파괴의 구조와 행동을 반성함 없이 가난한 이들에 대한 적선만으로 구원(생명)의 길에 들어설 수 없다는 것이다.[57]

하나밖에 없는 지구별의 생존, 하느님 몸의 생명력을 위해 구원과 죄, 제자직의 의미를 재再정위하는 것이 생태여성신학자의 핵심 과제였다. 개인(영혼)만이 아니라 세상의 복지에 관심을 갖는 '세상적(지구적) 기독교인'이 되기 위해서 그는 기독교인의 지향점이 하늘에서 땅으로, 시간에서 공간으로, 영혼에서 몸으로, 인간에서 우주로 달라져야만 한다고 믿었다.[58] 이런 변화는 정의롭고 지속 가능한 지구를 만들기 위한 신학적 과제로서 이웃 종교와 더불어 펼쳐야 할 위대한 지혜가 아닐 수 없다. 하지만 이런 제안은 생태학적 경제 모델 속에 하느님 나라가 희미하지만 옳게 반영되고 있다는 확신이 있었기에 시도될 수 있었다.[59]

『기후 변화와 신학의 재구성』 후반부에서 맥페이그는 이런 의식적 지향성이 일상 속에서 반복적으로 깨어나기 위한 방편으로써 예배 행위를 강조했다. 예배에 대한 새로운 이해를 통해 그것이 지구적 감수성을 일깨우는 의례ritual가 되어야 함을 역설한 것이다.[60] 이를 통해 소비를 미덕으로 아는 대다수 중산층 도시인들에게 생태의식을 환기시켜 생태적 삶의 길을 제시코자 함이다. 생태학의 문제에 관심을 갖는 저자의 삶의 자리가 어딘지를 분명히 보여주는 부분이라 생각한다.

무엇보다 맥페이그는 신학을 하느님에 대해 말하는 'God-talk'로 보지 않았다.[61] 오히려 하느님 사랑 때문에 세상을 사랑하는 실천 바로 그것이 신학이고 예배라고 이해했다. 기독교인이 교회 가는 이유는 하느님을 찬양하기 위함일 뿐이다. 그곳에서는 온갖 언어가 하느님을 찬양하는 은유로 사용될 수 있을 것이다. 그래서 그는 신앙을 '이 세계 안에 존재하는 자신의 삶 자체를 긍정하는 일'로 이해했다.[62] 살아 있는 사실 자체에 대한 놀라움과 감사, 이것을 저자는 '초월을 넌지시 비추는 것'이라 하였다.[63] 존재론적 신학을 부정하는 탈현대적 해체주의자들과 달리 맥페이그는 하느님 몸인 세상에 대한 찬양과 연민 그리고 감사 속에서 초월의 흔적을 보고자 하는 것이다. 하느님이 계시지 않는 곳이 없다는 감각이 예배의 본질이란 말이다.[64] 다시 말해 인간의 생존 공간인 지구를 하느님 현존의 자리로 인식하는 것이 기후 변화의 시대에 종교를 재론할 수 있는 근거란 것이다.

여기서 저자는 신학적으로 칼 바르트적 초월신학과 질적으로 맥을 달리한다. 초월 대신 환경이 하느님 현존의 자리가 되었기 때문이다. 전통적 속죄신학도 이곳에서 의미를 얻을 수 없다. 여기서 중요한 것이 종교 언어로서의 '은유' Metaphor이다. 은유는 의당 형이상학적 절대 주장이나 존재론적 초월 개념과 무관하다. 가리키는 바에 실존적으로 참여해야 하는 상징과도 다르고 부분과 전체의 관계를 말해 온 가톨릭의 유비Analogy 와도 구별된다.[65] '그렇지만 그렇지 않은' It is but it is not의 특성을 지닌 은유는 동일성의 원리를 배격한 채 이 세상 속에서 전혀 다른 것을 상상케 함으로 인습적 사고를 전복시킬 실천적 힘을 지닌다. 예수의 언어가 비유였고 성서의 하느님 진술이 모두 찬양(예배)의 언어였다는 점을 들어 신학적 언어로서의 은유의 정당성을 각인시켰다. 예컨대 세계를 기계가 아니라 하느님 몸으로, 하느님 자체를 아버지가 아니라 어머니로 부를 때 인습화된 교리와 그에 기생한 이데올로기는 힘을 잃고 새로운 세계를 상상토록 할 수 있다. 은유적 언어는 일차적으로 진리를 지시하지 않고 언제든 생명의 선물에 대한 감수성을 일깨우는 것이다.

여기서 저자는 기독교 전통의 두 축인 성례전적 입장과 예언자적 입장을 변증법적으로 대비시킨다.[66] 전자가 하느님과 세계 간의 연속성을 말했다면, 후자는 양자 간의 불일치를 강조했었다. 앞의 것이 자연을 중시하는 가톨릭 신학과 유관했다면 나중 것은 오직 성서만을 말하는 개신교적 에토스를 대변해 왔다.[67] 성례전적 견해가 가시적인 것에서 신적인 것(아이콘)을 보는 데 익숙했다면 예언자적 시각은 전적 타자인 신을 말하며 이를 우상숭배로 보곤 하였다. 이처럼 초월을 구체화시키려는 성례전적 견해와 그를 거부하는 예언자 시각에 반해 구성신학의 매체로서 '은유'는 양자를 탁월하게 중개할 수 있다고 보았다. 그 옛날 모세가 불붙는 떨기나무 밑에서 하느님 뒷모습을 보았듯 세상 속에서 우리가 본 것 역시도 초월 그 자체가 아니라 그 흔적과 표징이라고 생각한 것이다.[68] 그렇다고 해서 초월이 반드시 세상적이지 않음을 뜻할 필요가 없다는 것이 맥페이그의 생각이었다.[69] 이는 앞서 보았듯 초월을 초월하는 것이 세상일 수 있다는 성육신에 대한 통찰에서 연유한 것이다. 예수 역시 하느님의 한 은유라는 것이 맥페이그의 지론이었다. 그래서 저자는 '은유'를 통해 세상 한가운데서 '초월을 넌지시 비추는 빛'에 주목하는 것이다. 이것은 이제 하느님 몸으로서의 세계 안에서 살아가는 일로 이어진다.[70] 지구 속에서, 우리의 육신 안에서 평범한 일상에서 초월을 느낄 수 있는 것 이것이 바로 예배의 진정한 의미라는 것이다. 들의 백합화와 공중을 나는 새를 보는 것, 개구리가 연못 속에 뛰어드는 소리를 듣는 일에 주목하고 나와 이웃의 몸의 필요를 배려하는 일, 그것이 초월을 넌지시 경험하는 일, 바로 예배라고 가르친다.[71]

하지만 이런 감수성은 가시성Visibility에 함몰되지 않는다.[72] 언제든 차이 (It is not)를 알기 때문이다. 그럼에도 몸적 세계의 아름다움과 필요성을 강조하는 것을 성육신 신학의 본질로 여겼다. '우주 자체를 제외시키면서 어찌 종교를 말할 수 있는가?'를 물었던 시몬드 베이유[73]에 맥페이그가 적극 동의하는 이유이다. 그렇기에 그는 오늘의 기독교 모습이 그러하듯 오히려 신적인 성상이 없는 종교가 되는 것을 두려워하고 있는 것이다.

맥페이그는 세계와 하느님의 관계를 어머니 자궁 속의 아기와도 같다[74]고 보았다. 상호간 불이不二적 관계를 이처럼 적실하게 표현하는 말이 달리 있을 수 없을 것이다. 이런 유기체적 세계관의 빛에서 초월을 새롭게 묻고, 찾고 느낌으로써 기후 위기 시대에 살고 있는 우리가 인간 이외의 생명체들의 궁핍함과 고통에 눈떠 모두가 몸의 차원에서 다르게 살 수 있는 길을 발견하는 것이 — 성례전과 예언자 전통을 통합한 은유신학의 과제로서 — 예배의 본질인 것이다. 이 점에서 생태(기후 변화)신학은 예배 신학이자 몸의 신학으로서 육체적 필요에 최우선적으로 반응하는 기초신학이라 해도 좋을 듯하다.[75]

하지만 이런 감수성이 일깨워지는 것이 쉽지 않음을 우리는 너무도 잘 안다. 대다수 사람들의 삶의 자리가 도시인 까닭이다. 이곳에선 자연을 소위 문화로 바꾸는 일들만 일어나며 생산은 없고 소비만 있는 곳이고, 자연에 대한 의존감을 상실한 사람들이 모여 살고 있는 공간이다.[76] 조만간 인류 절반이 도시에 모여 살 것인바 이런 도시 문화에 의해 지구 온난화는 가속화될 전망이다. 저자는 도시인을 가리켜 '에너지 돼지'energy hogs란 말을 서슴지 않는다.[77] 도시란 자연을 수탈하는 탈자연의 결과물이란 것이다. 그러나 이제 도시는 자연이 자신의 존재 기반임을 깨닫고 그것의 자리매김을 새롭게 해야 할 때가 되었다. 저자가 시간과 역사 대신 공간을 강조하는 기독교가 될 것을 강조한 것도 이런 이유에서다. 영지주의와 투쟁했음에도 불구하고 공간(땅)을 소홀히 여긴 기독교는 실상 지금껏 너무도 영지주의적이었다.[78]

공간을 중시하는 기독교는 이제 지구, 곧 도시 생태학에 관심을 가져야만 할 것이다. 지구란 식량, 물 거주지, 노동, 여가 등 몸적 요구들이 발생하는 곳이다. 이는 정신과 영혼, 천상의 구원에 초점을 둔 기존의 기독교와 판이하게 다르다. 하지만 기존 도시에 자연을 융합시킨 혼성물 Hybrid 모델에 맥페이그는 만족하지 않는다.[79] 그것은 본질적으로 자연 없이 도시가 존재할 수 없다는 사실을 실종시키기 때문이다. 자연 망각은 도시적 일상에서 다반사로 일어난다. 음식 문화를 통해 자연은 온통 문화로 바뀌었고 교육과 종교는 몸을 정신으로 변화시키는 일에 혈안이 되고 있는 상황이다. 그러나 우리가 먹는 것은 자연 은총의 산물이자 하느님의 몸으로서의 세계이다. 일상의 식탁이 성찬聖餐 아닌 것이 없다는 말이 그래서 타당하다.

그러나 도시인들은 이런 생각을 할 여지가 없다. 자연을 유용한 환경으로 변모시키고 그것에 사회적 의미를 채우는 일에만 관심하기 때문이다. 하여 자연이 인간에게 베푸는 혜택 중 거의 70%가 사라져 버렸다.[80] 음식을 공급하고 기후를 조절하며 문화적 · 정서적 가치를 제공하는 자연의 혜택 대부분을 훼손시킨 것이다. 도시화로 자연의 자본금을 축낸 결과이다. 하지만 부유한 소수들은 여전히 도시 속에서도 자연 혜택의 수혜자로 살고 있다. 돈으로 좋은 환경을 사기 때문이다. 빈부 격차가 자연 혜택의 유무와 직결되는 현실에서 생태학과 정의의 문제가 나뉠 수 없는 주제임이 재차 분명해졌다. 생태적 가치들을 내면화시켜 생태적 시민으로 사는 과제가 도시 내 기독교인들에게 주어진 것이다. 그것은 '지구 몸과 더불어 존재하는 몸'으로서 스스로를 인식하라는 정언명령이다.[81] 개인이 아니라 유기체란 새로운 정체성이 주어진 것이다. 유기체로서의 '몸'의 모델은 이제 도시인들의 사고를 전혀 다른 방향으로 인도할 수 있다. 인간은 먹이사슬 정점에 있는 창조의 면류관이 아니라 아래에 있는 여타 생명체에 전적으로 의존되어 있으며 세계 인구 20%의 에너지 독점이 지구상 빈곤의 원인임을 자각시키기 때문이다.

예배는 이런 생태적 감수성을 더욱 예민하게 만들 수 있다. 몸, 공간 그리고 공기와 물, 음식물 그 자체가 넌지시 비치는 초월의 빛인 한에서. 따라서 예배 시 성례전은 세계가 본래적 가치를 지닌 무수한 몸들로서 하느님과 연결되어 있음을 알리는 의례로, 예언자적 선포는 그 몸을 돌보고 그에게 필요한 자원을 공급하기 위해 자신의 자아를 축소시키는 케노시스적 실천으로 이해되어야 마땅하다.[82] 그래야 예배 행위가 '하느님 보시기에 좋았다'는 환호를 오늘 여기서 지속시키는 일이 될 수 있다. 작은 차를 타고 비행기 여행을 줄이고, 제 땅 제철에 난 음식을 먹고 작은 공간에서 사는 일 그래서 늘 '충분하다'고 말하는 삶 자체가 예배[83]란 것이다.

4. 맥페이그의 성육신적 생태신학의 근거와 전망 그리고 비판

이제 우리는 맥페이그와 함께 '정말 다른 세계가 가능한가?'를 진지하게 성찰하며 그와 함께 비판적 대화를 할 지면을 남겨놓고 있다. 두 명의 손녀를 둔 노년의 여성신학자로서 자신의 실존적 경험에 근거하여 우리 시대의 '나치'이자 '2차 세계 대전'인 기후 위기와 맞서는 모습이 진지하고 아름답다. 때론 감상적인 낙관으로 경도되고 성서적 신앙으로 귀결되는 경직성이 없지 않으나 그래도 귀담아 들을 부분이 적지 않았다.

맥페이그는 이사야서 65장 17-25절을 읽으며 창조 보전과 인간 존엄성이 지켜지는 세계를 맘껏 상상한다.[84] 지구 온난화로 인류와 지구의 미래가 망가질 것을 믿기보다는 '늑대와 어린양이 함께 놀며 사자가 소처럼 풀을 먹는' 성서의 비전을 자신 속에 동화시킨 것이다. 기후 변화에 의해 수없는 생명체들이 서서히 죽음으로 내몰리는 상황에서 이사야서를 텍스트로 지닌 기독교인들에게 종래의 반反생태적 삶을 참회하고 다른 세상을 꿈꾸며 다르게 살아갈 다짐을 역설했다.[85] 하느님께서 만든 피조물을 사랑치 않고서는 하느님을 사랑할 수 없기 때문이다. "우리가 하느님 안에서, 하느님으로부터, 하느님을 위해서 사는 정도만큼 이 세계는 이루어질 것이다."[86] 우선 인간의 관점에서 有/無用을 따지는 가치 서열적 구분을 폐지하는 것이 중요했다.[87] 그것은 이웃이든 원수이든 피조물이든 타자 존중의 감수성을 키우는 일로서 다른 삶의 시작이자 세계를 다르게 보는 첩경인 것이다. 지구 내ⁿ 존재로서 우리에게 생명의 연속선상만이 진실이기 때문이다. 모든 존재들이 상호 의존적 관계하에 있다는 생태학적 전일성은 소유권을 주장하는 자본(소비)주의적 인간 이해를 더 이상 묵과치 않는다. 이것이 성서가 말하듯 전적 다른 세계를 상상하고 그 실현을 적극 간구하지 않을 수 없는 이유이다.

　　주지하듯 탕자의 비유, 큰 잔치의 비유 등, 성서 속의 예수 비유들 모두는 인습적 가치를 전복시키는 내용을 골자로 한다. 본래 성서적 의미의 죄는 나태하여 생각을 바꾸지 않는 일을 적시했다.[88] 기후 임계점의 상황에서 치유책이 있고 비전을 목하에 두고도 그 길로 들어서지 않는 것이 죄란 말이다. 해방신학자들이 말하듯 정행正行이 전통신학자들이 주장해 온 정교正敎, 바른 교리(믿음)보다 중요한 시점이 정말 된 것이다. 여기서 정행은 영적이란 말보다 몸적이란 말과 좀 더 밀접한 관련성이 있을 듯하다. 성육신 종교는 마실 물과 숨 쉴 공기 그리고 일용할 양식을 염려하지 않은 채 영생을 약속하는 기독교를 용납하지 않기 때문이다. 북극의 빙하가 녹아내려 서식지를 잃는 곰들에게 관심을 갖는 것을 성육신 종교는 '몸의 영성'이라 칭稱하고 있는 것이다.[89] 이웃과 자연 피조물의 물질적 필요를 영적인 문제로 보라는 말이다. 이것은 자기 부정(축소)을 통해서만 발생할 수 있는 사건이다. 더 많은 것을 소유하고픈 욕망과 유혹에 저항할 때 자신 및 자연 속에 내재된 야성, 야생의 공간이 깨어날 수 있는 법이다.[90] '악의 평범성'이란 말이 있듯 '선의 평범성'이란 말도 존재할 수 있다. 일상에서 일정 부분 세상적인 삶의 방식과 거리를 두는 습관은 누구에게나 가능할 수 있기 때문이다.

　　새로운 세계에 대한 꿈은 우리 자신만의 공상이 아니라 하느님 자신의 꿈이기도 할 것이다. 그렇기에 아무리 나쁜 상황이 도래해도 희망은 없지 않다. 자연 그 자체에 대한 믿음이 아니라 그 속에 내재된 하느님의 생명과 사랑의 힘에 대한 신뢰 때문이다. 맥페이그는 만물이 '하느님의 자궁' within God as womb 속에 존재한다고 믿고 있는 것이다.[91] 무슨 일이 벌어지더라도 하느님께서 우리를 지켜 새롭게 하신다는 여성신학자의 믿음은 참으로 숭고했다. 그렇기에 그는 인간 중심주의를 대신하는 말이 자연(생태) 중심주의가 아니라 하느님 중심주의라 하였다.[92] 그러나 이것은 하느님 절대 권능으로 회귀를 뜻하지 않았고 하느님을 반영하는 존재(하느님 형상)로서 인간의 진정한 회심을 강조할 목적에서였다. 여기에는 초월의 빛으로서 하느님을 단순 반영하는 여타의 피조물과 달리 인간만이 하느님 모상을 현실화할 수 있는 존재라는 것이 전제되었다. 후술하겠지만 이는 하느님 흔적(자연)과 하느님 형상(인간) 간의 전통적 구별을 일정 부분 반복한 것으로 보인다. 이런 문제점은 내주하는 하느님 생명과 사랑의 힘을 '영'의 표상(은유)으로만 이해하는 저자의 생각에도 반영되고 있다.[93] 영으로서의 하느님이 만물을 완성시키는 힘으로서 그들 몸속에 거주하고 있다는 것이다. 영으로서의 하느님이 성례전적 신학의 전거라면 앞서 말한 인간의 진정한 회심은 예언자적 신학의 골격이라 보면 좋을 법하다. 언제라도 이 두 전통의 결합이 맥페이그에게 중요했던 것이다. 이 두 전통을 통전시킨 것이 『기후 변화와 신학의 재구성』의 장점이라 생각한다. 그래서 이 책 마지막 부분에서는 이런 통전적 시각에서 하느님과 인간이 누구인지를 재차 되묻고 있다.

성례전적 시각에서 이해된 하느님은 다음처럼 고백되었다. "하느님은 미풍이 나뭇잎을 흔드는 속에서, 지저귀는 새 소리에서, 굶주린(행복한) 아이의 얼굴 속에서, 벌목된 숲에서 현존한다."[94] 보이지 않는 하느님(영)

이 언제든 보이는 몸(자연)을 통해서 알려진다는 것이다. 하느님을 '몸'(자연) 속에서 보는 철저한 성육신주의야 말로 기독교 신비주의의 본질이라 하였다.[95] 몸으로부터 분리된 신비주의는 거짓일 뿐이다. 세계의 아름다움은 물론 심지어 끔찍한 일들, 그리고 일상 속에서도 하느님을 볼 수 있어야만 했다. 따라서 하느님은 세계가 가장 완전하게 될 때 비로소 자신의 장엄함을 드러낼 수 있는 존재인 것이다. 하느님이 만물밖에 있지 않고 만물 안에 있다는 것, 만물의 상호 의존성과 하느님과의 관계성─우리는 세계를 통해서 하느님 안에 있다─그것들을 말함이 삼위일체론의 핵심이다.[96] 이렇듯 세계에 대한 성례전적 해석을 토대로 맥페이그는 자신의 신학적(예언자적) 인간관 또한 다르게 설정했다. 우선 인간 스스로가 자신의 창조자가 아니라는 사실을 환기시켰다. 오히려 우주 안에서 자신의 삶의 좌표를 찾는 것이 신앙의 화급한 과제임을 역설한 것이다. 자신이 하느님 안에 있음을 발견한 순간이 영적인 깨달음의 순간이라고까지 말한다.[97]

기후 임계점의 현실에서 인간에게 예언자적 책무가 부과되는 시점이라 해도 틀리지 않다. 인간에게 세계가 하느님을 잘 드러내는 그래서 그분의 장엄함을 현시토록 돕는 조력자, 파트너가 되라는 것이다. 이 일을 위한 첫걸음이 기후 변화에 대한 상세한(객관적) 정보를 숙지하는 일이다. 기후 위기의 현실에 둔감, 나태하지 말고 불편한 현실에 눈감지 말라는 경고이다. 즉 피조물의 건강과 지복을 위한 관찰과 돌봄 그리고 책임을 다하라는 것이다. 그러나 저자는 다시금 모든 것이 인간의 책임에만 의존되지 않고 희망과 용기를 요구한다. 성례전적 시각에서 우리가 혼자가 아닌 것을 환기시키려는 것이다.[98] 실제로 우리가 조력자란 사실은 하느님 자신이 언제든 이 일의 최고 책임자임을 기억토록 하였다. 그렇기에 황폐한 세계 속에서도 힘과 사랑의 원천인 하느님(영)을 희망하자고 권면하는 것이다. 하느님이 없으면 아무것도 없지만 황폐한 세계라도 그의 현존은 하느님을 소망할 수 있는 근거가 되기 때문이다.[99] 인간 잘못으로 파괴 중에 있는 지구이지만 하느님은 중단 없는 창조적 사랑, 유지하는 사랑 그리고 구원하는 사랑으로 종국에는 만사를 좋게 만드실 수 있다. 세상의 실재는 지복을 향해 방향 지어졌고 우리 인간이 그 일을 위해 불렸다고 믿는 것이 창조신앙의 본질이라 했다.

이상에서 우리는 기후 임계점 상황에 직면하여 은유를 매개로 했던 맥페이그의 생태학적 신학체계를 살펴보았다. 앞선 그의 저서에 견줄 때 그리 새로운 내용이 소개된 것은 아니었으나 이 책은 머리로 쓰지 않고 마음으로 썼다는 느낌을 자아낸다. 신학자로서, 어머니를 거쳐 손녀를 둔 노년의 여성신학자로서 세계를 염려하고 후세를 걱정하는 마음으로 절실하게 이 책을 집필한 것이다. 그래서 이 책은 지루할 여지가 없었고 어느 책보다 설득력이 있었다. 이전 책들과 비교할 때 특별히 여성적 종교언어의 두드러진 강조가 없는 것이 특징이다. 가부장적 초월 개념에 대한 비판을 의당 전제하여 인간 보편적 감성에 호소했기 때문이다.

여하튼 이 책의 핵심은 은유Metaphor라는 신학 방법론을 매개로 세계를 하느님 몸으로 상상했고 몸적(지구 생태적) 현실에 대한 관심을 성육신과 성례전적 신앙의 본질로 정의한 데 있다. 도처의 몸적 현실이 자신의 실재(초월)를 넌지시 비추고 있는 하느님 자신이란 생각이 맥페이그 신학의 정수精髓였다고 생각한다. 그래서 성육신 신앙과 신비주의(성례전주의)가 그에게 상호 다른 개념일 수 없었던 것이다. 그로써 생태학과 정의의 문제가 동전의 양면과 같은 것임을 입증할 수 있었다. 기독교의 속죄사상을 인간 영혼이나 초월과 관계시키지 않고 몸적 현실의 회복에서 찾은 것이 이 책, 『기후 변화와 신학의 재구성』New Climate for Theology의 결론인 것이다. 하지만 하느님과 세계의 일치(범신론)를 끝까지 거부하고 인간의 책임만이 아니라 세계가 결국 하느님의 책임 하에 있다는 신학적인 신념도 유지하고 있다. 생명을 수여하는 영靈이신 하느님의 실재를 철저하게 신뢰하고 있는 것이다. 이제 필자는 맥페이그의 생태신학적 논거를 몇 가지 점에서 비판적으로 언급하며 다소 길어진 글을 마감하려고 한다.

무엇보다 먼저 맥페이그는 성육신 신앙에 근거하여 하느님과 세계의 이분법을 철폐했으나 그 내용에 있어 철저하지 못했다는 생각이다. 왜냐하면 하느님과 세계의 동일성을 막기 위해 하느님의 영(정신)과 몸을 다시 구분했기 때문이다.[100] 그래서 세상은 하느님의 몸이지만 그의 영(정신)은 결코 될 수 없었다. 그가 초월적 존재 개념으로서의 바르트적 신관을 부정하는 일에는 성공했으나 신과 세계의 상즉상입 관계를 말해 온 동양적 세계관에는 미치지 못했다는 판단이다. 저자가 지속적으로 유대 철학자 레비나스의 개념인 '하느님 뒷면'을 강조하고 '초월의 넌지시 비추는 빛'을 말하는 것도 시종일관 동양적 범신론과의 변별성을 유지하기 위함이었다. 그로써 저자는 하느님 형상으로서의 인간에게 특별한 역할을 주려했고 생태적 위기의 궁극적 희망이 하느님께 있음을 말할 수 있었다. 그러나 이 과정에서 맥페이그는 부정하려 했던 인간과 자연 간의 이원론으로 부지불식간 되돌아가 버렸다. 인간을 하느님 형상으로, 자연을 하느님 흔적으로 이해했던 전통신학의 족쇄로부터 자유롭지 못했던 것이다. 이로부터 맥페이그의 신학적 사유에 대한 미국 내 동료 신학자들의 혹독한 평가가 있었음을 주목할 필요가 있다. 맥페이그 생태신학 속에는 하느님의 몸인 세계가 상처를 받더라도 하느님 자신은 어떤 환경적 재해로 인해서도 상처받을 수 없다는 전제(숨어 계신 하느님)가 설정되었다는 것이다. 다시 말해 하느님의 운명과 세계의 운명이 상호 구별 없이 결합되는 정도에 이르지 못했다는 지적이다. 자연의 죽음과 신의 죽음이 다를 수 없다는 사실을 더욱 진지하게 숙고하라고 예일 학파 신학자들이 주문한 것이다.[101] 우주 만물을 실제로 하느님 영의 단편들Fragments로 보는 것이 하느님 '몸'이란 메타포로 말하는 것보다 훨씬 설득력을 지닌다는 것이다. 이에 필자가 부언하고 싶은 바는 인간만이 자연을 지키는 힘(하느님 형상)이 있는 것이 아니라 자연 — 가이아 이론까지는 아니더라도 — 역시도 인간의 역할 이상으로 생태계를 유지 보존하는 능력이 있다는 사실이다. 동양에서 여여如如한 자연 그 자체를 부처라고 보는 것도 이런 인식과 무관치 않다.

둘째로 하느님과 자연, 혹은 인간과 자연 간의 관계를 논할 때 자연에 대한 맥페이그의 이해가 적극적이지 못했다고 사료된다. 우선 저자는 현대 과학의 성과인 진화에 대한 고찰을 본 책 속에 너무 적게 담았다. 자기 조직화하는 우주로서 자연의 진화는 저자의 성례전적 자연관에 더욱 풍부한 내용을 주었을 것이다. 하지만 저자는 생태계 파괴로 대표되는 몸적 현실에 주목한 결과 자연 자체의 긍정적 이해에 소극적이었다. 그의 성육신 사상도 결국에는 예언자적 관점으로 귀결되었기에 우주적 그리스도 이해로까지 전개되지 못한 감이 있다.[102]

자연을 이해함에 있어 인간과 대비되는 관점만 부각시킨 것도 한계다. 주지하듯 저자는 전통신학이 채택했던 하이라키적 세계관을 부정했다. 그렇다고 헤테라키를 세계의 실상이라고 인식한 것 같지도 않다. 하느님과 인간을 나눴고 결국에는 인간을 자연과 구별했기 때문이다. 그렇다면 이에 걸맞은 세계상을 제시했어야 하는데 묵묵부답이었다. 필자는 이를 켄 월버의 '홀아키' Horachy 개념에서 찾을 수 있었다.[103] 이는 부분과 전체의 관계에서 자연 실재를 보는 것이다. 부분과 전체는 나뉠 수 있는 개념이 아니다. 양자는 불이不二의 관계로만 존재할 수 있다. 물질, 생명, 정신 그리고 영혼, 즉 신과 인간의 관계가 모두 그러하다. 여기서 물질과 생명이 자연에 해당될 것이다. 비록 정신이 물질, 생명으로 환원될 수 없는 불가역적 측면을 지니기에 내재 가치로서 우월하지만 그러나 앞의 것들이 없다면 나중 것이 존재할 수 없다는 의미에서 기저 가치는 전자가 훨씬 큰 것이다. 더욱 중요한 것은 이들 모두가 나뉠 수 없는 전체로서 상호 공진화한다는 사실이다. 다윈 탄생 200주년이 되는 시점에서 진화 개념이 첨가되고 우주적 그리스도의 빛에서 그것이 해석될 수 있었다면 우주로서의 자연 이해가 좀 더 설득력을 지녔을 것이다.

마지막으로 언급할 것은 비판적 내용이기보다는 아쉬운 일면에 대한 지적이다. 기후 임계점을 말하면서 맥페이그는 특히 도시 중산층들에게 인간의 생활방식 자체를 달리할 것을 여러 방식으로 강조하였다. 인간들이 신음하는 피조물들이 고대하는 방식으로 자신의 주체성과 자율성을 달리 설정해야 한다는 것이었다. 가능하면 비행기 타는 횟수를 줄이고 작은 차를 타는 방식으로 온실가스 배출량을 줄이는 삶의 양식을 권고하였다. 그러나 이런 설명 속에 미국 내 육식 문화에 대한 언급이 없는 것이 못내 아쉬웠다.[104] 국내외적으로 광우병 파동이 일어났고 아마존 밀림이 벌목되고 원주민들이 쫓겨나는 현실을 모를 리 없었을 터인데 본 주제에 관한 논거를 제시하지 않은 것이다. 먹이사슬 구조를 파괴하는 쇠고기 사육 방식은 물론 소들로 인해 생겨나는 어마어마한 온실가스 그리고 운송 및 도살 과정에서 발생하는 반反생태적 실상에 대한 논의를 생략한 것이 너무도 의아스러웠다. 더욱 여성생태신학자로서 육식 문화가 가부장 체제와 유관하다는 사실을 지적했어야 함에도 말이다.

또한 필자는 이 책이 기획되어 집필되는 과정에서 세계 금융시장의 붕괴 조짐을 맥페이그가 몰랐다고 생각하지 않는다. 그러나 사안의 중요성에 비해 너무 간략하게 변죽만 울림으로 책의 깊이를 경감시켰다. 물론 맥페이그는 개인 영혼의 구원만을 강조한 종교의 사사화, 개인 행복의 증진을 최우선 과제로 인식하는 정치철학 그리고 인간의 이기적 욕망을 극대화시키는 신고전주의적 경제체제가 오늘의 월가를 만들었다는 논거는 제시했으나[105] 좀 더 비중 있게 본 사안을 다뤘어야 했다. 앞서 출판된 책 『풍요로운 삶』에서 경제 문제를 핵심 주제로 다뤘다곤 하나 미국 발 오늘의 세계 경제 위기에 대한 심도 있는 지적을 생략한 것은 신학적 순진무구성의 일면이라 하겠다.

한 가지만 더 지적한다면 맥페이그는 자신의 생태적 제안이 오늘날 산업구조에 어떤 영향을 미칠 수 있고 미쳐야 하는지를 논하지 않았다. 기후 붕괴 시대의 신학적 성찰(신학의 재구성)에 초점을 맞춘 것은 훌륭했으나 기독교적 당위(예언자 정신)에 치우쳐 현실적 대안을 제시하지 못한 느낌을 갖게 한다. 에너지 기후 시대의 기술적 측면에 대한 적합한 성찰이 더욱 필요한 부분일 것이다.[106]

2장

해석학의 주제로서 '자연과 성서'

자 연 공 동 체 로 서 성 육 신 이 해

들어가는 글

 이 글의 제목은 미국 드루 대학교 신학부 교수인 R. 코링턴 교수의 주
저 중의 하나인 『해석자들의 공동체』*The Community of Interpreters*[1]의 부제를
나름대로 변형한 것이다. 이 책은 미국 성서 해석학 시리즈의 일환으로
1987년 첫 출판되었고 1995년 수정본으로 재출판된 것으로서 미국 내에
서 큰 반향을 불러일으킨 책으로 알고 있다. 필자가 이 책의 내용을 토대
로 이 글을 쓸 수 있었던 것은 박일준 박사가 코링턴 교수의 지도하에 학
위를 받고 이 책의 번역 원고를 보내 준 것이 계기가 되었다. 자신의 미국
스승의 책을 유럽에서 공부한 필자의 시각에서 비판적 독해를 부탁했던

것이다. 이런 청탁을 받은 지 오래되었으나 짧은 시간 주마간산격으로 독해를 끝냈다. 시간 강사로 여러 곳을 다니며 주말에는 교회에서 맡은 업무도 적지 않을 터인데 쉽지 않은 책을 가독 가능한 글로 옮겨 놓았는지 그의 학문적 통찰과 근면함과 열정을 가늠할 수 있었다.

코링턴 교수는 미국을 대표하는 과정신학과는 다른 차원에서 자연을 바라보고 종교와 과학 간의 대화에 관심하는 독특한 입장의 소유자로 평가된다. 책 제목에서도 드러나듯 독일 해석학 전통과도 의도적 변별력을 유지해 왔으며 미국적 사유를 근거로 성서를 해석하려는 토착적 의식의 소유자라고도 생각된다. 박일준 박사가 유럽적 신학 풍토에 익숙한 필자에게 비판적 평가를 요청한 것은 다음 두 가지 이유 때문이다. 첫째는 소위 미국적 성서 해석학에 대한 유럽 평가가 궁금했을 터이고 둘째는 코링턴 교수의 해석학이 한국 신학계에서 소통 가능한 신학적 제안이기를 바라서였을 것이다.

이 책을 통해 필자는 코링턴 교수의 시각에 충분히 공감할 수 있었다. 해석의 장소Topos로서 개인이 아닌 공동체를 강조했고 해석 지평들 간의 갈등 초극을 위해 영靈의 현존을 전제했으며 진화를 방법론적으로 수용하는 저자의 기본 논리는 흥미롭고 참신했으며 깊은 맛이 있었다.[2] 실용과 해체의 이름하에 자행되는 탈脫현대적인 '형이상학 무용론'에 대한 저자의 반론에 동의하고 싶은 부분이 적지 않았다. 성서 해석학에 있어 형이상학의 필요성을 적극 주장한 것이다. 하지만 이 책의 또 다른 논점인바, 기독교 계시 사건을 하나의 '지평'으로 제한시켜 이해한 것은 오늘날 통용되는 다원주의 시각과 맥락을 같이하는 부분이라 생각한다. 하지만 동의하기 어려웠던 점은 본 논리를 위해 기독교의 무게 중심을 역사적 예수가 아닌 바울 공동체에 두고 형이상학적 요청을 전제로 갈등의 지양 및 극복(해방)을 모색했다는 사실이다. 이에 대한 이 책의 논증이 설득력 있게 전개되긴 하지만 형이상학적 원리로서 현실 갈등을 잠재울 수 있다는 생각에는 선뜻 마음 주기 어려웠다.

책 말미에 인간 공동체를 자연 공동체로 확장시켜 그 속에서 성육신의 신비를 통찰한 것은 본 책의 가장 위대한 공헌점이라 생각한다. 필자가 이 글을 이 책 속에 편입시킬 수 있었던 것도 제목이 된 본 장의 내용 때문이었다. 여기서는 다뤄지지 않았으나 본 논점은 향후 종교와 과학의 대화를 위해 중요한 논거를 제시할 것이라 생각한다. 이 글에서 필자는 책의 전개 순서에 따라 이해한 바를 약술하고 비판적 견해를 적시하면서 상술한 총평의 이유를 밝힐 것이다. 국내에 그 소개가 일천한 상황에서 책 내용을 상세히 요약 정리하는 일도 중요한 역할이라 믿는다.

1. 미국적 성서 해석학의 뿌리와 근간
- 기호학

필자가 이 책을 읽으며 흥미를 갖게 된 것은 저자 코링턴 교수에 의해 반복 사용된 '미국적'이란 말 때문이었다. 한국 토착화 신학에 몸담고 있는 필자로서 저자가 강조한 '미국적'이란 한정사가 매력적으로 다가왔던 것이다. 미국 신학자로서 유럽에 종속된 신학으로부터 자유롭고 싶었을 듯하다. 하지만 필자에게 이 책이 어렵게 다가왔던 것은 저자 코링턴 교수가 미국 해석학의 뿌리와 근간이라 여긴 퍼어스C. S. Peirce(1839-1914)와 로이스Josiah Royce(1855-1916)의 '기호학'에 관한 부분이다.[3] 여기서 필자는 퍼어스와 로이스가 누구인지 그리고 그의 기호학 전체를 다룰 여지도 능력도 없다. 지금껏 필자는 틸리히의 상징 혹은 야스퍼스의 암호 개념의 종교적 중요성에 견줄 때 기호학은 전혀 생소했고 종교와 무관하다는 선입견을 갖고 있었다. 하지만 이들 두 철학자는 기호로 표시되지 않고는 어떤 실재Reality도 인식될 수 없음을 강조했다.[4] 기호가 실재, 곧 형이상학을 인식하는 토대라는 것이다. 성서 역시도 신/인간, 신/자연 간의 관계를 지시하는 기호들의 집적물로 이해될 수 있다고 보았다. 이것은 플라톤 이래 서구철학의 유산인 토대(기초)주의에 대한 미국식의 부정이라고 생각한다.[5] 소외된 실체적 자아는 물론 직관에 의한 어떤 비非해석적 개념도 이들에게 유의미하지 않다. 그리스도란 말 역시도 특정 시기에 경험적으로 선택되어 확장된 개념일 뿐이라 했다. 한마디로 존재하는 일체를 한곳으로 환원시키는 궁극적 원리는 세계 내에 존재할 수 없다고 보았다.

여기서 저자 코링턴 교수는 퍼어스 기호학의 세 범주를 실재를 인식하는 해석학적 원리로 제시한다. 실재의 즉자적 이해로서 도상Icon, 실존적 관계를 요구하는 지표Index 그리고 이미지로서 역할하는 상징Symbol 등이 그것이다.[6] 이런 세 가지 차원의 기호는 그것 없이는 실재와의 조우가 불가능한 인식론적 범주들로서 실체적 자의식과는 무관하다. 외화된 기호로서의 언어는 내적 자아가 아니라 공공 언어로서의 기호란 말이다. 이런 기호들은 공동체 내의 의사소통을 위해서 특별히 요청된다.[7] 살아 있는 공동체는 언제든 기호 매트릭스 내에서만 존재할 수 있기 때문이다. 이 점에서 공통의 기호를 갖고 있는 종교 공동체 안에서 해석이 발생함은 두말할 여지가 없고 신학적 해석학의 자리도 개체 인간이 아니라 바로 여기에 있다. 이 책이 '해석자들의 공동체' The Community of Interpreters란 제목을 얻은 것은 이런 이유이다. 하지만 해석은 그 자체로 무엇이든지 특정 지평(기호)에 갇혀 있기에 보편적인 것을 지향키 위해 궁극적으로 형이상학적 틀을 필요로 한다. 여기서 형이상학은 일종의 내적 연관성을 일컫는다. 형이상학이 없다면 해석, 곧 기호로 소통하는 공동체의 해석은 유럽의 경우처럼 언제든 나르시시즘의 위기에 노출될 수 있을 뿐이다. 자아 이해의 과정, 곧 앎의 끝없음이 바로 이런 우려를 자아내는 근거이다. 신학적으로 이것은 문자적이며 정경적인 성서 해석학과의 절연을 뜻할 수 있다. 하여 코링턴 교수는 퍼어스가 기호학을 형이상학의 논리로 본 것에 주목했고 그의 우주론을 의미 있게 소개했다.[8]

우연성tychism 혹은 변이를 본질로 하는 우주는 나뉠 수 없는 연속체 synechism로 존재하나 조화를 향한 사랑의 원리agapism, 곧 진화론의 지배를 받는다는 것이다.[9] 여기서 우연성은 선험성 내지 규범(정경)성에 반反한 개념이며 연속성은 앎의 끝없음과 상응한다. 하지만 진화론적 사랑의 원리는 특정 지평을 지닌 해석 공동체의 내적 목표이자 외적 유혹으로 역할한다. '아가피즘'의 빛에서 지평 제한적 공동체를 비판하고 극복할 수 있는 종말론적 희망으로서의 '절대자' Absolute 개념이 재해석된 것이다. 이 점에서 로이스는 초대 기독교 공동체 안에서 발생한 보편적 사랑 개념을 강조했고 지난한 귀추 과정 속에서 오류 가능성에도 불구하고 해석 조건(지평) 자체를 달리하는 실재(형이상학)가 출현할 수 있음을 확증했다. 1913년에 출간된 『기독교의 문제』The Problem of Christianity[10]가 바로 이를 논한 작품이다. 여기서 코링턴 교수는 형이상학과 연계된 미래 지향적인 실용주의를 보았고 이를 미국적 해석학의 특징으로 제시하고 있는 것이다. 『기독교의 문제』의 핵심 내용을 이하에서 다음처럼 약술할 수 있겠다.

로이스는 이 책에서 보편(사랑) 공동체의 형이상학적 근거가 되는 것을 '로고스-영'이란 기호로 보았다.[11] 공동체의 형이상학적 토대를 제시하는 것이 신학의 할 일이라 여긴 것이다. 여기서 절대자는 보편적 공동체의 역사적 출현과 치환 가능한 개념이 된다.[12] 심지어 보편 공동체를 절대자의 성육신이라 부를 정도이다.[13] "실재Reality란 우리의 '문제 상황'에 대한 이상적인 미래적(참다운) 해석이다."[14] 기독교의 역사적 전개 및 발전을 공통기호를 사용하는 공동체가 자신의 지평을 초극하는 과정으로 이해한 로이스는 하느님 영만이 그 방향성과 통일성을 제시한다고 믿었다. 앞서 언급한 아가피즘이 바로 그것이다. 기억이 있기에 소통 가능한 기호가 있고 기대가 있기에 종말론적 희망이 생겨나는 것인바, 이 중간에 위치한 공동체는 시간 과정의 산물로서 진화의 절정을 향해 나갈 수 있다고 믿은 것이다.[15] 그렇기에 절대자는 공동체 안에 육화될 수 있었다. 해석 공동체 안에 작용하는 영의 활동에 대한 믿음이 진화론적 낙관론을 수용토록 한 것이다.

물론 이 과정에서 수많은 기억들이 교정되고 비판되는 과정이 없을 수 없다. 하지만 자기 초극적 '해석의 영'은 미래 목표로서 보편 공동체로의 열망(충성심)을 인간 자아에게 불러일으킨다. 여기서 하느님 영을 '해석의 영'이라 칭한 것이 대단히 흥미롭다.[16] 이들에게 해석이란 '즉각적' 앎(도상)이 아니며 무엇에 '대한' 앎(표지)과도 구별되고 동일성과 차이를 통해 자신의 입지를 명백히 드러내는 앎, 곧 궁극적 이해로 정의된다. 로이스는 이런 해석을 존재론적인 행위로 보았고 해석 공동체 배후에서 공동체를 이끄는 절대자(영)와 닮았다고 하였다. 로이스가 초대 기독교 공동체 안에서 본 것은 사랑의 공동체로 나아가려는 해석의 몸부림이었다. 부활, 속죄, 대속 등 중요 기독교 교리들이 생겨난 것이 구체적 증거이다. 이웃 사조들로부터 수많은 지평을 배웠으나 영의 이끄심에 충성을 다함으로 보편 공동체를 향한 열망을 견고히 지켜낸 것이다. 여기서 중요한 것은 종교적 실재Reality는 존재하지만 그것은 참다운 공동체를 통해서만 알려질 수 있을 것인바, 이 일을 위해서 끊임없는 해석의 행위가 가시적 공동체 안에서 거듭 일어나야 한다는 사실이다. 공동체는 언제든 해석이 타당성을 얻어 가는 과정으로서 하느님 영의 활동 지평이란 것이다. 하느님이 해석 공동체 안에 존재한다는 것이 로이스와 코링턴 교수의 기본 생각인 듯싶다. 이런 확신이 힘을 얻으려면 거듭되는 말이지만 해석자들, 해석 행위, 나아가 보편 공동체에 대한 헌신과 충성이 요구된다.[17]

여기서 로이스는 초대 교회를 창시한 바울을 언급한다. 자아의 근원에 대한 바울의 적극적 헌신— '이제는 내가 사는 것이 아니라 내 안의 그리스도가 산다' —이야 말로 '기대'로 나아가게 하는 동력이란 것이다. "충성이 없다면 공동체는 불가능하며 반면에 공동체가 없다면 해석들을 소유할 수 없다."[18] 이 점에서 로이스를 비롯한 저자 코링턴은 실재Reality를 인식할 수 있는 가장 적합한 길을 제시한 종교로서 기독교를 거론했다. 기독교 메시지의 핵심을 실재가 온갖 우여곡절을 겪는 와중에서도 보편 공동체 안에서 자신을 드러낼 것이란 미래적 확신이라 본 것이다. "삶의 의미, 즉 시간 과정에서 자신을 현시하는 참 존재는, 시간 속에서 연출되는 뭇 욕망, 비극, 실패에도 불구하고, 종국에는 승리의 형태로 전개된 보편 공동체 안에서 자신을 드러낸다는 것이 기독교의 핵심 메시지이다."[19]

물론 세상에는 보편 공동체를 소망토록 하는 여러 기호, 해석들이 존재할 수 있다. 이웃 종교 및 과학 공동체의 경우가 이에 해당할 것이다. 하지만 로이스는 그리스도 영의 활동을 존재 필연적으로 전제한다. 공동체를 생명력 있게 만드는 가장 힘 있는 역할이 그곳에 있다고 믿기 때문이다. 그럼에도 이것이 교리로서가 아니라 보편적 사랑 공동체를 위한 실천적 부름이기에 거부감 없이 수용할 여지가 충분히 있다. "당신의 기독론이 보편적 사랑 공동체의 영을 실천적으로 인지토록 하라."[20] 하지만 교리로서의 기독론 대신 사회적 역할로서 그리스도를 재구축하려는 로이스의 입장이 초대 교회 창시자 바울을 온전히 이해할 수 있는 근거가 될지는 비판의 여지가 충분하다. 바울의 뭇 신학적 언명들이 단지 해석 공동체의 표현으로만 여겨질 수 있기 때문이다. 그럼에도 불구하고 '해석의 영'으로서 그리스도가 지평의 합치를 통해 보편적 공동체를 위한 사회적 실천의 작인Agent으로 설정된 것은 오늘의 시각에서도 흥미롭다.

2. 유럽 해석학에 대한 공동체주의적 비판

– 지평 해석학의 관점에서

코링턴 교수는 기호에 근거한 해석 공동체의 이런 성서 해석학을 지평 해석학[21]이라 부르며 다원주의와 민주주의 상황에 적합하되 그를 완성할 최상의 인식론이라 여겼다. 이런 지평 해석학은 공동체 내 기호 기능을 중시하는 것으로서 유럽적 해석 풍토와 견줄 때 그 의미가 분명히 각인된다고 코링턴은 생각했다. 여기서 코링턴은 퍼어스와 로이스의 기호학의 빛에서 하이데거와 그를 발전시킨 유럽 해석학의 거장 G. 가다머 비판에 초점을 두었다. 물론 가다머가 빚진 M. 하이데거의 언어 신비주의 역시 공격의 대상이었다. 한마디로 이들 유럽 해석학은 공동체가 아닌 개인(자아)에 근거한 것으로서 공적公的, 정치적 영역을 확보하기 어렵다는 것이 코링턴의 견해였다.[22] 개인주의 성향을 띤 하이데거의 언어 신비주의와 가다머의 지평 융합 개념에 대해 발흥하는 민주적 시각에서 정면 승부수

를 던진 것이다. 물론 후술될 지평 해석학은 가다머 식의 지평 융합 개념
과 공유점이 적지 않다. 세계 내의 제 조망Perspective은 정당한 편견(선입견)
으로서 부정될 이유가 전혀 없기 때문이다.[23] 특별히 자신의 책 『해석자
들의 공동체』를 헌사했던 J. 버츨러Buchler[24]의 견해를 빌려 코링턴은 공동
체를 조망(지평)들이 공유되고 소통되는 자리로 이해했다. 가다머의 정당
한 '편견'이 버츨러에게 지배적 '선행 지각'Proception이라 명명된 것이
다.[25]

　하지만 이들 해석학적 사조 간의 차이가 강조되어야만 했다.[26] 가다머
해석학은 세계 내 존재로서 인간은 세계를 창조할 수 없고 세계에 의해
형성된 존재임을 강조한다. 따라서 인간은 누구나 그것에 의해 세계를
이해하는 정당한 편견으로서 일정한 지평을 갖게 된다. 이 경우 해석이
란 지평과 지평들 간의 만남을 뜻한다. 지평 융합으로 인해 시공간적 영
역이 저마다 확장될 수 있는 것도 사실이다. 과거와 미래, 동양과 서양의
상호적 현존이 가능할 수 있는 것도 이 때문이다. 자신의 고유성을 간직
한 채 상대방의 언어로 번역될 수 있는 것이다. 그러나 이런 만남의 가능
근거는 언제든 하이데거로부터 배운 언어의 존재 신비성에 있다. 근원적
인 언어의 존재론적 특성으로 인해 지평 간의 만남 곧 해석이 발생하는
것이다. 그러나 바로 이 지점에서 미국 해석학은 가다머와 달라진다.

　언어를 의미의 본질적 표현(신비주의)으로 보는 가다머와 달리 기호학은
언어 해석에 더욱 관심을 두기 때문이다. 의미의 본질 역시 기호로 나타
낼 수 있다는 것이 미국적 견해였다. 그것이 도상, 지표 그리고 상징이든
간에, 기호로 존재할 수 없는 것은 알려질 수 없다는 것이다. 여기서 관
건은 두 지평 간의 연속성을 강조하는 가다머에 비해 자기 해석 공동체의
고유성에 무게 중심을 둔 버츨러의 비연속성에 대한 이해이다.[27] 다시 말

해 코링턴 교수는 해석 공동체의 지배 지평, 그것의 조망 압박으로부터 자유롭지 못한 소위 해석학적 결정성에 비중을 실은 것이다. 달리 표현하면 가다머가 전통의 영향(기억)史에 갇혀 있어 이념 경직성을 벗기 어려운 반면 기호학은 지배 지평 하에서 해석의 변형을 지속적으로 요구받는다는 사실이다.[28] 인간 공동체는 기억만이 아니라 기대 지향적이기도 하기 때문이다. 이는 앞서 언급한 '해석의 영'의 역할로 인함이다. 그렇기에 비언어적 기호 의미, 곧 언어 신비주의는 힘을 상실할 수밖에 없다. 지시 기능으로 전락된 언어 대신 존재를 현존으로 이끄는 언어사건(힘)을 강조한 공헌에도 불구하고 하이데거는 가다머와 더불어 공동체의 해석 활동을 약화 내지 간과시킨 장본인으로 여겨졌다. 존재를 향한 전회의 책임을 오로지 시인詩人에게 전가하고 인간을 시원적 언어에 귀속시키는 부자유함을 초래했다는 이유로. 그래서 코링턴은 하이데거적 언어를 인간을 볼모로 잡는 사당祠堂과 같은 것으로 보았다. 세계를 여는 힘으로서의 언어, 이런 언어철학 하에서 인간은 수동적 존재로 전락될 수밖에 없다는 것이다.

앞서 보았듯이 어떤 유類의 앎도 공동체를 떠날 수 없다는 것이 시종일관된 미국적 해석학의 핵심이었다. 특정 기호(지평)를 공유한 공동체는 기호와 해석자 그리고 해석 수용자 간의 의사소통 구조가 전제되며 이 과정에서 기호 즉 지평은 번역되고 변경될 수밖에 없다. 기호를 공유한다는 점에서 과거와 현재는 대칭적이나 변경(기대)의 차원에서 이들 관계는 더 이상 대칭일 수 없다는 것이다. 일종의 불가역적 측면의 발생이라 말해도 좋을 듯하다. 코링턴 교수는 가다머의 지평 융합에서 '변증법적' 토대의 상실을 보았고 이를 비대칭성의 개념으로 수용했다.[29] '변증법'이란 지평들을 내적으로 압박하는 일종의 기술이란 것이다. 이것은 결국 '해석의 영'의 작용과 다르지 않다. 해석 과정을 종결짓고자 하는 어떤 유혹도 거부한 채 '해석의 영'에게 충성을 다하는 열려진 길을 가는 것을 공동체의 과제로 여긴 것이다. 해석이란 본질적으로 건전한 사회적 삶을 향한 충동으로 보기 때문이다. 나아가 절대자의 '육화'(보편적 공동체) 순간까지 거듭 달리 해석되는 것 자체를 '대속'이란 개념으로 이해했다.[30] 현실의 공동체가 악마적이고 무의미할수록 해석의 대속적 역할은 그만큼 확대될 수 있었던 것이다. 이것은 기호학에 토대를 둔 신학적 해석학의 묘미라고 생각해 본다. '해석의 영'의 인도를 받는 해석자들 공동체의 기독론의 역할로서 해석에게 부과된 막중한 실천적 의미가 강조될 필요가 있다고 생각한다. 바로 이 점이 가다머 해석학과 결정적으로 변별력을 보이는 대목이다. 해석에 있어 치명적인 왜곡과 풍요로움이 구별되어야만 하기 때문이다. 코링턴 교수는 공동체에 의해 전승된 해석을 참되게 수용하는 일을 현재적 과제로 인식한 것이다. 수용하는 것 역시 해석 행위인 것은 두말할 여지가 없다.

이상에서 코링턴 교수는 로이스의 견해를 근간으로 해석학에 있어 주관주의적 경향성을 완전 배격하고 공동체성에 해석을 기초하려는 미국적 방식을 잘 소개했다. 단지 아쉬운 바는 가다머 이후 발전된 이데올로기 비판에 관심한 하버마스, 타자성을 강조한 레비나스 그리고 내러티브의 해석학을 전개한 리쾨르 등 유럽 해석학의 동향을 충분히 거론하지 않고 유럽과의 변별성을 강조한 점이다. 이들을 언급함 없이 미국적 해석학의 독창성을 언급한 것이 흡족치 않다. 그럼에도 기호학에 근거한 성서 해석학은 실천성과 희망이 요청되는 다원주의 현실에서 충분한 매력을 담지하고 있다. 이에 저자 코링턴 교수는 '지평 해석학'이란 이름으로 자신의 생각을 좀 더 명료하게 밝히려 한다.

유럽이든 영미 지역이든 간에 해석학은 의당 지평적일 수밖에 없다. 비록 가다머의 해석학이 존재 신비적인 사적 차원으로 전락되긴 했으나 그것 역시 세계 내 존재로서 지평을 상정했었다. 이에 코링턴 교수는 퍼어스와 로이스의 견해를 좇아 미국적 해석학을 보편성의 견지에서 '지평 해석학'이란 이름으로 명시하였다. 하지만 공동체성에 무게 중심을 둔 미국의 경우 해석학이 종종 현실을 왜곡하는 이데올로기로 역할하여 자신의 지평을 옥죌 수 있다고 보았다. 따라서 공동체 안에서 탈脫이데올로기화 여건을 구축하는 것이 지평 해석학의 과제라 여긴 것이다. 하지만 프랑크푸르트 학파에 속한 하버마스적 시도와 달리 지평 해석학은 공동체 내의 영의 현존을 전제했다. 이를 위해 내적 자아가 아닌 공동체가 해석을 위한 해방적 지평임을 시조일관 강조해 왔다. 그렇기에 미국적 해석학이 시간성보다 기호를 생산하는 특정 장소Topos에 더 많은 관심을 기울인 것이다.[31] 공동체 내 기호들이 연관성을 갖고 거대 질서 자체를 체현하고 있다는 확신 때문이다. 코링턴 교수는 이를 해석 활동의 질서적 본능이라 보고 이 책 마지막 장에서는 이를 자연 공동체로까지 확장시켰다.[32] 그럼에도 공동체 내에 규범성을 전제하지 않는 것이 특징이다. 다수에 의해 공유된 특정 기호는 해석되어야 하며 해석은 민주적 의사 교류 과정을 통해 일치된 질서를 일깨울 수 있다는 것이 이들 해석학의 본질이자 여정이었던 것이다.

이런 과정을 위해 다음 세 조건이 요청된다. 자기반성, 시간성 그리고 상호 주관성이 그것이다.[33] 먼저 자기반성이란 자아 역시도 공동체 내에서 일종의 기호로 존재한다는 자각을 뜻한다. 일종의 선험적, 본유적 인간 이해의 거부인 셈이다. 이런 기호들은 전체를 드러내는 한 윤곽contour으로서 항시 자기 제한적 특성을 갖는다. 그러나 누구라도 개인은 공동체 안에서 기호이자 동시에 해석자일 수밖에 없다. 해석은 구체적 정황 (시간성) 하에서 해체적 독법을 통해 기호의 의미를 변경시킬 수 있는 것이다. 가부장적 신적 본질을 인정하지 않는 여성신학적 추세가 이에 해당되는 구체적 예라 생각한다. 하지만 차이에도 불구하고 연속성은 인정되고 유지된다. 기호 자체가 변한 것이 아니라 새로운 가치가 기호를 통해 발견되었다고 보기 때문이다. 기호가 질서 의존적이란 점이 여기서 힘껏 강조된다. 기호 자체의 변화를 허용치 않는 것은 다원주의적 상황의 소극적 반영이라 여겨진다. 하여튼 시간성이 해석과 불가분리의 관계 속에 있다는 것은 지극히 당연하다. 끝으로 상호 주관성은 자기반성과 시간성을 요소로 하여 구성되는 개념이다. 실체적 자아가 부정되었듯 상호 주관적 의식 역시 인간의 본질일 수는 없을 것이다. 오히려 온갖 차이를 드러내는 것이 공동체의 실상이란 것이 정직할 수 있다. 그럼에도 상호 주관적 교류를 통해 해석들 간의 합치가 이뤄질 수 있다는 것이 미국적 해석학의 핵심이다. 여기서 공동체는 '영원한 형상' eternal form으로서 그 역할이 전제되어 있다.[34] 그러나 이 역시 해석적 영의 활동으로서 진화에 대한 믿음이 전제되었기에 가능한 일이라 생각된다.

이상 내용의 구체화로서 코링턴은 '지평 해석학'의 이름하에 인간 삶에 영향을 미치는 기호들의 제 양상을 차례로 소개하고 있다. 여기서 우리는 해석 공동체의 가능 근거로서 '지시' 또는 '관계' 개념들인 기호학의 실상을 접하게 된다.[35] 우선적으로 하부의 국소local 형질을 '지시'하는 기호를 생각할 수 있다. 예컨대 붉은 색은 특정 그림을 구성하는 덜 보편적인 국소적 색소이다. 하지만 그것이 국지 형태의 기호와 분리되는 경우 의미의 깊이는 상실될 수밖에 없다. 다음으로 국소 형질들의 합인 국지 형질은 지시대상과 관련하여 집적도의 범위가 비교적 크다. 그만큼 인간 과정에 해석적 부담을 가중하는 큰 의미를 내포하게 된다. 포괄성과 통합성(복합성)을 자체 속에 확보하고 있는 것이다. 이런 지시적 기호들은 이제 본질상 구체적 해석을 필요로 한다. 의당 여기서 해석은 기호와 해석자 간의 대칭적 관계에서 발생될 것이다.[36] 기호 의미를 명시적으로 표현하고 심화시키려는 해석자의 자기 동화 과정이 있기 때문이다. 이 단계에서 기호는 인간 과정에 지대한 영향을 미친다. 그러나 기호와 해석자의 관계는 이후 해석 수용자를 통해서만 완성된다. 해석자에 의해 동화, 체현된 기호, 곧 해석은 3자인 다른 이에게 수용될 때 더욱 명확해지기 때문이다. 기호 해석이 이렇듯 공동체적 특성을 갖게 되면 지배적 기호가 생겨나게 되고 그것이 역으로 공동체 특성을 가시화할 수 있다.[37] 여기서 중요한 것은 해석 주체가 확장되는 중에 기호의 자기비판이 가능하다는 사실이다.[38] 즉 기호 자체 속에 내포된 습관과 타성으로부터의 해방이 가능하다는 것이다. 그러나 기호적 합치가 개인을 해방시키고 공동체 정의를 촉진시킨다는 저자의 확신은 이 책을 통해서는 충분히 설득되지 않는다. 유럽의 주관주의 해석학과의 변별력을 강조하려면 이에 대한 철저한 논리적 절차가 필요할 것이다.

여기서 코링턴이 강조하는 바는 로이스에게서 배운 '충성심'Loyalty이란 개념이다.[39] 이는 해석의 영에 대한 충성을 의미한다. 공동체를 이끄는 보편적 영의 일부가 되고자 하는 인간의 신실한 의지를 요청하는 것이다. 이 경우 충성심, 혹은 충성의 영은 '은총'의 결과로서 곧 '해석적 은혜'라는 말로 언표된다.[40] 하지만 이 말이 필자에게는 학문적 개념으로만 이해될 뿐이다.[41] 목전의 현실에선 전혀 체감할 수 없는 사태인 까닭이다. 그럼에도 코링턴은 일층 더 기호와 해석자 그리고 해석 수용자의 관계를 시공간 속에 표현된 일련의 기호 시리즈의 빛에서 바라본다. 공동체적 특성을 명시적으로 강조할 목적에서이다. 이 단계는 토마스 쿤이 말한 일종의 사유 '패러다임' 간의 조화와 갈등으로 대치해도 좋을 수 있다.[42] 서로 다른 관계소relata끼리 상대방에게 의미 변경을 요청하여 공동체성을 드러내는 과정이란 말이다. 하지만 공동체 안에서 힘을 행사하는 기호 시리즈(혹은 모델)가 되는 프로세스는 복잡하다. 여기서 핵심은 '해석의 영'에 인도된 공동체 스스로가 필연적인 선택을 한다는 점이다.[43] 하지만 선택된 기호일지라도 궁극적 통합성에 이르기까지 해석의 행위가 끊임없이 요청되는 것도 사실이다. 어느 기호도 전체성에 이를 수 없으나 모든 것을 포괄하려는 갈망 자체는 치열하기 때문이다. 이렇듯 지속적·분화 속에서 포괄성을 얻는 마지막 과정은 누차 언급되었듯 기호 관계를 종교 영역에서 풀어내는 일이다. 여기서 등장하는 개념이 야스퍼스의 '포괄자' 개념이다.[44]

언표 불가능하나 인간 실존에게 신비성을 일깨우는 상징으로서 포괄자는 헤아릴 수없는 의미를 집적하고 있다. 포괄자는 오로지 인간 실존과 관계하는 종교적 상징으로서만 그 실재를 드러낸다. 예컨대 십자가가 기호가 아니라 상징, 곧 포괄자인 것은 그에 해당된 기호 적재량 일체를 부정할 수 있는 '자기 부정'의 힘을 지니고 있기 때문인 것이다.[45] 空emptiness과 無nothingness 또한 이런 포괄자의 신비에 적합할 수 있다. 공동체는 언표 불가능하나 자신들과 불연속적인 이런 포괄자를 은혜로 체험할 수 있을 뿐이다. 종교적 상징으로서 말 건네는 포괄자는 일체의 지평이나 조망을 벗어나 있다.[46] 일체의 지평은 류類적 확장을 목표 삼기에 곧잘 지평과 그가 지시하는 세계(자연 콤플렉스) 간의 거리, 내지 차이를 종종 망각하곤 한다. 이런 건망증은 지평 안에서가 아니라 그가 아닌 것을 통해서 치유될 수 있다. '지평적' 승리주의는 문제의 해결이 아니란 것이다.

오히려 지평을 부정하는 종교적 상징, 지평 자체를 끝로 들어오는 포괄자, 곧 기독교의 경우 십자가 안에서 지평 자체가 깨져서 새로운 전망이 열릴 수 있다.

그래서 코링턴은 야스퍼스 말을 빌려 지평 해석학을 결말짓고 있다. "포괄성에 다가설 수 있는 유일한 출구는 범주적 투사 일체를 부서트리는 일종의 부정의 길via negativa을 통해서이다."47 '존재유비' 라는 가톨릭 원리로도 포괄자를 적시할 수 없다는 것이 그의 생각이다. 유한한 조망(지평)이 지평 너머 있는 신비를 담고 있다고 믿어지는 경우 유비는 좌초될 수밖에 없다. 그것 역시도 자기 부정적이지 않기 때문이다. 하지만 포괄자는 숨겨져 있으나 시간성 안에 언제든 자신의 형질을 드러내고 있다. 드러내는 방식이 단지 속성의 차원이 아닐 뿐이다. 종교적 기호인 상징, 곧 포괄자는 자기 부정의 형태로 유혹하여 공허[無]에 집적된 의미를 내주고, '빔' 안에서만 포괄자의 궁극적 의미를 드러내기 때문이다. 여기서 유혹은 포괄자의 관계적 차원을 지시하는 말로 이해된다. 인간을 철저하게 난파시켜(십자가 달림) 해(개)방(부활)시키는 상징력이 포괄자가 지시하는 차원인 것이다.48 이처럼 세계 내 악마적 폐쇄성과 투쟁토록 이끄는 개방적 힘을 포괄자의 사랑이라 불러도 좋을 법하다.49 이 점에서 코링턴 교수는 '사랑' 으로 언표되는 종말론적인 해방의 힘이 없다면 공동체의 희망은 존재할 수 없다고 하였다. '해석' 의 희망이 지평들을 난파시키고 그들 간의 경계를 극복하는 '영', 아가페의 현존에 있다는 것이 지평 해석학의 결론인 것이다.

3. 지평 해석학에서 본 기독교 원시 공동체

- 예수가 아니라 바울?

서론에서 언급했듯이 본 책은 바울이 수립한 초대 기독교 공동체를 지평 해석학에 근거하여 설명하고 있다. 이 책 4장에서 코링턴은 긴 페이지를 할애하지는 않았으나 바울의 원시 기독교 공동체를 지평 해석학의 시각에서 적절히 조명하고 있는 것이다. 우선 기독교가 케리그마로 고백하는 '그리스도'를 바울 공동체 안에서 해석의 '영'의 구체화로 보는 것은 대단히 흥미롭고 독창적인 발상이라 여겨진다.[50] 코링턴은 앞서 다뤘던 J. 로이스의 『기독교의 문제』, 곧 해석학적 영에 근거하여 바울 서신 안에서 예수 사건이 어떤 식으로 진화되었는가를 흥미롭게 설명한 것이다. 재론하겠지만 예수의 역사성에 무관심했던 바울 신학을 종래의 규범(역사)적 형태와의 결별로 보고 그를 정당화시킨 것은 시대적 한계이기도 하겠으나 본질적으로 오류를 잉태할 수밖에 없다. 역사적 무관심과 종말론적(진화론적) 비전을 동일선상에 놓고 비교한 것은 수용키 어려운 부분이다.

코링턴은 무엇보다 원시 교회가 발전시킨 세 가지 근본 교리에 주목했다. 개인은 공동체(하느님 나라) 안에서만 구원된다는 것, 신적인 작용 없이 율법의 멍에로부터 자유로울 수 없다는 것 그리고 구원은 속죄를 통해서만 가능하다는 것 등이 그것이다.[51] 무엇보다 코링턴은 로이스를 좇아 바울의 속죄를 예수가 선포한 하느님 나라 사상의 내적 의미이자 시간성 속에서 그를 발전시킨 정당한 해석으로 여겼다.[52] 그러곤 이런 해석이 가능한 이유를 인간의 충성을 촉발시키는 교회 공동체(해석)의 '영'에서 보았다. 기독교의 본질을 '충'이란 개념에서 찾고자 할 정도였다. 기독교란 주님의 몸인 교회 안에서 '충성의 영'으로 활동하는 '포괄자'를 표현함

에 있어 어느 종교보다 탁월하다고 생각한 것이다.[53] 달리 말하면 '충성'
은 공동체 안에서 '사랑'을 살아 있게 함으로써 공동체를 구원의 '터'
topos가 되도록 했다는 사실이다. "…결국 나를 구원하는 것은 나의 공동
체이어야만 한다. 이를 주장하고 실현하는 것이 기독교 경험의 참 핵심
을 구성하며, '충성의 종교'의 핵심을 구성한다."[54]

　이런 점에서 기독교는 예수에 의해 시작된 종교가 아니었다. 앞에 언급
된 인간 구원론은 헬라화된 신비(밀의) 종교들 틈새에서 예수의 가르침을
스승 이상으로 해석해 낸 바울의 결과물인 것이다. 예수가 기호였다면
바울은 해석자였고 원시 공동체는 해석의 수용자였다고 말해도 좋을 듯
하다. 미국 성서 해석학은 결국 역사적 예수의 삶이 아니라 원시 교회의
해석에 초점을 두고 성서를 이해하고 있다. 심지어 기독교의 참된 의미
역시 예수의 삶에 있지 않고 예수 전승을 이해하고 해석하는 초대 교회에
있음을 강변할 정도였다.[55] 원시 교회의 활발한 해석 활동이 소개된 바울
서신이 기독교의 근원이란 사실이다. 즉 이런 해석 작업을 창시자의 영
(성령론)의 인도로 이해했던 초대 교회의 시각을 공동체를 근거짓는 동력
이라 한 것이다.[56] 창시자 대신 임재하는 영이 공동체 이해의 길잡이가
되었고 공동체 안에서 발전된 해석도 오로지 그로부터 비롯되었다는 확
신했다. "…스승들이 말씀에 근거한 원시 기독교는 기독교 공동체가 스
승의 인격과 활동과 그가 종교 전체에 부여한 해석을 통해 풍성해지고 심
화되었음을 인식해야만 한다."[57] 죽음 이후 예수로부터 출원한 영이 보편
적 (사랑)공동체 실현을 위한 행위의 토대가 되었고 이런 행위는 신적인
작용, 곧 은총을 통해서만 가능한바, 이 은총에 부합된 충성스런 삶이 바
로 역사의 종말이자 지금 여기서의 하느님 나라를 사는 일로 이해된 것이
다. 그러나 가시적/불가시적 교회란 말이 있듯 현실 교회는 아직 이런 보

편성을 담지 할 수 없음을 저자 코링턴은 인지한다.

구체적인 습관과 관습을 지닌 지역성에 거처를 두어야 하기에 가시적 교회는 보편적 사랑의 공동체와 언제든 갈등할 수밖에 없는 것이다. 하지만 동시에 건전한 지역주의 역시 영적 지평일 수 있음을 부정치 않았다. 해석 활동이 일차적으로 지역성, 지방의 개념적 구조에서 생겨날 수밖에 없는 이유이다. 그러나 궁극적으로 인간의 충성은 보편 공동체를 향해야 한다. 충성의 영이 보편과 특수 간의 차이, 그로 인한 긴장을 초월한 공동체를 정초할 것을 확신하기 때문이다.[58] 앞서 보았던 일련의 기호체계를 품으면서도 그것을 초월한 '영'으로서의 '포괄자' 개념이 이런 확신의 전거라 하겠다. "그러므로 충성스런 영의 논리적 발전은 보편 공동체에 대해 충성을 바치려는 인간 의식의 용기이다…"[59] 이처럼 충성의 영이 신들과 법들이 병존하는 현실에서 그 차이를 초월한 공동체를 만들 것인바, 그 실현은 미래가 될 것이다. 『기독교의 문제』를 쓴 로이스는 이로써 기독교가 가장 강력한 방식으로 보편 공동체를 역사 속에서 부분적으로 이뤘고 온전히 이룰 것이란 확신을 표현했다. 그에게 '포괄자'란 기독교 공동체에서 기원된 기호로서 '사랑' 내지 '충성'의 영인 것이다.[60] 교회 공동체 밖의 인간natural man은 죽음으로 이끄는 법의 세력 하에 있을 뿐이다. 그러나 이런 해석을 통해서 예수의 사회 윤리가 비로소 향방을 얻었다는 지적은 우리를 불편스럽게 만든다.

역사적 예수 연구자들은 이런 식의 성서 해석학이 오히려 기독교의 역동성을 훼손하고 신앙의 지평을 축소했다고 지적할 것이다. 하지만 코링턴은 여전히 초기 교회가 만든 죄론, 속죄론 등의 해석을 공동체 활성화 차원에서 적극적으로 이해한다.[61] 이들 교리가 개인(조망)주의의 폐해를 수정키 위한 역할을 했다는 것이다. 죄가 공동체로부터의 일탈 가능성에 대한 경고라고 한다면, 속죄는 공동체의 결속을 깨친 사람들을 공동체로 부르는 사랑의 행위라는 것은 논리적으로 적합하다. 이런 방식으로 육을 거부하고 영을 좇는 초대 교회 내 인간 구원론의 실상이 설명될 수 있을 법도 하다.[62] 하지만 자기를 넘는 은총 없이는 영적 인간이 불가능하다는 것 또한 기독교의 확고한 기본틀이었다.[63] 개별 자아들의 집합체인 자연 공동체는 주관적인 해석학적 왜곡으로부터 자유로울 수 없지만 자기 초월적 영을 따르는 인간의 충성(구원받은 인간)이 보편 공동체를 성립시킬 수 있다는 것이다. 하지만 이것이 경건주의와 신비주의 일체를 사적인 것으로 폄하하고 자연 공동체를 부정하는 논리로 기능했음을 부정할 수 없다.[64] 신비적 경건성이 그의 사적 경향으로 인해 기독교 생명성을 고갈시켰다고 본 것이다.

같은 이유에서 미국적 해석학은 불교에 대해서도 일천한 지식을 노출했다. 불교를 사회성이 결핍된 무의지의 종교로 이해한 것이다.[65] 불교의 無(없음)를 서구적 有(있음)의 반대말로 인식한 듯싶다. 부활한 주님을 영으로 인식하고 영을 신적 본성으로 이해하는 초대 교회의 해석학적─형이상학적─과정이 보편적 종교 공동체의 열망을 강화시켰다는 미국적 해석학은 일리 있으나 뒤집어 보면 반대의 결론도 충분히 가능하다.[66] 초기 기독교 이후의 지난한 기독교 역사를 일견할 때 과연 교리화, 교권화 과정을 '영'이 이끄는 해석 공동체의 프로세스였다고 말할 수 있을지 의문이다. 코링턴도 이 점을 인식한 듯 로이스와 일정 부분 거리를 두려고 하였다. 이런 식의 '틀 구조'로 이웃 종교를 판단하는 것이 로이스와 달리 21세기를 사는 신학자로서 부담을 느낀 것이다. 가능하면 자기 의견 없이 미국적 성서 해석학의 원조인 로이스의 입장을 충분히 전달하고 그 문제점을 담담하게 노출시켰으나 이에 대한 코링턴 자신의 대답이 충분치 않았다.

　필자가 본 장을 통해 미국적 성서학에서 가장 크게 배운 바가 있다면 성육신 개념이다. 앞서도 보았듯이 미국적 해석학은 절대자를 사랑의 공동체와 등가적으로 이해했다. 공동체가 하느님인 것을 증거하려고 했던 것이다. 공동체가 그리스도의 몸이라면 의당 그것은 성육신이어야만 했다. 하느님이 인격적 삶을 통치하는 공동체 안에 담지 되어 있고 그 구조들을 통해서 현현한다면 성육신의 참된 의미가 공동체에 있다는 것이다.[67] 이것이 성령이 인도하는 해석 공동체로서 교회론의 핵심인 셈이다. 교회가 삶의 의미 지평을 제시하는 신적인 것이 되어야 한다는 당위로 이해할 수 있다. 하지만 코링턴은 성육신의 지평을 재차 확장시켰다. 전승된 해석에 만족치 않고 해석 수용자로서 재차 새로운 해석을 시도한 것이다. 그것은 인간 공동체를 넘어 자연 공동체에 대한 이해였다. 공동체의 신성만이 아니라 자연의 신성화 문제를 R. 에머슨Emerson의 사유를 통해 조명하려고 했다. 기독교 성서를 탈脫중심화시켰으며 인간 외적인 자연에게 영적 의미를 부여한 에머슨의 견해를 좇아 성령론과 성육신을 새롭게 해석한 코링턴의 성서 해석학이 바로 이 책의 핵심이다. 지평 해석학의 이런 전개는 시인이자 자연주의자인 에머슨과의 만남에서 비롯했으나 로이스의 해석공동체와의 연장선상에 있다는 것이 이 책의 결론이었다.

4. 지평 해석학의 절정인 '성육신으로서의 자연 공동체'

　코링턴의 책 『해석자들의 공동체』 마지막 장의 제목은 "공동체의 자연성에서 자연의 공동체로"로 되어 있다.[68] 앞서 보았던 해석 공동체로서의 인간 세계와 자연의 연속성을 언급할 목적에서이다. 자연 역시도 해석 공동체 안에서 자신의 실상을 드러낼 수 있다는 것이 본 책이 의도했던 바였다. 이런 발상은 기독교적 서구 사유의 본질로 여겨졌던 인간 중심주의와 일정 부분 다른 면을 보여준다. 미국적 해석학이 인간의 우선성을 전제하긴 하나 그것이 자연의 류적 형질에 대한 감수성과 균형을 이룰 수 있도록 했기 때문이다.[69] 다시 말해 성육신을 해석 공동체에서 활동하는 영으로 이해했듯, 인간 이전적 자연에서도 성육신의 실상을 보고자 한 것이다. 이를 위해 성서의 텍스트성을 탈脫중심화시킨 에머슨의 주저 『자연』Nature이 분석 검토되었다.[70] 하느님 영이 성서만이 아니라 자연과 인간의 본래성human genius 속에서도 충만함을 말하려는 것이다. 그러나 지평 해석학이 보여주었듯 여기서도 무수한 영들spirits과 통합된 영Spirit 간의 긴장이 없을 수 없다. 하지만 코링턴은 통일성의 원리〔Spirit〕가 표현의 획일성이 아니라 목표의 단일성임을 강조한다.[71] 영은 자기 분열을 통해 작용함으로 자연을 풍성하게 하나 결국 통일성이란 거대한 이상으로 수렴된다는 것이다. 그렇기에 통일성은 무시간적 개념이 아니라 차이 속에서의 조화로 이해된다.[72] 즉 뭇 영들은 사랑(통일성)을 향한 진화 과정 속에 나타나는 영의 단편들, 차이의 순간들인 셈이다.

여기서 코링턴 교수는 틸리히의 신율神律, theonomy 개념을 빌려 차이와 조화의 관계를 설명코자 한다.[73] 유한한 뭇 영들이 저마다 자율성을 갖지만 결국 그것은 신율에 의해 심화될 수 있다고 했다. 자율적 영이 자신의 차원 밖에서 유래한 질서를 인지할 때 그것은 신율적이 된다는 것이다. 바로 이 순간에 영들(차이)과 영과의 내적 연속성이 생겨날 수 있다고 보았다. 이렇듯 영들의 상호 관계성, 곧 차이 속의 조화는 화이트헤드적 언어로 파지把知, prehension로 불린다. 파지란 의식(인간) 이전적 의식, 곧 느낌의 차원일 것이다. 이런 파지적 동조prehensive attunement로 인해 현실태 간에 통일적 힘이 생겨난다고 본 것이 과정철학이다. 그러나 코링턴 교수는 화이트헤드에게 신율 개념이 없음을 결정적 문제로 지적했다.[74] 그렇기에 과정철학이 현실태 제 단위 간의 시간적 차이 대신 무시간적 통일성을 전제했다는 것이다. 하지만 코링턴 교수는 영Spirit에 뿌리를 두고 있으나 그것을 파지하기까지의 차이 곧 불연속성의 불가피한 측면을 강력히 시사했다. 과정철학과의 일정 부분 거리두기인 셈이다.

한편 자연과 인간 본성 내의 영적 충만을 말한 에머슨은 당연히 어거스틴적 원죄 개념을 좋아하지 않았다.[75] 타락을 신적 명령 위반이 아니라 우주와의 본래적 관계로부터의 일탈로 이해한 것도 탈脫텍스트화된 일면이다. 본래적 관계란 그에게 자연과 인간 간의 영적 교류였던 것이다. 이 점에서 에머슨은 예수에 대한 이해도 달리했다. 예수를 인간 이상理想의 대표작 범례이기보다 우주의 영적 힘과 교제한 존재로 여긴 것이다.[76] 현대 신학적 언어로 말하자면 일종의 영-기독론의 선포였다. 그렇기에 인간 누구라도 예수의 영적 힘을 공유할 수 있고 그로써 자신의 신성을 표현할 수 있음을 자연스럽게 강조했다. 그러나 현실 속에서 인간은 유한한 조망에 갇혀 버림으로써 본원적 관계로부터 비껴 있어 통합할 수 있는 눈을 상실해 버린다. 우주의 해방하는 힘 대신 자연을 임으로 조망해 버린 결과이다.[77] 이런 자기 고립을 극복하는 것이 바로 구원일 수 있다. 이런 구원이 인간 역사 밖의 한 근원, 곧 영적 현존[神律]에 의해 가능하다는 것이 코링턴의 시종일관된 주장이었다. 유한한 지평의 한계로부터 자유 할 수 있는 유일한 길이 여기서 비롯한다는 것이다. "자아ego의 힘은 도덕적 우주에 생명을 불어넣는 흐름들currents에 의해서만 깨어진다."[78]

그렇기에 에머슨은 성서를 탈脫중심화시켰음에도 성서 말씀이 은유를 통해 자연의 영적 진리를 모방케 하는 힘으로 역할하기를 바랐다.[79] 자연과 종교(성서)의 상관성을 볼 줄 아는 해석자를 에머슨은 기대한 것이다. 이를 위해 아모스, 호세아의 증언들이 소개되었다. "오직 정의를 물같이, 공의를 마르지 않는 강같이 흐르게 할지어다"(아모스 5:24), "그들은 아침 구름 같으며 쉬 사라지는 이슬 같고 타작 마당에서 광풍에 날리는 쭉정이 같으며 굴뚝에서 나는 연기 같으리라"(호세아 13:3). 이처럼 에머슨은 성서가 자신의 도덕적 에토스ethos를 자연의 심상에 근거하고 있음을 애써 강조했다. 자연의 심상과 형상은 그대로 영적 조화와 평화를 추구하는 인간 영혼에 안식이 된다고 믿었던 것이다. 더욱 에머슨은 이를 자연 내 성령의 현존 때문에 가능한 일로 보았다. 그가 예술을 강조한 것도 같은 맥락 하에 있다. 아름다운 인간 의지 곧 영적 에너지를 통해 표현된 자연이 그에게 바로 예술이었던 것이다. 이 점에서 성서 중심주의는 우상숭배의 한 형태로서 혹독히 비판된다.[80] 영의 활동을 문자에 제한시키는 것은 그의 구속적 힘을 탈각시키는 반종교적이란 것이다.

이상과 같은 보편적, 심미주의적 입장을 지녔음에도 에머슨은 성서의 계시적 힘 자체를 포기하지 않았다.[81] 성서 증언을 문자주의로부터 해방시키는 것과 계시적 힘은 그에게 다른 사안으로 여겨졌다. 성서주의가 영(계시)의 빈곤을 초래했거나 방관할 수 있는 위험을 지닐 수 있기 때문이다. 따라서 에머슨은 성서가 인간과 신의 관계 조명에 이바지했음을 인정했지만 그 관계를 자연으로 확장코자 했다. 하지만 유니테리안에 속했던 에머슨은 자연을 텍스트 중의 텍스트로 보고 변화무쌍한 '영의 거처'로 인정하는 일에 망설임이 없었다. 그렇다면 그에게 중요한 과제는 인간 언어와 자연과의 관계를 묻는 일이었다.[82] 우선 에머슨은 아모스,

호세아서에서 보았듯 영적, 도덕적 언어가 자연으로부터 그 본래적 의미를 도출한 것임을 주장한다. 일체의 종교들은 자연 환경과의 대면에서 의미와 가치를 발생시켰다는 것이다. 또한 에머슨은 자연적 사실 그 자체가 영적 사실의 상징임을 역설했다.[83] 예컨대 자연의 생산력이 인간 문화 생산성을 위한 상징이란 것이다. 즉 인간 언어는 영이 지배하는 자연 세계를 있는 그대로 인식한 결과물이란 사실이다. 나아가 에머슨은 일차적 텍스트로서 자연 자체를 영의 상징이라 보았다.[84] 이는 플로티누스의 유출설과 무관치 않다. 중심부나 주변부를 막론하고 존재하는 것 일체가 영적인 것을 말하기 때문이다. 따라서 자연은 자체 내에 종교를 활성화하는 가치를 담을 수 있다. 자연이 이처럼 영의 상징인 한에서 과학과 과학 공동체 역시 그 의미가 작지 않다. 과학 또한 인간 공동체를 활성화하고 아가페적 가치를 일깨우는 동반자가 될 수 있는 것이다. 과학 역시도 영적 토대를 제시할 수 있다는 말이다.[85] 코링턴 교수의 종교/과학 간 대화도 이 점에서 출발할 것이다.

이런 배경에서 코링턴 교수는 통일성을 추구하는 이런 시도가 포스트모던주의자들에 의해 제국주의적 해석학으로 매도되는 것에 대해서 한편 변론한다.[86] 우선 통일성과 단일의미성univocity의 차이를 면밀히 설명했다. 후자는 공동체성을 원리적으로 거부하는 것으로 극단적 상대주의를 전제하는 개념이라 하였다. 또한 종래의 제국주의적 해석학이 신율과 위협적 타율heternomy 간의 혼동에서 기인하는 것으로 이해했다. 해석의 영은 타율의 반대편에 있는 것으로 자율을 보장하되 심화시키는 역할을 감당하기 때문이다.[87] 이에 대한 논의는 앞서 충분히 거론한 바 있다. 에머슨에 의하면 통일성으로의 충동은 자연 고유한 질서이다. 그렇기에 통일성을 향한 목적은 자율성을 폐기하지 않고 그에게 옳은 방향성을 부여할 수 있다.[88] 이는 플로티누스의 유출(방기)과 상대 개념인 복귀return를 상기시킨다. 통일성으로 이끄는 보편적 영은 하지만 유신론은 물론 범신론과도 구별된다. 오히려 신성이 만물 안에 존재하면서도 만물 너머에 위치한다는 범재신론panentheism이 '보편적 영' 개념과 상응할 수 있다. 그가 아시아적 사유와 대화할 수 있는 근거도 여기서 찾을 수 있을 듯하다. "자연의 배후 그리고 자연 전반에 걸쳐 영이 존재한다. 일자一者로서 합성물이 아닌 이 영은 밖으로부터 즉 시공간 안에서, 우리 위에서 작용하지 않고 영적으로 우리 자신들을 통하여 작용한다. 지고의 존재로서 이 영은 우리 주위에 자연을 축조하지 않고 우리를 통해 자연을 전개한다."[89] 유신론과 범신론이 신적 거주 공간을 각기 '너머'와 '여기'로 제한했던 반면 범재신론은 신적 공간성의 어느 한 차원에 갇혀 있지 않음을 보여주고 있다. 자연을 활성화하는 근원적 힘이자 자연 질서 속에 담지된 내적 충동이 범재신론의 본질이기 때문이다.

범재신론은 자주 '영들의 공동체'란 이름으로 불리기도 했다. 종래의 신학 전통이 강조했던 은총과 자연의 이분법이 여기선 자리할 여지가 없다. 오히려 자연 질서 속에 내재된 선행적 은총이 종래의 계시 개념을 대신할 수 있을 뿐이다.[90] 이 점에서 코링턴은 오히려 교회의 성례전이 이런 선행적 자연 은총의 한 유사물로 언급했다.[91] 자연 은총의 빛에서 볼 때 시공간적인 영의 독점은 일종의 우상숭배와 다르지 않다고 본 것이다. 그는 에머슨의 이런 입장을 앞서 언급한 바와 같은 영기독론Spirit Christology으로 언표했다. "도처에 편재한 영, 곧 성육신이 인간 및 인간 이전적 자연 공동체의 질서에 기초되어 있다." 물질과 영의 결합을 성육신으로 본 것이다. 하지만 에머슨 역시 성육신을 근거짓는 지고의 영이 모든 실재 속에 동등하게 현존한다고는 보지 않았다. 영적 현존의 정도定

度를 말함으로 빈곤으로부터 충만의 상태로의 영의 진화를 희망한 것이다. 이 점에서 성육신은 범신론과 분명히 달라진다.[92] 코링턴 교수는 에머슨의 성육신을 다음처럼 이해했다. "자연은 만물을 새롭게 만들고 풍성케 하는 영의 빛에서 궁극적 변화를 기대한다…"[93] 다시 말해 자연 역시도 신율을 지향한다는 것이다. 인간 공동체가 그렇듯 자연 또한 영으로부터의 일탈(타락)을 경험하기에 정화를 위해 은총이 필요하다는 말이다. 신율의 빛에서 성육신이 자연을 구원하는 신학적 원리로 이해된 것이다.

동일선상에서 코링턴은 자연 공동체가 인간의 경우처럼 해석 공동체인 것을 설명코자 했다. 자연 자체도 인간의 경우처럼 자기 해석적self-interpretive이라는 것이다.[94] 하지만 자연에도 마음이 있다는 범심론panpsychism을 인정하지는 않았다. 자연적 현실태가 인간처럼 정신적 작용을 담보하고 있다는 일각의 주장(라이프니찌, 하츠흔 등)을 오히려 인간 중심적 편견을 전염시키는 일로 본 것이다. '자기 해석적' 자연이란 앞서 언급한 파지(느낌)의 차원에서 이해될 수 있다고 했다. 비록 자연에 (인간적) 의식이 없다 하더라도 자신들 간의 적합성을 위한 작용이 가능하다는 것이다. 예컨대 외부 공격으로부터 자신을 지키기 위해 착색한 나방, 대기 중에 입자를 방출해 곤충의 침입 소식을 알리는 나무들 속에서 일종의 '파지적 동조'를 본 것이다.[95] 코링턴은 이런 '파지적 동조'를 자연 안에서 일어나는 일종의 '해석'이라 여겼다. 자연 역시도 무수한 질서(기호)들 간의 상호작용, 즉 해석적 교류를 통해 진화해 간다는 것이다. 달리 말하면 자연 또한 파지적 동조를 통해 해석의 성공률을 높여 간다는 사실이다. 하지만 이처럼 진화론적 역량을 키우는 해석 활동의 편재성은 '영'의 현존을 전제할 때만 이해 가능하다. 인간 및 자연 공동체 배후에는 소위 '영-해석자' the Spirit -Interpreter가 존재한다는 확신이다.[96] 바로 이것이 인간/비인간을 막론하고 일체를 유혹하여 온 우주를 성육신의 지평으로 만들어 나간다는 것이 미국적 해석학의 낙관론적 확신이자 마지막 결론이라 생각한다.

나가는글
– 요약과 비판적 제안

이상과 같은 기호학적 통찰에 근거한 코링턴의 미국 해석학의 본질은 다음처럼 짧게 정리할 수 있다. 퍼어스와 로이스의 기호학에 근거한 실용주의를 전제로 지평 해석학을 정초했고 그것을 에머슨의 초월주의와 연계시켜 포괄자의 의미론적 현존을 각인시킨 것이란 한마디 말로서. 이 과정에서 사적, 실체적 자아 개념에 역점을 둔 독일 해석학과 달리 특정 기호와 실존적 관계를 맺는 소위 충성loyalty '공동체'에 역점을 두었으나 포괄자의 빛에서 지평 자체를 초극하는 개방성을 강조할 수 있었다. 인간 공동체뿐 아니라 자연 역시도 해석 공동체로 여김으로 인간 중심적이라는 이념조차도 넘어설 수 있는 특징을 드러낸 것도 사실이다. '영'의 현존을 근거로 진화를 신뢰했고 진보주의적 입장을 시종일관 견지한 것 또한 두드러진 양상이었다. 이런 미국적 해석학은 인간의 유한성과 신적 초월성(전능성)을 강조한 전통 신학적 입장과 그 맥을 달리했다. 죄성을 뜻하는 유한성은 미래 지향적 충동을 둔화시킬 수 있고 신적 초월(전능)은 진화론적 조건과 상치된다고 판단했기 때문이다. 이 점에서 미국 해석학은 실존적 불안과 초월적 상실을 대신하는 종교적 표상으로 '희망'(E. 블

로흐)을 부각시켰다.[97] 아울러 희망을 공동체의 구조와 불가분의 관계로 설정했다.

주지하듯 공동체는 언제든 특정 기호와 더불어 실용(천)적 의미를 발생시킨다. 그러나 특정 지평의 우상화를 막기 위해 종말론적 희망의 원리 앞에서 기호적 폐쇄성은 포기될 수밖에 없다. 희망의 원리, 곧 해석하는 '영'만이 자유와 해방을 선사할 수 있을 뿐이다. 미래의 우선성primacy에 대한 감수성이 충성의 원리를 생기 있게 만들기 때문이다. 코링턴은 이를 종말론적 유혹이란 말로 언표했고 이런 희망의 감수성은 포괄자의 존재 확인으로부터 가능하다고 말했다.[98] 앞서 보았듯이 공동체 간의 지평 융합, 내지 지평 교차가 발생하더라도 그것 역시도 주어진 기호와 의미들로 구성될 뿐이다. 그러나 포괄자는 어떤 기호도 소유하지 않는다. 지평들 배후에 있으면서 지평들을 출현시키되 그것을 근원(一者)에게로 이끄는 힘인 것이다. 하여 희망은 포괄자만이 줄 수 있는 선물이 된다. 지평을 초월해 있는 포괄자를 망각한다는 것은 삶을 해방시키는 희망의 탈각을 의미할 수밖에 없다.

이 점에서 코링턴은 미국적 해석학의 틀에서 이해된 바울 신학 속에 일정 부분 희망 원리가 약화되었음을 지적한다.[99] 교회 공동체 자체가 그리스도 몸으로 현시(성육화)된 측면만이 부각되었다는 것이다. 포괄자 개념에 근거한 희망의 원리는 그렇기에 19세기적 진보주의 신화와는 동일시될 수 없다. 이런 포괄자는 다시금 틸리히의 '신율'神律 개념과 연계된다. 기호 번역의 지평으로서 공동체는 타율적이 될 가능성이 현실적으로 농후하다. 하지만 공동체 속에 내재된 '신율'로 인해 해석적 분열로부터 자유로울 수 있는 희망이 생겨난다. 해석의 '영'이 지배하는 공동체 안에서 타율은 그와 공존할 수 없는 개념이었다. 물론 '신율'은 유럽 해석학의 근간을 이룬 자율 개념과도 구별된다. 자율은 공동체를 파괴시켜 사회를 왜곡하는 누를 발생시켜 왔다. 해석 과정을 정치 사회 구조 밖에 놓기 때문이다. 하지만 '신율' 하에서 해석자는 神性(영)의 힘에 의지하여 자율성을 공동체의 중심 개념으로 만든다. 이를 코링턴 교수는 '신율적 민주주의' theonomous democracy 혹은 '신율적 공동체' 라 불렀고 이를 종말론과 연계시켰다.[100] 이 경우 종말론은 초월과 내재의 만남, 곧 도래할 질서와 현재 간의 역사적 연속성을 뜻한다. 따라서 현재를 변혁시키는 초월적 '신율' 공동체만이 인간 및 자연을 비롯한 일체 텍스트들에게 궁극적 의미를 부여할 수 있고 이것들 모두를 성육신의 지평으로 만들 수 있다는 것이 미국적 해석학의 결론이었다. 향후 본 논거는 종교와 과학 간의 대화 내지 생태학적 신학의 전개를 위해 중요한 이론이 될 수 있을 것이다.

  본 책에 대한 필자의 비판적 평가가 필요한 시점이 되었다. 하지만 코링턴 교수의 다른 저작물을 충분히 읽지 못한 상황에서 미국적 해석학에 대한 비판적 논의를 한다는 것이 무리라는 생각도 든다. 더욱이 이 책은 저자 자신의 견해가 집대성된 것이라기보다는 이전 사상가들의 의견을 정리, 소개하고 그 위에 자기 의견을 개진하는 방식으로 구성되었기에 저자의 신학적 입장을 충분히 알기에는 역부족이다. 하지만 미국적 성서 해석학이란 주제를 전개하는 과정에서 독특한 관점이 제시되었기에 그를 근거로 비판적 대화를 시도해 볼 것이다.

  우선 본 책은 하이데거로부터 가다머로 이어지는 주류 독일 해석학의 개인주의적, 신비주의적 경향성을 비판적으로 보았다. 실체론에 입각한 전통 형이상학적(문자적) 시도는 물론이고 개인에 근거한 탈脫형이상학적 (임의적) 해체주의 역시 미국적 해석학의 비판 대상이었다. 성서라는 텍스트Text는 물론 언어의 신비성을 해독하는 '詩人'이나 '지평'을 지닐 수밖에 없는 '세계 내 존재'로서의 인간 역시도 해석의 주체가 될 수 없다는 것이다. 여기서 미국적 해석학은 자신의 자리를 오로지 공동체에 둔다. 오직 공동체만이 실재를 확증한다고 믿었기 때문이다. 성서의 권위적 정경성이나 개인적 주체도 공동체 실재주의 앞에서 무력해질 수밖에 없다. 공동체가 오히려 성서의 정경성을 구축해 나갈 수 있다고 보았다. 이를 위해 상정되는 필수불가결한 개념이 '영'이었다. 언어신비주의가 개인과 짝하는 개념이라면 공동체는 '영'과 쌍을 이룬다. 수많은 기호들을 갖고 있기에 '지평'으로부터 자유롭지 못하나 소위 '해석의 영'이 '지평'을 넘어 '실재'를 향하게 한다는 것이다. 여기서 '영'의 역할은 서로 다른 지역, 상호 변별된 기호를 지닌 공동체 안에서 개체들로 하여금 보편을 지향토록 하는 일이다. 이것은 지역주의를 극복케 하는 힘으로서 인간에게 '충성'할 만한 것에 충성하는 일로 나타난다. 본 책은 이를 '영'의 유혹, 내지 호소란 이름으로 부르고 있다.

이 지점에서 필자에게 떠오르는 의구심은 다음과 같은 것이다. 일단 공동체성에 해석학의 중심점을 둔 것은 인정할 만했다. 이것은 거짓된 보편주의와의 단절을 의도한 발상이었기 때문이다. 공동체란 주지하듯 본래 지역주의와 연관된 개념일 수밖에 없다. 그러나 미국 해석학은 지역들을 관통하는 보편적 실재를 전제했고 그것을 '영' 유혹이라 했으며 그것이 인간에게 '충성'으로 나타난다고 믿었다. 그렇기에 미국적 해석학은 지역 공동체성의 전제하에 '보편'보다 '개체'를 우선하는 입장을 지녔으나 '신율'을 상정함으로써 기존 보편주의와 결별할 수 없었다. 보편주의를 미래로 미뤄 놓은 것이 차이라면 차이일 것이다.[101] 도상에 있는 기독교 공동체를 여타 종교 공동체보다 우월하게 생각한 점도 이와 무관치 않을 것이다. 틸리히가 사용했던 '신율'이란 개념이 본래 '개신교 원리'였던 점을 고려하면 비판의 초점을 쉽게 가늠할 수 있겠다.

다음으로 필자는 공동체 개념 자체에 대한 물음을 갖고 있다. 공동체 실재주의에 대한 미국 해석학의 입장은 진보적 낙관주의 사조에 근거한 듯 여겨진다. 단순한 진보주의를 거부했지만 공동체는 제한된 기호를 초극할 수 있는 내적 힘을 언제든 과신했다. 때론 야스퍼스의 '포괄자' 개념으로, 혹은 블로흐의 '희망'이란 이름으로 그리고 틸리히의 '신율'이란 명칭이 하느님 '영'을 설명하곤 했으나 그 골격은 모두 갈등을 극복하는 힘이 인간이 아닌 인간 저편에서 온다는 신학적 확신의 피력 그 이상이 아니라고 생각한다. 이것은 저자가 강조했듯 단순한 진보주의 내지 다원적 진화론과는 다를 수 있다. 제한된 기호 속에 살아가는 인간에게 순간순간 필요한 '충성'이 인간 이상의 차원과 연루되기 때문이다. 하지만 이런 논리는 다음 두 차원에서 설득력을 갖기 어렵다.

우선은 지난 역사와 우리의 현실이 '희망'을 구체화시켜 왔는가 하는 것이다. 미국 해석학의 논리라면 초기 기독교 공동체로부터 상당한 시간이 흐른 오늘의 상황은 '희망'을 말할 수 있어야만 했다. 하지만 그런 징조조차 현실 속에서 찾아지지 않는다. 이 점에서 미국적 해석학은 19, 20세기 초반의 진보주의 사조를 신학적으로 변용시킨 것에 불과할 수 있다. 이와 연결된 두 번째 질문은 해석 공동체 내에서의 갈등이 영의 유혹인 '충성'을 통해 극복되었는가 하는 점이다. 2000년 역사 속에 수없는 교회 내외적 갈등이 존재해 왔으나 그 해결은 언제든 힘 있는 자들의 손에 있었다. 교리적 다툼이 있을 때마다 요한복음 16장의 말씀— "진리의 영이 오시면 그가 너희를 하나로 인도하시리라"—을 읽었으나 권력이 진리를 만든 것이 지난 기독교 역사였다.[102] 이 점에서 공동체 실재주의는 이데올로기 비판에서 자유로울 수 없는 한계를 노출시킨다. 해방하는 영 자체가 오히려 공동체 안에서 억압적 기능을 해왔고, 할 수 있다는 것이다. 이 점에서 하이데거-가다머로 이어지는 유럽 해석학의 이데올로기적 오용에 관심을 가졌던 프랑크푸르트 학파의 입장이 함께 논의 되면 좋을 법하다.

이와 관련된 주제로서 세 번째 논점은 기독교에 대한 이해 자체의 문제이다. 본 책이 밝힌 기독교는 우선(진정)성에 있어 역사적 예수가 아닌 바울적 초기 공동체에 있었다. 역사적 예수의 경우 기독교를 대표할 만한 윤리(윤리학) 및 논리(교의학)가 제시되지 못했으나 초기 공동체 안에서 신조가 고백되고 일련의 기호 시리즈가 사용됨으로써 기독교의 형태가 갖춰졌다는 것이다. 바울이 공동체를 강조하고 공동체와의 일치(충성)를 강조한 것을 소위 '해석 공동체'의 전형으로 인식한 것은 흥미로웠다. 바울 공동체 안에서 생겨난 수많은 교리들을 일종의 실용적 기호들로 보고 기호학과 성서 해석학의 상관성을 밝힌 것은 신선한 배움이기도 했다. 이로써 교회 공동체에 적합한 신학을 발견하려는 것이 미국식 성서 해석학의 목적이자 과제였다. 그러나 미국적 해석학은 예수의 역사성을 탈각시킨 바울의 시각을 견강부회牽强附會적으로 해석한 경향이 있다. 주변의 경쟁적인 제의들에 맞서 충성을 요구하는 공동체가 되기 위해 역사적 예수가 아닌 하느님 영(성령)을 강조했다는 것이다. 이것은 기존의 성서 해석학과 다른 발상으로 오직 미국식 기호학적 이해의 산물이다. 더욱이 충성 공동체는 교회를 결집하는 역할에 충실함으로써 교회 내외적인 분리를 전제로 할 수밖에 없었다. 이런 맥락에서 초기 공동체를 기독교의 전거라 이해한다면 예수의 삶이 보여준 보편성은 실종되고 말 것이다. 또한 오늘날은 역사적 예수 연구의 르네상스 시기인바, 뭇 연구가들에 의해 밝혀진 역사적 예수상 그 자체가 기독교의 근원이 되어야 한다는 제안을 거절하기 어려운 상황이다.[103]

게다가 소위 Q문서로 알려진 텍스트가 발견되었고 예수의 역사성을 의도적으로 강조했던 복음서들이 기록된 상황에서 바울에게 진정성을 두는 것은 많은 위험성을 내포할 수 있는 것이다. 우리가 알고 있는 예수를 초기 공동체에 의해 해석된 형이상학적 산물이라 보고 그것을 수용하고 따르는 것을 '해석 공동체' 내에서의 충성이라 가르치는 것은 이후 지속된 정경화 내지 교리화 과정 자체를 비판할 수 있는 여지를 허용치 않기 때문이다. 물론 미국 해석학이 어느 조망(지평)도 절대적이 아님을 강조했으나 그것은 이론이지 결코 현실은 될 수 없었고 지금도 마찬가지이다. 불교를 비롯한 이웃 종교들을 향해 사랑과 충성이 결핍된 종교로 보는 것도, 왜냐하면 공동체를 이끄는 '영'의 관점(은총론)이 없다고 보기에, 지나친 기독교적 시각일 뿐이다. 미국적 해석학이 말하는 '포괄자'는 궁극적으로 '신율'을 지향하는 기독교적 시각조차 하나의 지평(조망)으로 보는 데까지 나가야 정당성을 입증할 수 있다. "…신앙은 어떤 초월적 동기의 현존에 직면한 자아들의 공동체 속에만 존재한다"는 말은 불교를 비롯한 동서양의 어느 종교에도 해당되는 것임을 알아야 한다. 그래야만 자연의 신성성을 말한 미국적 해석학의 성육신주의가 온전히 빛을 발할 수 있을 것이다.

3장

하느님 살림살이를 돕는 현대 생태신학자들

들어가는 글

1974년 나이로비에서 열렸던 세계교회협의회 모임을 통해서 환경신학, 생태학적 신학이 태동된 것은 널리 알려진 사실이다. 1960년대 초 인류의 낙관적 진보신앙에 의구심을 품었던 로마 클럽의 경고를 10여 년이 지난 시점에서 세계 교회가 받아들인 것이다. 당시 폰 라트의 제자였던 베스터만의 『창세기 주석서』[1]는 성서를 생태학적 관점에서 읽어 갈 수 있는 눈을 가지게 하였다. 종래의 구속사 중심의 신학이 역사만을 하느님의 계시 지평으로 이해하고 역사 해석의 도구로 사용했다면, 생태학적 성서 읽기는 자연을 하느님 이해의 원지평으로 삼았으며 그로써 '자연 없는 창조' Schöpfung ohne Gott의 신학적 한계를 지적하기 시작했던 것이다. 이런 노력의 결과로 독일을 비롯한 영미 신학계에서는 생태학적 신학 및 윤리를 주제로 한 엄청난 연구물들을 쏟아 낼 수 있었다. 그러나 생태학적 신학 및 성서 읽기가 동일한 방향성만을 띤 것은 아니었다. 이천 년 신학 전통을 중시하느냐 아니면 오늘의 당면 생태계 위기 상황을 강조하느냐에 따라, 또는 생태계 위기 원인을 기독교 종교 속에 내포된 인간 중심주의에서 보느냐 아니면 타락된 인간의 본성에서 찾는가에 따라 달라지며, 그리고 위기 극복을 위해 인간 중심적 세계관 자체를 바꿔야 한다는 주장과 인간의 청지기성 회복을 대안으로 하는 주장이, 그리고 더욱 오늘날의 기술 과학을 남성 원리의 산물로 보고 오로지 자연과 여성의 동근원성을 말하는 생태학적 여성학Ecofeminism의 시각에서만 자연의 치유가 가능할 수 있다는 주장이 공존하고 있는 실정이다. 그뿐 아니라 성서 전통을 가부장적 지배 이데올로기의 산물로 보는 극단의 여성신학자들은 기독교 전통 밖에서, 고대 및 동양적 전통에서 새로운 영성이 발원될 수 있음을 역설하고 있다.

구체적으로 말하자면 창조의 보전을 무로부터의 창조creatio ex nihilo 교리와 삼위일체 구조 속에서 생각하려는 몰트만과 이 두 교리를 포기해야만 전 생명체를 존속케 하는 자연 신학이 가능하다고 보는 그리핀 같은 과정신학자들이 있으며, 인간의 청지기성만 회복하면 생태계 문제가 해결될 수 있다고 믿는 가톨릭 신학자 지틀러가 있는가 하면, 인간을 나그네로 보아야 한다는 윌러스와 전 우주만물은 하느님 몸으로서 세계관적으로 새롭게 이해해야만 된다고 보는 여성신학자 맥페이그가 있는 것이다. 또한 종래의 종교개혁 신학이 계시를 성서(문자)에만 한정시킴으로 해서 전 자연이 하느님의 영역임을 망각했다고 비판하며 자연이야말로 원은총임을 말하는 매튜 폭스, 그리고 자연을 하느님의 녹색 은총으로 보며 하느님의 십자가 사건인 적색 은총은 녹색의 의미가 사라질 때 공허하다고 보는 맥다니엘 등의 신학자들 역시 존재한다. 원죄를 교만으로서가 아니라 세계 내에 있는 모든 피조물들과 바른 관계를 맺지 못하는, 즉 필요 이상의 물질을 쓰고 살아가는 인간의 태도에서 보고, 바울 신학을 자연 혐오적인 이원론적인 것으로 규정하여 성서의 예언자 전통과 성례전 전통에서 기독교 자연 신학을 창출해 내려는 여성신학자 로즈마리 류터 등이 생태학적 신학의 선구자들이다. 물론 이들의 새로운 성서 읽기, 곧 생태학적 성서 해석이 상호 다르기만 한 것은 결코 아니다. 이들은 모두 자연을 지배해 왔던 인간을 탈중심화시키고, 자연의 치유를 위한 존재로서 인간을 재중심화시키려는 노력을 하고 있는 까닭이다. 그러나 이들 생태신학자들 간의 차이점을 부각시켜 그들의 핵심 요지를 분명히 드러나게 하는 일 또한 중요하다.

1. 샐리 맥페이그

– 하느님 몸으로서의 자연세계

샐리 맥페이그Sallie Mcfague 교수는 40대 후반부터 밴더빌트 대학교 신학부에 재직했으나 지금은 현직에서 은퇴한 노교수이다. 1990년대 초반 맥페이그 교수를 처음 알고 그의 책을 읽기 시작했을 때 필자는 이 교수를 30대 후반 내지 40대 초반의 여성신학자로 생각하였다. 그만큼 그녀의 신학적 상상력이 뛰어났고 현대 제반 학문과의 대화에 열정을 보였기 때문이다. 당시 그런 그녀가 은퇴를 앞둔 60대 후반의 신학자라는 것을 알았을 때 다소 의외였고 그러기에 그녀의 신학사상에 더 매료되었다. 나이가 들어서도 이렇듯 넘치는 신학적 상상력을 지닐 수 있다는 것에 놀랐기 때문이다. 지금까지 쓰인 그녀의 책으로는 *The Parable of Jesus*, *The Metaphorical Theology*, *Models of God* 등이 있다. 생태학적 문제의식을 가지고 쓰기 시작한 책은 *Metaphorical Theology*이며, 이후 *Models of God*을 통해 그녀의 생태학적 신학은 조직신학적인 체계 속에서 완벽하게 전개되고 있다. 또한 2001년 출판된 *Life Abundant*는 생태학적 사유와 경제 문제까지를 함께 연결시켜 놓았다.[3] 자신의 손자 손녀 시대를 염려하며 썼던 *New-Climate for Theology*(2009)[4]는 그녀를 대표하는 생태학적 저술로 평가된다. 맥페이그는 신학함에 있어서 그 중심축이 우주 및 생명에 놓여야 할 것을 주장하고 있다. 우주 중심적인 새로운 감각의 회복을 신학 속에서 체계화하는 일이 필요하다는 것이다. 이를 위해 맥페이그는 하느님과 세계 · 우주 사이의 관계를 새롭게 표현해 낼 수 있는 상징과 이미지 또는 은유를 책임 있게 재생산하고자 했다. 언어의 한계를 세계관의 한계로 이해했던 그녀는 하느님을 아버지, 곧 가부장적 형태로 고백하고 언표해 온 서구 기독교 도그마 속에서 지배적이며 정복적인 삶의 방식을 통찰했던 것이다. 따라서 맥페이그는 여성 경험Woman's experience에 기초한 신에 대한 새로운 은유들, 예컨대 'God as Mother', 어머니로서 하느님 은유를 통해 생명 중심적 · 창조 중심적 신학을 수립하고자 했다.

하느님을 어머니로서 재신화화하는 경우 전 우주 및 이 세계는 종래와 같은 피조물로서가 아니라 하느님의 몸으로서 새로운 의미를 얻게 된다. 자식을 낳고 키우는 어머니에게 자식은 아버지에게보다 훨씬 더 자신의 분신으로 여겨진다. 어머니와 자식은 더 이상 둘이 아니고 하나인 까닭이다. 다시 말해 어머니 은유를 가지고 하느님을 말할 때 우리는 종래처럼 우주 및 자연에 대해 외적으로 관계하는 어떤 초월적 존재(창조주)를 말하지 않고 오히려 모든 것을 한 몸으로 포괄하는 유기적 전체 속에서 하느님을 인식할 수 있게 되는 것이다. 하느님의 여성성에 대한 이러한 이해는 전 우주 자연을 포함하여 우리 모두는 하느님의 몸, 곧 유기적 전체의 일부이며 따라서 하느님은 우주 내의 모든 사물들과의 고유한 내적 관계성을 가질 수 있다는 신학적 고백을 가능하게 한다. 이것은 결국 신이 전 우주의 몸성을 사랑하고 있다는 사실로 귀결되는바, 하느님이 '몸'을 사랑한다는 것은 기독교 내의 오랜 반자연적 영육 이원론의 전통에 비추어볼 때 획기적인 사실이라 볼 수 없다. 그러기에 '몸성'에 대한 신의 사랑이란 구원 및 성취에 있어서 전 우주를 포함하는 통전적 지평을 제안하고 있는 것이다.

이런 우주적 지평 속에서 인간의 죄 역시 종래와 같은 하느님에 대한 의미 거역적 태도(교만)에서가 아니가, 세계(우주)를 거부하는, 즉 세계의 일부로서 자신을 인정치 않는 태도를 총칭하게 된다. 신의 몸으로서의 전 우주를 사랑하고 양육하고 보존함에 있어서 순간순간 그 책임성을 포기하는 인간의 모든 몸짓이 죄란 것이다. 그러므로 세계가 하느님의 몸이라는 사실은 인간이 전 우주를 당신Thou으로 만나야 한다는 것을 의미하며, 이것은 전 자연을 성례전적 신비로 이해해야 한다는 신학적 요청으로 다가온다. 맥페이그에게 하느님은 우주 없이, 우주는 하느님 없이 생각할 수 있는 상황 속에 있지 않는바, 따라서 신학의 으뜸 과제란 생태학적·우주적 감수성을 회복하는 일이어야만 했다.[5] 결국 생태학적 여성신학자 맥페이그의 공헌은 종교언어를 투철한 시공간적 산물로 보고 자신이 속한 시대의 감수성에 적합한 새로운 언어로서 자기 발견적으로 계발시켜 나가려고 하는, 특히 여성 경험에 일차적으로 강조점을 두었던 그의 해석학적 원리 속에서 찾을 수 있는 것이다.

2. 로즈마리 류터
– 계약 전통과 성례적 전통의 재발견

로즈마리 류터Rosemary Reuther는 가톨릭 신앙을 배경으로 하고 있는 여성 생태학자로서 시카고 지역 에반스톤에 위치한 게렛 감리교 신학교에서 가르치고 있다. 이미 오래전부터 *Sexism and To Change the World* 등의 책으로 그 명성을 얻었으며 최근에는 *Gaia and God*(1992)을 통하여 자신의 여성신학적 · 생태신학적 입장을 잘 대변하고 있다. 주지하듯 여성생태신학자들 중에는 자연의 해방과 여성해방을 위해서 기독교 전통 〔Text〕 밖으로 나가야 한다고 주장하는 급진적 색조를 띤 사람도 있으나, 류터는 가톨릭 신학자답게 자신의 전통을 중시하고 텍스트의 재해석을 통해 여성생태학적 모티프를 찾고자 시도한다. 1996년 가을학기 게렛 신학교 교환교수로 머물면서 필자는 류터 교수의 강의를 듣고 그와 대화를 나눈 경험이 있다. 60대 중반을 넘기고 있는 그녀는 무척 수수한 모습이었고 강의는 열정적이었으며 노스웨스턴 대학에서 아랍 정치학을 강의하는 남편과 금실 좋게 살고 있다는 소식도 주변 학생들로부터 들었다.

1992년 출간된 류터의 책 *Gaia and God: An Ecofeminist Theology of Earth Healing*[6]은 러브록과 마굴리스에 의해 사용된 가이아 이론, 곧 전 지구를 살아 있는 생명체로 보고, 그 속의 모든 개체들에게 고유한 역할을 부여함으로써 지구라는 유기체가 존속된다는 생각을 기저로 하고 있다. 이러한 가이아 이론 속에는 인간 중심주의를 말해 온 기독교 특유의 견해가 자리할 수 없게 된다. 인간 역시 다른 생명체와 공존하는 자신의 제한적 역할을 감당하는 지구 생명체의 일부라고 보기 때문이다. 가이아 이론에 의하면 지난 4억만 년 이래로 대기 중의 산소 비율이 21%로 고정될 수 있었던 것은 밀림 지역에 살고 있는 흰개미들의 덕분이라고 한다. 지구상에 생명체가 생겨난 이래로 지구를 향한 태양열이 30~50% 정도 늘어났으며 그로 인한 지구상의 산소량 역시 증가하게 되었는데—산소가 1% 증가하는 경우 지구는 지금보다 60% 이상으로 화재 발생률이 높아지게 된다—이 증가된 산소량을 소비시키는 것이 바로 흰개미들에 의해 방출된 메탄이라는 사실이다.[7]

이처럼 전 지구를 살아 있는 유기적 생명체로 이해하고 있는 류터는 전통적 기독교가 자연을 얼마나 대상화하였으며 지배의 논리를 정당화해 왔는가를 지적한다. 바로 이런 자연 지배는 자연스럽게 여성에 대한 남성의 지배, 유색인종에 대한 백인의 지배 문화를 정당화하였던바, 류터는 이러한 지배 문화 일체를 남성적 단일신론의 결과라고 비판하고 있다. 그럼에도 기독교 문화와 성서 전통에 대해 전적으로 부정적 판단을 내릴 수 없다고 말하는 데 류터의 중요성이 있다. 그가 '가이아' Gaia란 이름을 사용하고 있는 이유는 단지 과학적 세계관을 그대로 수용하기 위함은 결코 아니다. 지배 문화에 대한 새로운 의식, 새로운 상징, 곧 종교적 비전으로서의 생태학적 영성을 되찾기 위함이었다.

기독교 전통에서 강조해 온 초월적·남성적 신 개념을 여성적·내재적 신성으로 대치하는 것이 문제의 해결이 될 수 없다는 판단 때문이었다. 오히려 류터는 생태학적 여성의 빛에서 기독교 전통을 새롭게 조망하기 시작한다. 종래의 가부장적 전통 속에서 해석의 정당성을 얻지 못했던 본문을 새롭게 읽어 보려는 것이다. 류터는 지구를 구원하기 위하여, 즉 생태학적 영성과 신학을 위하여 성서 내의 계약 전통과 성례전 전통을 전면에 내세운다. 물론 이 두 전통은 상호 보완적인 것으로서 전자는 자연에 대한 인간의 관계, 자연에 대한 윤리적 책임성을 말하며, 후자는 전 우주 자연 속에서 신적 현실처를 경험할 수 있다는 지혜문학적인 내용을 지시한다. 류터는 가부장적 구조로부터 이 두 이념을 자유롭게 함으로써 기독교에게 미래가 있다고 말하고 있다. 실제로 성서는 인간이 하느님에 대해 죄를 범했을 때 전 자연이 인간을 토해 내고, 역시 인간이 하느님에게로 돌아올 때 대머리 산에서 강이 흐른다고 설명하며, 또한 역사적 지평이 하느님 부재를 말했을 때 우주 자연에서 자신들의 구원을 새롭게 발견했음을 보여주었다.[8]

계약 전통과 성례전 전통을 상호 보완적으로 이해하는 류터의 입장은 인간 중심주의를 새롭게 해석하는 데 크게 도움이 된다. 즉, 생태학적 치유의식을 가지기 위해 인간 중심주의로부터 완전히 벗어나야 한다는 일반적 주장도 류터의 입장에서 볼 때 옳으면서 틀리다. 자연에 대한 인간의 책임성 문제를 말하는 한 기독교는 인간의 우위를 말해야 하기 때문이다. 또한 기독교 전통은 성례전 전통을 통하여 자연과의 신비적 합일을 말하고 있음으로 해서 탈인간 중심주의를 표방하고 있기도 하다. 정리하지면 류터는 가부장주의 내에서 인간을 탈중심화시키고 자연과의 일체감을 지닌 형태로 인간을 재중심화시키려는 노력을 하고 있다고 보아야 할 것이다. 물론 류터는 생태학적 의식을 위해 아시아적 종교와의 만남, 그로부터 배움을 부정하지 않는다. 단지 자신이 그러한 전통과 관계를 맺고 있지 않기 때문에 그럴 가능성을 섣부르게 말할 수 없다는 것이다. 그럼에도 류터는 아시아적 영성, 생태의식을 누구보다 많이 배우고 있다.

그녀는 제레미 리프킨의『생명권 정치학』*Biosphere Politics* 내의 범생명권 의
식을 거론하며 이를 기초로 인간 개인과 인간 사회가 새롭게 형성되어야
함을 주장하고 있는 것이다.

3. 매튜 폭스
- 원은총과 창조영성의 사상가

매튜 폭스Mattew Fox는 기독교 신학계뿐만 아니라 일반 학문 분야에도
널리 알려진 가톨릭 신학자로서 도미니칸 수도회 소속의 신부이다. 마이
스터 에크하르트M. Ecahart를 비롯한 기독교 신비주의 전통에 대한 연구가
로 알려져 있으며 영성 공동체를 직접 이끌어 가는 실천적인 교회 지도자
이기도 하다. 또한『창조영성』*Creation Spirituality*이란 기독교 영성 잡지의
편집주간의 책임을 맡고 있다. 그는 자기 자신을 후기 종파시대의 탈교
파적Postdenominational 사제로 명명하며 제도 과학과 메커니즘 종교의 한계
를 넘어 과학과 영성을 결합하는 새로운 비전이 3000년 시대를 맞는 기
독교에 필수불가결하게 요청된다고 말한다. 매튜 폭스의 주요 저서로는
Breakthrough: Meister Eckhart's Creation Spirituality(1980), *Original
Blessing*(1982), *The Coming of the Cosmic Christ*(1988) 등이 있고 최근에
는 생물학 분야의 신과학자 루퍼트 셸드레이크R. Sheldrake와 공동 저술한
Natural Grace(1996) 등이 있다.[9]
폭스의 생태신학적 특성은 한마디로 전 자연을 거룩성의 표시sign로 이
해하는 성례전적 전통에 근거하여 우주론적 창조신학을 정립하려는 데서
나타난다. 상기의 저술들 속에서 폭스는 기독교의 진정한 영성이란 인간

을 포함한 사물의 근원적인 선Original goodness을 인정하는 일이며, 이때의 선이란 생명을 주고받는 모든 사물들 간의 근본적 관계성을 지시한다고 보았다. 이 점에서 근원적 은총은 사물들의 내적 본성 그 자체로 설명될 수 있다. 이렇듯 신비주의 전통 속에 있는 폭스에게 전통 기독교가 강조하는 원죄론은 원은총(근원적 선)의 강조로 인해 신학의 중심 자리를 차지할 수 없게 된다. 원은총에 대한 자각과 깨달음이 있을 때 그로부터 멀어져 있는, 그것을 망각하고 살아온 인간의 죄성이 더욱 두드러질 수 있다고 보았기 때문이다.

이러한 토대하에서 폭스의 책 *The Coming of the Cosmic Christ*는 우주적 기독교 전통을 회복시켜 내고 있다. 즉, 그리스도란 역사적 예수에게로 제한되거나 인간 존재와 관계하는 분만이 아니라 오히려 상호관계적인 삶의 우주적 원리로서 전 피조물 속에 현재하고 있는 하느님의 내재적 지혜라고 해석하는 것이다. 그러나 이러한 우주적 그리스도는 모든 사물들 속에 현재하는 내재적 신성만이 아니라 전 창조가 추구해 나가는 목적 telos, 곧 우주의 역동적인 성취 방향이기도 하다. 이는 그리스도 안에 진화하는 우주에 합당한 목적―오메가 포인트―이 계시되어 있다고 역설한 샤르댕 신부의 생각과 일치하는 부분이다. 또한 폭스에게 있어서 우주적 지혜Cosmic Christ는 심층적인 에큐메니칼 차원에서 지금까지 이교 신앙이라 무시되었던 동양 및 토착 종교들과도 연대가 가능해진다.[10] 예수가 우주적 지혜 내지는 근원적 선의 구체화된 역사적 출현으로 이해되고 있기 때문이다. 이러한 관점은 종교 간의 대화가 생태학적 감수성을 중심하여 진행될 수 있다는 신학적 언명이라 하겠다. 결국 성례전 전통에 입각한 폭스의 생태학적 신학의 본질은 다음의 말들 속에서 요약된다. "우주는 150억 년 동안 축복이요 은총이었다. 우주가 150억 년에 걸쳐 만들어 놓은 혹성, 인간, 다른 모든 종들은 다 은총이요 무제한한 사랑의 결과이다. … 아무도 우리가 여기에 존재할 원리에 대해 증명할 필요가 없다. 창조는 은총이다. … 원은총, 찬양을 이야기한다고 해서 고통과 악의 투쟁을 무시하는 것은 아니다. 오히려 은총의 느낌이 있어야 우리는 자신과 타인의 상처를 다룰 수 있다. 은총의 감각을 회복할 수 있는 가능성이 서로를 축복할 수 있는 상황을 제공한다.[11]

4. J. B. 맥다니엘

- 녹색 은총의 생태론자

최근 미국 내 생태신학자로서 활동하는 학자로서 우리는 맥다니엘J. B. Macdaniel 교수를 주목할 수 있다. 맥다니엘은 과학과 종교 간의 간학문적 대화를 목적으로 만들어진 *Zygon* 잡지에 많은 글을 기고하고 있는 학자인바 "Six Characters Postpatriarchal Christianity"라는 논문은 학계에 반향을 불러일으켰다. 남성신학자로서 탈가부장적 기독교의 등장과 그 성격을 규명했던 저자는 그러한 페미니스트의 마음을 가지고서 자연 생태계에 대한 신학적 연구를 심혈을 기울여 1996년 『뿌리와 날개를 가지고』 *With Root and Wings*라는 출중한 책을 펴냈다. 그 책의 말미에서 저자는 생태계 위기에 대한 신학적 전망 및 평가를 근거로 종교 간의 대화 문제를 피력하고 있는데, 매우 시의적절한 견해다.

우리가 『뿌리와 날개를 가지고』에서 크게 배울 것은 저자가 녹색 은총의 의미를 강조하고 녹색 은총의 의미를 간과해 버릴 때 적색 은총, 곧 교회 공동체에서 핵심으로 고백하고 있는 십자가 은총이 공허해질 수 있다고 말하는 부분이다. 물론 녹색 은총만으로 인간 삶이 온전해질 수 없는 것이지만, 녹색 은총과 적색 은총이 함께 만나 상호 연결되지 않으면 인류의 삶 속에 미래적 전망이 보이지 않을 것이라고 경고하고 있다.[12] 여기서 말하는 녹색 은총이란 인간 삶의 토대를 이루는 자연환경 전체를 말한다. 이것은 최상의 선물이며 이것 없이는 인간 삶이 유지될 수 없다. 그러나 만약 인간이 자연의 변화를 매일매일 주목하지 못한다면, 예컨대 지난 세월 자신이 살고 있는 지역에서 사라져 버린 생명의 종이 무엇이며 자신의 주변 환경에 서식하고 있는 풀 · 나무 · 꽃 등의 이름을 명명하지 못하고 살아간다면, 나아가 생명에 대한 외경심이 없고 자연을 있는 그대로의 존재로서 느끼지 못한다면, 인간이 녹색 은총을 소멸하고 있는 증거라고 말한다. 이 세상에 존재하는 아무리 하찮은 것일지라도 그 자체는 의미가 있으며, 거대한 생명체계의 한 구성원인 것을 느끼지 못하는 한 인간은 녹색 은총을 받을 자격이 없다는 것이다.

그러나 인간이 녹색 은총만으로 충분하지 못한 것도 사실이다. 녹색 은총이 삶의 토대를 이루게 하는 것이라면, 적색 은총은 인간을 인간 되게 하는 최상의 선물인 까닭이다. 그에게 있어서 적색 은총을 해석하는 독특한 시각은 단연코 적색 은총을 녹색 은총의 빛에서 이해—피조물의 고통, 생태계의 위기—하는 것이다. 인간이 자기중심성을 떠나지 못할 때 우리는 이런 소리도, 이런 모습도 듣고 볼 수 없다. 인간의 욕망과 탐욕이 우리의 눈과 귀를 뒤덮고 있기 때문이다.

그러나 녹색 은총으로부터 이런 고통과 상처받는 모습을 듣고 보게 될 때, 적색 은총은 우리로 하여금 그러한 소리에 귀 기울이게 하고 보도록 함으로써 그들의 고통과 비탄에 참여하도록 촉구한다. 다시 말해 적색 은총은 전 자연 생태계의 고통에 자신을 개방시켜 그와의 연대를 이루도록 한다는 것이다. 이런 식의 십자가 해석은 인간 중심적·교회 중심적·남성 중심적인 신학 전통에서는 감히 생각해 볼 수 없는 일이다. 그러나 맥다니엘은 여성적 시각에서 십자가를 바라보고 그 연민 속에 전 자연 생태계를 포괄시킴으로써, 생태계의 구원을 희망하고 실현시키고자 노력했다. 또한 자신이야말로 모든 피조물들에게 고통과 아픔을 준 당사자임을 자각케 하는 것은 십자가, 곧 적색 은총의 몫이라고 이해한다. 이렇듯 녹색 은총과 적색 은총을 연결시켜 우주 생태계 구원을 신학, 곧 기독교의 목표로 삼는 맥다니엘은 적색 은총의 의미를 기독교 이후적 관점에서 해석하고 있다. 저자에게서 생태계 구원이 종교 간의 대화 문제에서 중심이 되고 있는 것은 놀라운 일이 아니다. 향후 그의 학문 활동에 더욱 주목하게 되는 것도 이런 이유에서이다.

5. 크리스천 링크

- 하느님 나라의 비유로서의 자연

크리스천 링크Ch. Link 교수는 스위스 베른 대학 신학부를 거쳐 지금은 보쿰 대학 신학부 조직신학 교수로 활동하고 있다. 칼빈주의 전통에 서 있으며, 칼 바르트를 좋아하고 폰 라트와 베스터만의 문제점을 보완하며, 새로운 의미의 자연 신학을 정초하려고 애쓰고 있다. 박사학위 논문으로 데카르트 인식론을 비판하는 내용의 "Subjektität und Wahrheit"(1978)가 있고, 그의 주저라고 일컬어지는 『유비로서의 세계 – 자연신학 문제점 연구』*Die Welt als Gleichnis: Studium zum Problem der Natürlichen Theologie*(1982)가 있으며, 개혁주의 전통에서의 창조신학과 현대의 생태학적 위기에 직면한 창조신학에 대한 연구를 1991년 출판한 바 있다. 링크의 신학적 성향이 칼빈주의적인 개혁 전통 속에서 형성된 이유로 미국 생태학자들과 비교할 때 교회적인 측면을 강조하는 느낌이 있으나 자연에게 신학적 의미와 그 장소성을 부여하려는 그의 새로운 시도는 경탄할 만하다. 여기서는 1982년에 출간된 『유비로서의 세계』를 중심하여 링크의 창조신학을 소개해 볼 것이다.[13] 이런 비판과 함께 링크는 구약성서 내의 인간과 자연의 관계는 본래 신적인 약속, 오늘 우리에게는 미래적인 종말론의 지평 속에서 이해되어야 한다고 강조한다. 성서가 창조의 목적으로서 전 우주를 포함하는 종말에 대해 말하고 있는 한 창조로서의 현 세계는 미래적인 하느님 나라의 유비, 곧 하느님의 자기 표명 공간이 될 수 있다고 보는 것이다.

종말론의 신약성서적 증언의 빛에서 창조가 기독론적인 지평과 연루됨은 당연한 일이다. 창조로서의 세계가 하느님의 미래적 현실성 유비인 한에서 말씀이 육신이 되었다는 요한복음 1장 14절의 증언은 전 세계가 육화된 하느님 현실성의 지평인 것을 다시금 확인시켜 주고 있기 때문이다.[14] 이로부터 링크는 기독론이란 창조로서 세계의 회복을 목적하는 섭리 과정으로 이해한다. 오늘의 세계는 기독론, 곧 예수 그리스도의 섭리로 인해 본래적 현실성을 얻고 있다는 것이다. 그러나 링크는 현재 창조로서의 세계 내에 명확히 드러나고 있는 섭리의 부재, 곧 기독론적인 비작용성의 문제를 비켜 가지 않는다. 다시 말해 피조물의 총체적인 고난(로마 8:18-25), 생태계 위기 상황 속에서 이와 같은 종말론적 지평(섭리)을 어떻게 수용할 수 있겠는가의 물음이다. 주지하듯 현실의 자연세계는 죽음의 장소로 변질되어 가고 있다. 오늘날 전 피조물의 고통과 탄식은 이 세계를 창조로서, 종말론적으로 기독론적으로 이해할 수 있는 가능성의 종말을 나타내고 있는 까닭이다.

그러나 링크 교수는 바울의 말을 인용하여 자연세계의 고난은 종말론적 신앙의 토대로서 하느님 현실성과 분리됨이 없이 상호 연결되어 있으며, 현실적 고통과 아픔이 극복되어야 할 비非진리인 것을 강조한다. 따라서 링크는 현대 철학자들·과학자들과의 간학문적 대화를 통하여 오늘 우리 시대의 결정적 물음이 있다면 그것은 자연의 영역을 하느님 현실성의 유비로 볼 수 있는지, 즉 자연 속에서 하느님을 경험할 수 있는지 없는지 하는 것이라고 말한다. 어떤 경험을 선택하느냐에 따라 자연에 대한 인간의 행동 방식은 달라질 것이며, 삶과 죽음의 분기점을 극복해 나갈 수 있다고 믿기 때문이다.

있는 그대로의 자연을 하느님 인식 지평으로 살기보다는 종말론(기독론)적 지평을 근거로 다가올 하느님 현실성의 유비로서 이해하는 것은 동아시아적 자연관과는 구별되는 부분이며, 링크의 말대로라면 히브리적·기독교적 사유의 특성이 되는 것이다.

6. 위르겐 몰트만
– 창조 안에 계신 하느님

독일 튀빙겐 대학의 조직신학자 위르겐 몰트만Jürgen Moltmann만큼 한국에 널리 알려진 신학자도 드물 것이며, 그의 책만큼 한국어로 많이 번역된 사상가는 찾기 어려울 것이다. 또한 한국 신학계 내에 그로부터 배움을 받은 학자들의 수도 10여 명을 넘어서고 있다. WCC가 내세우는 에큐메니칼 신학자이기에 우리는 그로부터 많은 신학적 통찰을 얻고 그와 더불어 신학적 비전을 같이하고 있다. 지금까지 번역 · 출간된 그의 저서를 보면『삼위일체와 하느님 나라』,『예수 그리스도의 길』,『창조 안에 계신 하느님』그리고『생명의 영』등이 있다. 가장 최근에는『생명의 샘 – 성령과 생명신학』도 소개되었다. 전반기의 몰트만 사상이 정치적 주제와 깊게 연루되어 있었다면, 그의 후반기 신학적 실종은 창조 및 생명 문제에 뿌리내리고 있다 하겠다.

무엇보다 먼저 *Gott in der Schöpfung*(『창조 안에 계신 하느님』)을 통하여 몰트만은 전통적인 창조론과 진화론을 통합적으로 이해할 것을 말하고 있다. 하느님이 전 창조 속에 내주하고 있다는 믿음은 몰트만으로 하여금 진화론을 창조의 비유에서 새롭게 해석할 수 있는 근거가 되었다. 즉, 진화란 하느님의 영이 전 창조의 힘과 생명이 됨으로써 가능할 수 있다는 확신이다. 영으로서의 하느님은 모든 피조물 속에 생명을 주는 원인으로서 세계를 거룩하게 만들어 가는 존재라는 것이다. "당신께서 입김을 불어넣으시면 다시 소생하고 땅의 모습이 새로워집니다"(시편 104). 이처럼 하느님이 자신의 힘을 통하여 그의 힘 속에서 창조하며 그의 영의 임재가 창조의 가능성과 현실성을 규정한다는 고백을 토대로 몰트만은 창조 안에 계신 하느님을 '생명의 영'이란 이름하에 더욱 구체화해 주고 있다.

하느님의 영이 전 우주 공간 내에서 창조의 힘과 생명의 근원으로 활동하고 있다는 전제하에 몰트만은 '내재적 초월'이란 개념을 즐겨 쓴다. '내재적 초월'이란 초월적 근원인 동시에 모든 살아 있는 것들의 삶의 힘으로서 내재하는 하느님의 영, 루아흐Ruah가 모든 만물 속에서 언제든지 경험 가능하다는 것이다. 이것은 하느님 경험이 종래와 같이 인격적 · 역사적 지평 속에서만 가능한 것이 아니라 자연적이며 비인격적 · 우주적 지평에서도 가능할 수 있다는 신학적 관점의 대전환을 의미한다. 바로 몰트만 신학에서 생태학적 의미와 중요성을 발견하게 되는 부분도 이 대목에 이르러서이다. 몰트만은 21세기를 위한 신학의 과제로서 유럽 중심주의와의 결별, 교파주의로부터 에큐메니칼 의식으로의 이행 그리고 기계론적 세계관으로부터 유기체적 세계관으로의 전환을 말했던바, 마지막에 언급한 유기체적 세계관이란 바로 전 우주 만물 속에서 하느님 영을 체험할 수 있다는 그의 확신과 맥이 닿아 있다. 더 이상 우주 만물이 지배와 정복의 대상, 소유 가치 근거인 물질이 아니라 하느님 경험을 구성하는 요소가 될 수 있다는 것이다.

그럼에도 불구하고 몰트만은 창조의 힘과 생명의 근원으로서의 하느님 영의 활동을 그리스도의 활동과 전적으로 대치할 수 있다고는 말하지 않는다. 오히려 몰트만은 생명력 있는 하느님의 영, 구약의 루아흐 그리고 삶의 경험 속에 내재된 하느님의 영 모두는 기독론의 빛에서 상대적 자존성을 가질 뿐이라고 주장한다.[15] 비록 성서의 시간 속에서 하느님 영의 현재성이 힘 · 호흡 등 비인격적 생명력으로 나타나고 있기는 하지만, 이것들은 하느님의 본질 속성이 아니라 그가 인간 역사 내에 나타난 한 방식일 뿐이라고 말하는 것이다. 오히려 하느님의 본질은 비인격적 생명력으로서가 아니라 인간 및 인간의 역사적 삶에 대한 하느님의 연민 속에서 더 잘 설명될 수 있다고 한다. 이처럼 하느님의 역사적 활동성을 그의 우주 생명력과 구별하고자 했던 몰트만에게서 우리는 십자가 중심의 서방 신학적 잔재를 인식하게 된다. 그리스도 십자가 없이는 우주적 생명력 그 자체는 범허무주의에 빠진다고 단정해 버리고 있는 것이다. 그가 하느님과 세계를 결코 동일시할 수 없으며 무로부터 창조creatio ex nihilo는 하느님의 내재성을 말한다 하더라도 결코 포기될 수 없는 기독교만의 특성이라고 강조하는 것도 같은 이유에서이다. 그럼에도 불구하고 우리는 몰트만이 내재적 본질 개념을 통해 전통적 의미의 영성Spiritualität 대신에 영육을 통전하는 생명력Vitalität 자체의 종교적 의미를 부각시킨 점을 높게 평가한다.[16] 생명력으로서의 종교성이야말로 오늘날 생태학적 신학을 말할 수 있는 근본 모티브인 까닭이다.

7. 존 캅

- 기독교 자연신학

존 캅John B. Cobb은 미국 클레어몬트 대학교 신학부 조직신학 교수로서 활동하다가 지금은 은퇴하여 저술과 목회활동에 몰두하고 있다. 특별히 화이트헤드의 자연 유기체 철학을 신학에 적용하여 과정신학Process Theology이라는 이름으로 세계 신학계에 미국적 독자성을 확장시켜 나갔다. 캅은 자신의 신학이론을 정치 · 교회 현실 등에 접목시켜 소위 신학의 실학화를 위해 헌신한 학자였던바, 그의 생애 말기는 생태학적 주제에 대한 과정신학적 해결을 도모하는 기간이었다고 해도 과언이 아니다. 생태학적 주제를 담고 있는 그의 최근의 책으로는 여성신학자 맥페이그 등과 공저한 *Liberating Life: Contemporary Approaches to Ecological Theology*(1990)와 *Sustainability: Economics Ecology & Justice*(1992) 등이 있다.

여기서는 그의 과정사상 속에 나타난 자연관만을 개략적 살펴보려 한다. 무엇보다 캅은 유기체 철학자 화이트헤드를 따라 신학의 범주를 존재가 아니라 생성으로 보며 새로운 형태의 '기독교 자연 신학'을 정초하려고 했다. 생성의 토대하에서 현실이란 상호 연결된 과정들 · 사건들 그리고 경험적 일들로 이루어진 총제적 관계로 이해되는데, 하느님 역시 이런 관계성을 자신의 필연적 본질 요소로 삼고 있다는 것이다. 이런 점에서 기독교 신학은 처음부터 자연신학이어야 한다고 주장한다.

부언하자면 일체의 속성은 그 사물이 맺고 있는 제반 관계성으로부터 파생되어 나오기에 어떤 존재도 관계성을 떠나서는 존재할 수 없으며, 더욱 고양된 생명체일수록 더 많은 다양한 관계들이 모여 한 전체로서 조화롭게 기능하게 된다는 사실이다. 따라서 과정신학의 하느님은 자연에게 새로운 생명을 탄생시키며 진화의 방향을 끌고 나가는, 세상 만물과 더불어 총체적 관계를 맺는 분으로 서술되고 있다. 이처럼 하느님의 실재가 자기 자신을 실현해 가는 개체들과의 상호 관계성을 통해 실현해 가는 한 전 세계, 곧 우주 자연은 신과 모든 피조물들이 공동으로 참여하는 계속적인 과정으로 설명된다. 이 점에서 캅은 '창조주' 또는 '창조'라는 말 대신에 생명 및 자연이란 말을 즐겨 사용하는바, 인간 외적 실체들이 인간에 의해 어떻게 인식되는지 상관없이 그 자체로 본유적 가치를 지니고 있다는 탈인간 중심적 견해를 피력했다. 심지어 그는 원자와 같은 미립자들의 무질서한 운동 안에서도 정신성, 곧 하느님-원초적 목적initialaim이 내재한다고 봄으로써 하느님과 세계라는 전통적 단절 방식을 극복해 나가고 있는 것이다.[17]

캅과 같은 과정신학자들은 전통적으로 고백되어 온 '무로부터의 창조' creatio ex nihilo 이론을 즐겨하지 않는다. 왜냐하면 이 교리 속에는 하느님과 세계를 이분법적으로 나누어 보려는 시각이 내재해 있기 때문이다. 그로 인해 과정신학자들에게는 삼위일체 교리도 무의미해질 수 있다는 비판이 제기되기도 한다. 캅은 자신의 자연신학이 "무슨 무슨 신학"과 같은 신학의 한 종류가 아니라, 앞서도 말했듯이 오히려 신학 자체의 본성이라고 주장한다. 그럼에도 그는 인간이 가지는 특별한 의식과 하층동물들이 지각 행위, 곧 관계를 맺는 방식에서 질적인 차이가 있음을 인정하는바, 이를 토대로 할 때 캅의 자연신학은 신神이 곧 자연自然임을 말하는 범재신론과는 결코 동일시될 수 없는 것임을 알 수 있다. 오히려 생성과 관계성을 범주로 하는 그의 자연신학이 전통과 단절되는 만큼 미래를 위해 큰 역할을 할 것이라고 믿게 된다.

8. 그리핀
- 과정신학적 자연관과 포스트모던적 영성

그리핀D. Griffin은 미국 내 감리교 대학교인 클레어몬트 신학교에서 존 캅과 더불어 과정신학을 가르쳤으면 과정신학을 포스트모던적 영성과 관련하여 발전시켜 가고 있는 창조적 사상사이다. 그의 이러한 학문적 방향성은 자연과학과 신학의 대화로, 그리고 포스트모던적 종교세계관을 새롭게 정초하는 데 기여하고 있다. 그를 생태학적 신학자로 칭하게 되는 이유는 자연에 대한 그의 이해가 유기체적일 뿐 아니라 새로운 애니미즘Animism을 근거 짓고 있기 때문이다. 그가 엮어 펴낸 책으로는 *Spirituality and Society*(1988), *Sacred Interconnections*(1990), *God and Religion in the Postmodern World*(1989) 등이 있다.

그리핀의 생태학적 사유는 그의 과정신학적 토대 위에서 생겨난다. 그에 따르면 모든 물질들은 자신 속에 작용인과 목적인을 동시적으로 지니고 있다. 외부에서 물질(개체)을 볼 때는 정신적이라는 사실이다. 바로 이것은 자연을 유기체로 이해하는 과정신학적 시각으로서 모든 개체는 인과율적 영향력에 대하여 언제든지 자기 결정적으로 반응할 수 있음을 나타내 보이는 것이다.

따라서 모든 개체의 내부에 있는 목적은 감각적으로 결코 지각되지 않으며 오히려 주변 환경과의 관계를 맺는 근본적인 양태로서 주어져 있다고 이해된다.[18] 종교개혁 신학과 깊이 연루된 기계론적 세계관에서 전체는 언제든지 부분의 합으로 정의되었으나 여기에서 부분의 특성은 전체의 역동성을 이해함으로써만 알려질 수 있다는 역전된 이해가 가능하게 된 것이다. 즉, 자연의 본성이 대상화된 물질로서가 아니라 유기체적이며 옴살스런 상호 관계성으로 이해되면서 어떤 물질도 그 자체로 독자적인 속성은 지닐 수 없으며 일체의 속성은 그 사물이 맺고 있는 제반 관계성에서 파생될 수밖에 없는 것이다.

이처럼 비감각적인 지각으로서의 내부적 목적을 자연 본성(새로운 애니미즘)으로 통찰하는 사유의 전이는 자연에게 창조성을 부여하는 결정적 계기가 된다. 자연 자체가 죽어 있는 물질세계, 인간과 마주하는 대상적·수동적 존재가 아니라는 지적이다. 기존의 자연 이해에 따르면 자연 속에는 기본 골격(구조)이 있고 그러한 구조에 근거하여 자연 과정이 수동적으로란 것은 오히려 과정이 능동적으로 활동을 펼치며 드러내는 한 규칙일 뿐이라고 말해지고 있는 설정이다.

이러한 '스스로 짜깁기'Self-Organization의 원리에 의하여 생명 과정이 역동적으로 진행될 때 생명은 정해진 규칙과 방향을 따르는 것이 아니라 인간이 예측할 수 없는 창조성을 발휘할 수 있다는 것이다. 바로 이 점에서 그리핀은 결정론으로부터 자유로운 신神, 곧 세계를 끊임없이 창조해 나가는 신적 존재를 말할 수 있게 되었다고 주장한다.

이상과 같은 자연에 대한 변화된 의식은 생태학적 세계관을 뒷받침하는 데 크게 기여할 수 있다. 그뿐 아니라 기독교라는 종교의 새로운 모형 전환도 가능케 한다. 본래 세계관과 종교의 관계는 물과 물고기의 관계와 같아서 새로운 자연 이해로부터 종교가 새롭게 구성될 수 있다는 것은 우리의 희망이다. 바로 그리핀은 새롭게 구성된 종교가 생태학적 영성을 담지한 포스트모던적 기독교임을 우리에게 역설하고 있다고 생각된다.

9. 쿠르트 마르티
– 스위스 환경 목사

쿠르트 마르티Kurt Marti는 스위스 베른 태생의 환경운동가이자 환경을 전문 주제로 다루는 신학자이다. 바젤 대학에서 칼 바르트 교수 밑에서 신학박사 학위를 취득하였으며, 스위스 내에서 기독인과와 마르크스주의자들 간의 대화, 반핵 및 환경 문제를 다루는 평화주의 운동을 이끌고 있는 진보적 성향을 지닌 목사이기도 하다. 주로 설교를 통해 환경의 중요성을 말하는 목회자로서의 그의 삶에 스위스 교회는 경의를 표하고 있다. 그의 생태학 관련 주저들도 전제된 언어로 표현된 신학적 설교문의 특성을 지니고 있다. 『창조신앙: 하느님의 생태학』*Schö-pfungsglaube: Die Ökologie Gottes, Stuttgart*(1983)과 『오 하느님』*O Gott*(1986) 등이 그것이다.[19] 환경, 자연 그리고 평화의 주제를 적절한 성서 본문과 연결시켜 한 평의 신학적 설교를 만들어 내는 목사로서의 그의 역할에 우리 모두는 감동할 수밖에 없다. 환경 설교문이 대단히 부족한 현실에서 마르티 목사의 글들은 한국 교회에 사막의 오아시스와 같은 역할을 할 것이다.

쿠르트 마르티는 자본주의나 마르크스주의 체제 모두가 자연 파괴에 대해 똑같이 책임을 져야 한다고 역설한다. 그래서 그는 자본주의적 개인주의나 마르크스적 국가자본주의를 거부하며, 자연과 인간에게 우호적인 경제 방식을 성서적 시각에서 찾고자 한다. 그러나 교회 역시 너무도 가부장적 구조를 가졌으며 그 속에서 기독교의 하느님이 지나치게 남성적으로 축소되고 있음을 개탄한다. 가부장적 기독교가 그리스적 계몽주의와 버금가게 자연 착취와 자연 파괴에 앞장서 왔음을 결코 부정하지 않는 것이다. 신학자들이 자연을 신학적 주제로서 깊이 사색하지 못한 것도 이런 까닭에서이다. 목회자로서 그는 우선 자연을 신학의 영역으로만이 아니라 예배와 기도 속으로 다시 불러들여야 한다고 역설한다. 자연의 고난이 바로 인간의 고난과 직결된다고 보기 때문이다. 마르티는 신약성서의 그리스어 '한계' Grenze라는 단어가 '의미'를 지시하고 있음에 주목했다. 따라서 무한계적 성장에 대한 망상은 무의성 내지는 혼동과 맥을 같이하는 것으로 이해할 수 있다.

이로부터 쿠르트 마르티 목사는 자연과 인간의 화해와 생태학적 균형에 근거하여 사회구조 및 생활방식을 발전시켜 나가는 데 실천적 노력을 경주하고 있다. 시편 104편에서 고백되는 생태학적 경영자로서의 하느님 이미지는 마르티 목사에게 아주 중요한 신학적 단서가 된다. 하느님은 모든 피조물들이 저마다 배고파 울부짖는 소리를 들으시고 그들에게 필요한 먹을 것을 허락하시는 분이시다. 그러나 하느님은 사려 깊은 경영자로서 모든 피조물들의 요구를 들어주시되 생태계의 존속 자체가 망가지도록 내버려두시지 않는다는 것이다. 하느님이 다스리는 생명 공간 안에서 모든 피조물들은 생명 및 가족 공동체로 결속되어 있다고 쿠르트 마르티 목사는 믿는다. 따라서 그는 인간을 더 이상 지배자나 주인으로서가 아니라, 창조의 원초적 관계성 속에서 살아야 할 일꾼으로 바라본다.

인간은 노동을 통하여 흙으로부터 양식을 얻는 피조물일 뿐이라는 것이다. 그러나 인간의 노동이 유일하게 창조에 있어서 그것과 반목적일 수 있음을 놓치지 않는다. 그래서 사려 깊은 생태학적 경영자로서의 하느님은 이런 인간을 죄인이라 부르고 있다고 쿠르트 마르티 목사는 이해했다. 인간 노동이 창조를 존속시킴으로써 하느님의 사려 깊은 경영을 돕게 될 때, 인간은 이로써 하느님의 형상을 이룰 수 있다고 보는 것도 마르티 목사의 탁견이다. 하느님의 전권을 생명을 자라게 하고 작고 보잘것없는 것들에게 자유를 부여하는 능력으로 보는 한에서 우리는 마르티 목사를 생명 해방신학자로서 명명할 수 있을 것이다. 하느님 스스로가 그리스도와 성령을 통하여 인간 및 모든 피조물들과 더불어 생명 공간Biotop을 형성하신다는 것 – 이것 자체가 인간에게 유일한 기회이며 희망이라고 역설하는 그에게서 우리는 목회자로서의 정열과 신학자로서의 혜안을 함께 느낄 수 있다.

10. 게르하르트 리드케
– 독일 최초의 환경 목사

늦은 감이 있지만, 생태학Ökologie을 문자적으로 풀이하자면 Oikos(집)라는 단어와 Logos(학문)의 복합어로서 "집에 관한 학문", 즉 "삶의 공간에 대한 학문"을 의미한다. 어떻게 모든 생명들이 삶의 터전으로서의 자연과 관계하면서 살아갈 수 있는가를 탐구하는 학문이 바로 생태학이라는 것이다. 독일 신학은 오래전부터 이 문제와 씨름해 왔고 독일 교회 내에 환경을 전담하는 목사를 두어 자신의 신학적 주제를 구체화시켜 나갔다. 바로 리드케G. Liedke는 독일 최초의 환경 목사로서 신학과 자연과학을 두루 섭렵한 학자이자 환경운동가이다. 그의 책 『고기의 뱃속에서』*Im Bauch des Fisches*는 1979년에 출판된 것으로서 독일 신학계의 환경 지표를 널리 알리는 계기가 되었다. 독일 기독교인들은 기술문명으로 빚어진 현금의 자연 파괴 실상을 고기의 뱃속에 갇혀 있는 절망적인 요나의 모습과 비유하고 있는데, 뱃속의 요나가 회개하였듯이 인간들도 사실적 종말의 위기 속에서 하느님과 자연에 대한 메타노이아, 회심을 요청받고 있다고 말한다. 현실은 절망이지만 그래도 인간의 회심 여하에 따라 희망은 있다고 보는 것이다.

『고기의 뱃속에서』는 생태학적 위기에 대한 요인 분석에 있어서 철저하다. 현대 인간은 주체에 대한 집착을 통하여 자연 속에서 활동하는 인간, 동료, 환경 그리고 우주의 전 관련성을 상실해 버리고 말았다는 것이다. 이것은 신학 속에서도 그 흔적을 드러내고 있는데, 인간 삶을 자연이 아니고 오로지 역사로서만 이해하였고, 하느님의 창조주 됨의 논술을 인간 실존 이해의 틀 속에서만 이해하여 왔다는 지적이다. 다시 말해 오늘날의 생태학적 위기가 데카르트식의 독아론獨我論적 사유에 근간이 된 주객 이원성의 도식하에서, 구속사적·인간 중심적 역사 이해의 빛에서 자연에게 원초적 경험을 허용치 않았던 정통신학 사조로부터 연유된 것임을 강조하고 있다.

그리하여 리드케는 베스터만의 『창세기 주석서』(1972)에 근거하여 성서를 새롭게 이해하는 데에 관심을 갖는다. 그에 의하면 창조란 인간 삶의 근거이며 그것 없이는 모든 것이 존재할 수 없는 것이기에 창조사건이 없다면 구원사건 자체가 가능할 수 없다는 것이다. 따라서 하느님의 유일회적 구원 행위보다 끊임없이 반복적이고 역동적인 축복 행위를 전면에 부각시킨다.[20] 하느님은 자신의 피조물들을 향해 끊임없이 축복을 베푸시며 그 축복 행위에 상응토록 인간을 이끄신다는 것이다. 신神의 창조를 이스라엘의 역사 경험에 앞서 '원사건' Grundgeschehen으로 이해하기에 리드케의 사유 속에서 자연과학과 신학이 자연스럽게 함께 만나는 것도 흥미 있는 부분이다. 주체로부터 독립된 객관적 대상이 존재하지 않는다는 현대 과학의 주장은 자연과 인간세계가 상호규정적인 작용하에 있다는 사실을 환기시키는 성서 세계관과 결코 상치하지 않는다는 것이다.

이런 자연 이해를 토대로 리드케는 환경 목사답게 인간과 자연 간의 역전된 관계를 바로 잡기 위하여 빌립보서의 겸비의 기독론을 말한다. 하느님이 자신의 자리를 버리고 인간의 몸을 입었을 때 구원사건이 일어났듯이, 인간의 자기중심성·인간 우월주의가 해체될 때 전 우주와의 화해, 고통받는 피조물들의 구원이 가능하다는 것이다. 인간과 자연 간의 대립과 갈등을 치유할 수 있는 기독교적 상징으로 성육신 사상을 꼽는 리드케에게서 우리는 환경 목사의 권위와 사명을 인식하게 된다. 한국에도 이런 역할을 하는 환경 전문가, 목사가 많이 배출되기를 기대한다.

11. 제임스A. 내쉬

- 공공정책을 입안하는 실천가

미국 웨슬리 신학대학에서 사회윤리학과 생태윤리학을 강의하고 있는 저자는 교회 정책 및 공공정책에 있어서 생태학적 시각을 반영하고자 노력하는 운동가이다. 『신학과 공공정책』*Theology and Public Policy*이란 학술잡지를 책임 편집하면서 생태학적 정의에 대한 신학적 견해를 시민사회 및 국가정책에 구체적으로 반영시키고 있는 것이다. 주저로는 우리말로 번역된 『기독교 생태윤리』*Loving Nature: Ecological Integrity and Christian Responsibility* 외의 『환경윤리와 기독교 휴머니즘』*Environmental Ethic and Christian Humanism*이란 책이 있다.

생태신학자 내쉬의 공헌은 우선 시민운동가로서의 그의 활동에서 찾을 수 있을 것이다. 많은 학자들이 자신의 이론 속에 허우적거리고 있을 때 그는 기독교적으로 정립된 환경이론을 시민운동 속에서 뿌리내리도록 했기 때문이다. 민중 개념보다도 시민이란 개념이 기독교 운동 내부에서 새롭게 선택되고 있는 국내 정황하에서 환경 목사의 역할을 사회 및 공공 영역에까지 확장시켜 낸 내쉬의 중요성과 의미는 크다고 생각된다.

내쉬는 오늘날의 생태계의 위기 상황을 생물물리학적인 차원만이 아니라 신학적·윤리적 차원의 도전이라고 이해한다. 그가 생태계 문제로 인해 하느님 형상, 성육신 그리고 하느님, 영 등의 신학적 개념을 문제 삼는 것도 이런 이유에서이다.

그러나 그는 기독교만이 생태계 위기의 주범이라고 이해하는 과학사가린 화이트와는 의견을 달리한다. 자연에 대한 지배 개념 및 소비문화는 모든 종교와 문화에 대해서도 윤리적 도전을 하고 있다고 보는 까닭이다. 그러기에 그는 기독교 생태윤리학이 학제 간 연구를 바탕으로 전개될 것과 동시에 인간 및 자연을 문제 삼는 사회윤리학과 긴밀하면서도 동등한 관계 속에 있어야 한다고 주장한다. 이런 과정 속에서 그의 주된 관심은 생태계의 현실에 적합한 윤리적 가치와 규범을 형성하는 데 있으며, 바로 이것이 신학적 이해와 모순되지 않는다고 확신하고 있다. 내쉬가 기독교 생태윤리를 공공정책 속에 반영시키고자 하는 것도 이런 맥락에서이다. 경제학과 생태학의 딜레마, 미래 세대에 대한 책임, 생명체의 다양성 보호 등 인류가 당면한 공공의 문제들을 기독교 생태윤리학이 감당할 수 있어야 한다는 것이다. 내쉬의 다음 주장[21]은 기독교 생태윤리학자로서 공공정책을 입안하려는 실천가의 모습을 당당하게 보여준다.

모든 생물은 존재하기 위하여 자연의 경쟁에 참여할 권리가 있다. 개체 생물은 생태계 균형을 위해 필요와 기회를 가진다: 1) 건강하고 온전한 서식처를 가질 권리, 2) 자신과 같은 종류가 재생산될 권리, 인간에 의해 변형되지 않고 자유롭게 발전될 수 있는 권리, 3) 인간의 잔인한 탐욕으로부터 해방되는 권리, 4) 인간의 행위에 의해 붕괴된 자연이 인간의 해방을 통해 보상받을 수 있는 권리, 5) 종의 생명력 유지에 필요한 자연을 공정하게 분배받을 수 있는 권리.

12. 마크 월러스
– 생태학적 성령론과 하느님의 녹색 얼굴

마크 월러스Mark I. Wallace는 미국 예일 대학 신학부 졸업생을 주축으로 한 소위 신예일 학파 소속의 소장학자로서 생태학적 성령론에 관한 중요한 책 *Fragments of the Spirit*(1996)를 써서 신학계의 주목을 받고 있다. 그는 현대철학에 대한 소양이 많으며, 또한 철학적 언어를 성서적 수사학의 도움으로 관계짓는 능력 역시 탁월하다는 평가를 받고 있다. 필자는 위 책 내용을 중심하여 「생태학적 성령론과 생명신학」이란 논문을 학계에 발표한 바 있다.[22] 필자가 월러스의 생태학적 사유를 이 글의 마지막 내용으로 삼는 데는 몇 가지 이유가 있다. 첫째는, 성령을 하느님의 녹색 얼굴로 이해하여 구원 및 교회 공동체의 생태학적 의미를 가장 잘 보여주었고, 둘째는, 성령을 탈형이상학적 진리론의 맥락에서 그의 수행적 특성—바람이 부는 것은 나뭇가지가 흔들리는 것을 보아 알 수 있다—을 부각시켰고, 셋째로는 성령이 모든 유의 중심주의를 거부하고 차이와 구별을 강조하는, 일명 차이의 축제를 가져왔으며, 마지막으로 생명 수여자로서 성령이 인간과 자연 모두에게 행해지는 폭력과 맞서는 역동성을 본질로 하고 있다고 보기 때문이다.

비록 몰트만과 같은 신학자들로부터 성령이 생명의 영으로서 새롭게 해석되고 있으나, 지금껏 성령은 그리스도 중심주의의 틀 속에서 신학의 주변부로 여겨져 왔다. 이 점에서 윌러스는 영의 정체성을 성서 안에서 적극 통찰함으로써 성령의 신학적 의미, 곧 하느님의 녹색 얼굴로서의 성령을 말하기 시작하였다.

무엇보다 하느님의 영인 성령은 타자(남자/여자, 백인/유색인, 인간/자연 등)를 희생양[23]으로 만드는 문화적 경계를 파괴하며, 인간 외적인 것을 수단으로 대상화시켰던 인간 중심주의를 폐기시키고 있다. 그래서 성령은 피조물에 대한 청지기로서 인간을 이해하기보다는 먼저 자연과 우주의 친구가 될 것을, 그래서 자연 내의 거주자·순례자로서 인간을 자리매김한다고 본다. 인간과 자연 간의 가치서열 체계를 수평적 평등관계로 만드는 녹색 윤리의 근거가 되는 것이 바로 성령이라는 것이다. 윌러스의 생태학적 성령론은 자연을 하느님 몸의 메타포로 이해하는 맥페이그와도 구별된다. 그에 의하면 맥페이그의 범재신론적 모델이 비록 비계층적인 생명 중심적 특성을 가지고 있음에도 여전히 이원론적 잔재를 남겨놓고 있다는 것이다. 즉, 우주는 하느님이 자연에 절대적으로 의존하지 않는 방식하에서 하느님에게 의존된다고 보기에 하느님의 몸인 세계가 상처받더라도 하느님 자신은 여전히 환경적 고통으로부터 상처받지 않을 수 있기 때문이다. 이 점에서 월러스는 생명 중심적 하느님 모델, 즉 하느님의 녹색 얼굴로서의 생태학적 성령론이야말로 하느님과 세계의 운명을 하나로 결합되게 하는 힘이 있다고 말한다. 자연 죽음과 신의 죽음 모두가 하나밖에 없는 지구의 만성적 환경오염으로부터 비롯하는 것임을 숙지시키는 것이다. 월러스의 생태학적 성령론의 특징은 한마디로 인간을 타 피조물로부터 구별시키는 차이를 제거하는 데 있다. 하느님의 녹색 얼굴이 전 자연 내에 영의 파편처럼 빛나고 있다는 것이다. 이러한 논의를 성서적 수사학의 도움으로 철저하게 전개시키는 월러스의 작업에 깊은 공감을 하게 된다.

주

서론_ 기독교인의 재再주체성을 위한 고민

1) 이 글은 2009년 11월 15일 한일 장신대 부설 21세기 기독교 사회문화 아카데미가 주관한 세미나에서 발표된 강연 원고를 수정 보완한 것이다. 당시 이 글은 각주 없이 쓰였고 학생들과의 교감을 위해 딱딱한 학술적 용어를 가급적 피했으나 본고에서는 이 점들을 고려하여 부분적으로 재(再)서술했다.

2) 한국 학술회의가 펴낸 우리나라 최고의 학술잡지인「지식의 지평」(2009년 7월)에 다윈과 칼빈의 사상이 함께 소개되어 있다. 이 책 226-239, 254-265를 보라.

3) 다음 책은 다윈을 이해하는 가장 좋은 책으로 알려져 있다. 에이드리언 데스먼드 외,『다윈 평전』, 김명주 역(서울: 뿌리와 이파리, 2009). 이 책은 무려 1100쪽을 넘기는 대작이다.

4) 지금까지 서구 무신론은 마르크스주의와 프로이드의 무의식 심리학으로 대표되었으나 진화론이 유전학과 결합되면서 과학의 옷을 입은 진화생물학이 소위 과학적 무신론의 이름하에 지금 기독교 체계와 첨예한 대립각을 세우고 있다.

5) R. 도킨스,『만들어진 신』, 이한음 역(서울: 김영사, 2007).

6) 신재식 외,『종교전쟁』(서울: 사이언스북스, 2009) 참조. 이 책은 대단히 좋은 책이나 균형감각을 잃은 감이 없지 않다. 종교 외적인 요인으로 종교를 비판했던 도킨스에 대해 과학 외적인 요인으로 진화생물학을 비판하는 동일한 오류를 반복하고 있는 듯 보이기 때문이다. 신학자, 종교학자로서 진화생물학의 독주에 이의를 제기하는 것은 당연한 일일 것이나 그들의 진정성에 대한 이해를 도외시할 수는 없을 것이다. 특히 목회자들의 생태적 무지를 지적한 E. 윌슨의『생명의 편지』에 대한 평가는 잘되었다고 보기 어렵다.

7) 필자가 대표적으로 꼽고 싶은 책은 다음의 것이다. 마커스 보그,『기독교의 심장』, 김준우 역(서울: 기독교출판사, 2009).

8) 이에 대한 필자의 연구논문을 참조하라. "개신교 신학자가 본 김수환 추기경의 에큐메니칼 신학",『아시아 교회의 리더십 - 고 김수환 추기경을 추모하며』, 서강대학교 신학대학원 국제학술심포지엄, 2009년 9월 17일-18일, 75-98. 본 논문은 김수환 추기경 전집 18권(전집 편찬위원회 편, 2001)을 전부 읽고 쓴 것으로 개신교의 입장에서 추기경을 이해하는 데 길잡이가 될 것이다. 이 논문은「신학사상」147집(2009, 겨울), 37-72에 재수록되어 있다.

9) 교수직 25년 간 필자는 행복하게도 교회에서 설교하는 일을 지속해 왔다. 지금도 겨자씨교회란 이름으로 모이는 30명 안팎의 성도들과 함께 설교 목사로서 활동하고 있다. 교회와 소통하려면 2006namu@gmail.com을 이용할 수 있다.

10) 최근 〈뉴스 앤 조이〉에 교회 건축에 대한 비판적 기사가 실린 적이 있다. 하지만 댓글에는 이에 대한 험악한 비판의 소리가 주를 이루고 있다. 교회 상황을 알지 못하는 무지의 소치라는 비난은 오히려 점잖은 반응이다. 교회를 위한 교회가 아니라 사회를 위한 교회가 되어야 한다는 주장에 비해 교회의 역할을 영혼 구원으로 제한하는 시각이 대세를 이뤘다. 사회의 비판적 시각을 이렇듯 매도하는 열성 신도들을 교회가 그냥 방치해도 좋을지 크게 염려된다. 12월 30일자 〈한겨레신문〉 24면에는 진보적 기독교 시각에서 제기한 문제점이 잘 지적되고 있다.

11) 필자는 지난 성탄절 전야 예배를 개신교와 가톨릭 여성 사제들이 주관하는 용산 참사 현장에서 유가족들과 함께 드렸다. '하늘에는 영광, 땅에는 평화'라는 성탄 메시지가 용산 참사 현장에서 선포되는 것이 마땅하고 가장 적절하다는 생각에서였다. 한국 땅에서 이곳만큼 상징적인 곳이 없지 않은가?

12) 이영미, "성직자는 제사장으로만 머물러야 하는가?", 〈성서의 역설적 쟁점 VI〉, 대화문화 아카데미 2009년 12월 17일 발표논문, 5-16 참조. 본 논문은 제사장이란 개념 속에 예언자적 기능이 함축됨을 예시하고 있다.

13) 여기서 필자는 유교 가족주의 자체를 부정하고 싶은 생각은 없다. 유교 가족주의의 긍정적 면을 모르지 않기 때문이다. 단지 여기서는 그 부정적 모습 또한 현실이기에 상식적 수준에서 언급할 뿐이다. 샤머니즘의 경우도 마찬가지다. 현실 긍정적 종교성을 지닌 샤머니즘 자체가 비난될 이유 역시 전무하다. 하지만 그것이 기복적으로 변질된 역사적 경험들이 있기에 우려할 뿐이다.

14) 이경숙, "성서 유일신 사상에 대한 재고찰", 〈성서의 역설적 쟁점 IV〉, 대화문화아카데미 2009년 9월 4일, 5-14.

15) 필자는 본 이론을 오래전 가톨릭 사회학자 오경환 신부로부터 들었다. 정확한 출처를 밝힐 수는 없으나 그가 강조한 대목이어서 지금껏 뇌리에 박혀 있다.

16) 이찬수, 『한국 그리스도교 비평』(서울: 이화여자대학교 출판부, 2009), 9-10, 175 이하 내용 참조.

17) 마커스 보그, 앞의 책, 285 이하 내용. 여기서 저자는 기독교를 '수행'의 종교라고 결론을 짓고 있다. 이런 맥락에서 이 책은 고민하는 기독교인에게 새 시각을 열어 줄 수 있다. 실제로 지난 성탄절에 자신의 불교적 이력으로 인해 세례를 망설이던 성도가 이 책을 읽고 결심하여 세례를 받았다.

18) 이는 이화여대 교목이셨던 김흥호 선생께서 기독교를 비롯한 여타 종교를 설명할 때에 즐겨 사용하는 핵심 비유이다.

19) 이것은 본래 유대 철학자 레비나스의 핵심 개념이나 기독교적으로는 '-로부터의 자유'가 아닌 '-를 위한 자유'란 말로 이해될 수 있다.

20) 함석헌은 이 땅의 기독교 유입을 '뜻'을 찾는 일과 관계시켜 이해했다. 하지만 '뜻'을 잃고 성직자 종교로 변질된 기독교를 향해 그는 질타했다. 한국 교회가 함석헌을 싫어하는

이유가 여기 있다. 함석헌, 『뜻으로 본 한국역사』, 전집 1권(서울: 한길사, 1986), 289-293.

21) 〈한겨레신문〉 2009년 10월 29일자 신문 참조.

22) 페미니스트 목회자들이 가장 싫어하는 것이 바로 부드러움을 앞세우는 '변형된 가부장주의'이다. 부드러움을 수단삼아 여성을 사로잡고 있다는 지적이다. 가부장주의에 젖어 있는 대다수 대교회가 이런 경향성을 띠고 있는바, 이것은 여성을 수단화하는 잘못된 발상으로서 여성해방을 모호하게 만드는 기쁜 나쁜 것으로 여신학자들은 보고 있다.

23) 여성교회 편, 『배우며 성장하는 여성교회』, 여성교회 창립 20주년기념 설교자료집, 2009. 한국 여성신학회 편, 『다문화와 여성신학』(서울: 기독교서회, 2008). 특히 이은선의 글 "종교 문화적 다원성과 한국 여성신학"(47-78)과 2부에 실린 다문화와 성서해석에 관한 4편의 논문을 주목하라.

24) 이것은 본래 영성 철학자 켄 윌버의 말이다. 이정배, 『켄 윌버와 신학 - 홀아키적 우주론과 기독교의 만남』(서울: 시와 진실, 2008), 26-29.

25) 고린도전서 1장 27절-29절을 다시 읽고 고민해야 한다. 육체를 자랑하지 못하도록 하신 것이지 결코 무식을 변호하신 것이 아니란 말이다. 신학대학교의 입학사정을 하며 교수들이 느끼는 아픔이 너무 크다.

26) 일레인 페이걸스, 『아담, 이브, 뱀 - 기독교 탄생의 비밀』, 류점석 외 역(서울: 아우라, 2009), 5장 내용. 이 책은 여성 종교사학자가 창세기 1장-3장 내용이 초대 교부들과 콘스탄티노플 이후 제국시대 교부들에게 각기 어떻게 달리 해석되었는지를 설득력 있게 밝히고 있다. 초대 교부들은 창세기 본문에서 로마의 풍습과 맞설 수 있는 자유(의지)를 도출했으나 제국시대의 신학자 어거스틴은 반대로 그곳에서 인간의 부자유, 인간의 예속을 읽었다고 보았다. 창조 본문이 원죄론의 출처가 되었다는 사실이다. 이는 당시 제국시대 하에서 인간은 외적(국가적)인 통제를 받아야 할 존재라는 사실과 자연스럽게 연루되었다.

27) 역사적 예수 결과물을 목회적 상황에 진지하게 접목하려는 사람들이 늘고 있는 추세인 것도 사실이다. '예수 믿기'에서 '예수 살기'로의 방향 전환을 기대해 봄직하다. G. 카우프만 같은 학자는 최근 『예수와 창조성』(고양: 한국기독교연구소, 2009)에서 역사적 예수를 자신의 조직신학 체계 속에 적극 받아들여 이해했다. 역사적 예수의 삶을 창조성의 시각에서 해석하고 있으며 그런 예수의 삶이 생역사적(bio-historical) 존재인 인간에게도 일어날 수 있다고 보았다.

28) Anselm Min, *The Solidarity of Others in a divided World-A Postmodern Theology after Postmodernism*(T&T Clark, 2004), 134-155.

29) G. 카우프만은 이런 예수 이해를 '예수 궤적 1'이라 부르며 이원론을 근간으로 한 근대적 기독교의 한 모습이라고 명명했다. 위의 책, 12-13.

30) 김은규, "성경의 정경화는 약인가 독인가?", 〈성서의 역설적 쟁점〉, 2009년 2월 18일, 21-25.

31) Anselm Min, 위의 책, 109-133.

32) 위의 책, 111-115 여기서 저자는 타자의 연대를 'New Kairos'라고 명명한다.

33) 이 점은 본래 多夕 유영모가 강조하는 점이다. 예수에 대한 종래의 해석과 다른 입장을

갖고 있기 때문이다. 다석학회 편, 『다석강의』(서울: 현암사, 2006), 35강 내용 참조.

34) 제레미 리프킨, 『유러피안 드림』, 이원기 역(서울: 민음사, 2009), 21 이하 내용.

35) 앞의 책, 40-49.

36) 앞의 책, 350-352.

37) 당시 봐이젝커가 명예신학 박사 학위를 수락한 연설 내용은 전문 번역되어 다음 책에 소개되어 있다. 이정배, 『토착화와 생명문화』(서울: 종로서적, 1991), 2부 내용 참조.

38) 이하 내용은 다음 책을 요약 정리한 것이다. 알랑 바디유, 『사도바울』(서울: 일조각, 2008), 7장, 8장 10장 내용.

39) 이 말은 본래 이화여대 기독교학과에서 가르쳤던 '탈춤의 신학자' 현영학에게서 나온 것이다.

40) 갈라디아서 5장 1절 이하.

41) 이 말은 『논어』 위정(爲政) 제2편에 나오는 것으로 필자는 도올 김용옥의 해석에 의지하였다. 본래 '君子不器' 는 소위 '스페셜리스트' (전문가)로 전락되어 자기 영역만 알고 자기 이익만 구하여 남과 소통할 수 없는 인간에 대한 비판에서 비롯한 말이다. 공자는 두루 통할 수 있는 '제네럴리스트' 의 삶을 가르쳤던 것이다. 김용옥, 『논어 한글 역주』 1권, (서울: 통나무, 2008), 특히 530 참조.

42) '생각하는 사람' 의 象에는 외형적 근육질이 강조되었고 '반가사유상' 에는 내면적 미가 중요한 것이었다. 「불교평론」 30권(2007년 봄), 109-110 참조.

43) 본 프로그램은 대단한 상징성을 지닌다. 33이란 숫자에 매일 필요는 없을 듯하며 현재로선 7대 종단이 포함되어야 할 것이다.

44) 필자가 알고 있는바 현재 세 곳에서 바자회가 공동으로 열렸다. 기장 성암교회, 화계사 그리고 수유성당이 이미 10년째 해오고 있으며 최근에는 예장 덕수교회와 길상사가 그리고 바로 직전에는 경동교회, 문정동성당 그리고 정통회가 성공적으로 행사를 열어 이웃을 돕고 서로 간 이해 증진을 도모했다. 대화문화아카데미에서는 이들 관계자들을 초대하여 경험담을 들었고 잠정적으로 이들 행사를 '나비' (NAVI) 라고 부르기로 했다. 나비효과처럼 그 영향력이 널리, 멀리 퍼져나가기를 바라는 마음에서이다.

45) 필자는 일산 신도시에서 목회하는 윤원영 목사(감리교)가 이런 목회를 실천하고 있다는 이야기를 들었다. 윤 목사는 자신의 교인들의 학력, 관심사를 분석해 자신의 능력을 발휘할 수 있는 시민단체와 연결짓는 일을 주선하고 그들의 활동을 돕는 일을 목회의 중요한 과제라 여긴다.

46) 이것은 필자가 강력하게 주장하고 있는 사안 중 하나이다. 필자는 이런 일이 성사되기를 간절히 기도하고 있다. 세상을 감동시킬 일 중의 하나라고 믿기 때문이다.

47) 구도완, 『마을에서 세상을 바꾸는 사람들』(서울: 창비, 2009) 참조. 이 책은 물론 기독교적 관점에서 쓰인 것은 아니나 기독교 교회가 벤치마킹할 내용이 무수히 많다. 저자인 구도완 박사는 지금 필자가 설교하는 겨자씨교회의 운영위원장을 맡고 있는데 '마을 살리기' 를 위한 교회 역할을 중시한다.

48) 필자는 개인적으로 이런 유형의 대안적 교회를 강원도 횡성(顯藏 아카데미)에서 모색하고 있다. 이것 역시 1-2년 이래로 가시적 성과를 드러낼 것이라 생각한다. 필자는 일본 나

고야 근처 高山 지역에서 '아브람 집'을 운영하고 있는 성공회 오고 신부로부터 많은 자극과 아이디어를 받았다.

1부_ 기후 붕괴 시대에 직면한 기독교의 고뇌와 성찰

1장_ 우리는 어떻게 '기후 붕괴 원년'의 시대를 살게 되었는가?

1) 1990년 서울서 열린 JPIC 대회를 기억하라. 이 모임을 발의한 C. F. 봐이젝커는 여기서 '사실적 종말'의 위기를 역설했고 그 해결을 위해 시간이 촉박함을 강변했다. JPIC 결과로 1992년 리우 환경회담 등 일련의 기후협약이 이뤄진 것은 인류 역사상 크나큰 사건이 아닐 수 없다. 그러나 미국 등 일부 강대국들의 비협조로 가시적 결과를 얻지 못하고 있다. 봐이젝커의 책 『시간이 촉박하다』, 이정배 역(서울: 대한기독교서회, 1987) 참조.

2) 이 모임은 2009년 12월 7일-18일간 열렸는데 192개국 1만 5천 명의 대표단이 참여했다. 한국의 경우도 정부, 국회 및 시민단체를 포함하여 300명 정도의 대표단을 구성했다. 리우 환경회담 이래로 가장 많은 정치 지도자들이 참여한 모임이었다. 사문화된 교토 의정서를 대신하는 새로운 협약의 자리이기도 했다. 〈한겨레신문〉 2009년 12월 2일자 8-9면 참조. 기후변화협약에 대한 역사를 개괄하려면 다음 책을 참고하라. 이연상, 『쉽게 풀어보는 기후변화협약』(서울: 한울, 2008).

3) 제레미 리프킨, 『유러피안 드림』, 407

4) 제레미 리프킨, 『생명권 정치학』, 이정배 역(서울: 대화출판사, 1996), 137-153. 리프킨은 현대의 위험 상황을 '이카루스의 대홍수'로 명명하고 있다.

5) 마크 라이너스, 『6도의 악몽』, 이한중 옮김(서울: 세종서적, 2008).

6) 앞의 책, 21.

7) 토머스 프리드먼, 『코드 그린 - 뜨겁고 평평하고 붐비는 세계』, 최정민 · 이영민 역(서울: 21세기북스, 2008), 172-176.

8) 이 말은 100만 개 공기 분자 속에 280개 이산화탄소 분자가 있다는 것을 의미한다. 그러니까 4억만 년부터 지난 1750년대까지 대기 중 대략 0.03%의 이산화탄소량이 항상적이었음을 보여준다.

9) 350ppm을 임계점으로 보는 학자들도 있는데 이것은 보편적 견해라 보기 어렵다. 더욱이 일부 학자들은 환경학자들이 오늘의 환경 위기 수치를 과장되게 부풀리고 있다는 주장도 하고 있다. 금번 코펜하겐 모임에서도 이런 주장은 여전히 제기될 수 있다. 기후 붕괴를 주장하더라도 좀 더 보편적 자료에 근거하는 것이 전략적으로도 옳은 것이라 생각한다.

10) 앞의 책, 177-180.

11) E. Kolbert, *Outlook: Extreme, National Geographic*(April 2009): 60-61, 김준우, "기후변화의 위기와 목회의 방향", 「기독교사상」 2009. 11, 46에서 재인용. 마크 라이너스, 위의 책, 153 이하 내용 참조. 한 지역에 가뭄이 든다는 것은 다른 지역에 홍수가 난다는 것과 같은 이야기이다. 한 쪽의 습기를 빼앗아 다른 쪽에 더해 주는 꼴이기 때문이다.

12) 전 지구적 온도 상승이 지난 100년간 0.6도인 것에 비해 한국의 경우 3배에 달하는 1.5도

로 관측되고 있다

13) 성서학자들은 하느님 창조를 무(無)로 되돌린 노아의 홍수사건을 창조신앙의 본질로 본다. 기독교 창조신앙은 시작(태초)에 대한 물음에 답하는 것이 아니라 왜 세상이 존재하는가에 대한 물음을 묻는 것이다. 철학적으로는 '왜 유(有)이고 무(無)가 아닌가?' 하는 것이 해당될 수 있다.

14) 데이비드 C. 린드버그 외, 『신과 자연 - 기독교와 과학 그 만남의 역사』 상권, 이정배 · 박우석 역(서울: 이화여자대학교 출판부, 1998).

15) 대표적인 학자로 프랑시스 베이컨을 들 수 있다. 그는 자연을 '창녀'라는 메타포로 이해한 사람으로 유명하다. 생태여성주의 시각에서 치열하게 비판받는다. 캐롤린 머천트, 『자연의 죽음 - 여성, 생태학 그리고 과학혁명』, 전규찬 외 역(충북: 미토, 2005), 9장 내용 중에서.

16) 제레미 리프킨, 『생명권 정치학』, 157-202.

17) 이하 내용은 리프킨의 『유러피안 드림』 1장 내용의 비판적 정리이다.

18) 이것(Difficult freedom)은 프랑스 유대인 철학자 레비나스의 책 제목이자 핵심 개념이다. '어려운 자유'란 타자의 얼굴을 신의 뒷모습쯤으로 인식하는 유대적 사유의 본질이다. 무한 경쟁, 무한 기회 등의 개념과는 한없이 거리가 있다.

19) 필자는 효율성과 반대되는 신학적 개념으로 노아의 방주를 생각해 본다. 흔히 교회를 구원의 방주로 비유하지만 정작 교회 안에서 효율성의 논리가 지배하는 한 방주는 교회의 비유로 적합지 않다. 왜냐하면 방주란 인간에 의한 필요/불필요의 차원을 넘어선 공간이기 때문이다. 하느님이 향후의 생명 공동체를 위해 일체의 생명체를 필요 유무에 관계없이 암수 한 쌍씩 거주하게 했음을 기억하라. 오늘의 교회가 노아의 방주란 의식을 제대로 가질 수 있다면 그 역할이 달라질 수 있을 것이다.

20) 토머스 프리드먼, 위의 책, 87 이하 내용.

21) '부자병'을 뜻하는 신조어 'Affuenza'는 'affluence'(풍요)와 'influenza'(전염병)의 합성어이다.

22) 지난해 8월 '한국 종교인 평화회의'(KCRP)에서 아랍지역 종교 지도자들과의 대화를 위해 시리아, 요르단, 레바논 등지를 방문한 적이 있었다. 돌아오는 길에 두바이 전역을 잠시 살필 수 있었는데 당시 참여했던 모든 종교인들은 이구동성으로 두바이의 화려함을 부정적으로 평가했다. 종교인들의 혜안이 단연 돋보이는 대목이 아닐 수 없다. 이 점에서 이명박 정부는 4대강 개발을 거부하는 종교인들의 혜안을 겸허히 배워야 할 것이다. 서울시가 새로 조성된 광화문 광장에 인공 스키대를 만들어 자신의 존재 의미를 과시하는 추태 역시 동일한 맥락에서 비판되어야 한다.

23) 〈한겨레신문〉, 2009년 12월 2일(수요일), 9면 참조.

24) 이것은 선진국들에 대한 개도국의 요구이다. 하지만 선진국들의 반응은 아직 이에 미치지 못하는 수준이다. 단지 탄소 배출권을 사고파는 일에 더 주목할 생각인 듯하다. 하지만 개도국 주장내로 선신국 GDP 1% 정도이면 환경 재앙을 당한 빈국들의 문제가 어느 성도 해결될 것이란 견해가 설득력을 얻고 있다.

25) 토머스 베리, 『신생대를 넘어 생태대로』, 김준우 역(서울: 에코조익, 2006), 149. 샐리

맥페이그, 『기후변화와 신학의 재구성』, 김준우 역(고양: 한국기독교연구소, 2008), 참조.

26) 제레미 리프킨, 『유러피안 드림』, 438. 이들은 지금 수소경제체제를 수립하는 일에 매진하고 있다. 2010년까지 전체 에너지의 12%를 재생 에너지로 충당하려는 계획도 성사되었다.

27) 앞의 책, 360. 이하 내용은 본 내용을 요약 정리한 것이다.

28) 이 경우 자연은 '새로운 차원의 가난한 자'(New Poor)가 될 수 있다.

29) 샐리 맥페이그, 위의 책, 37-38.

30) 제레미 리프킨, 위의 책, 471 이하 내용.

31) 이는 '미국의 석유 정치학'과 밀접한 연관을 갖고 있다. 미국 정치가들은 자동차 연비를 획기적으로 올리는 기술을 의도적으로 발전시키지 않았다. 대신 중동의 석유를 대량 유입함으로써 그들 지역에 오일 머니를 과다 공급했고 아랍 국가들은 그것으로 독재정치를 구축할 수 있었다. 석유 값이 오르면 독재가 성하고 내리면 민주주의에 대한 열망이 고조되는 형세가 반복되었다. 오늘날 미국 자동차 산업의 몰락은 자신들의 석유 정치학에 발목 잡힌 결과라 아니할 수 없다. 토머스 프리드먼, 위의 책, 117-164 참조.

32) 제레미 리프킨, 『생명권 정치학』, 463-474 내용.

33) 토머스 프리드먼, 위의 책, 101.

34) 〈한겨레신문〉, 2009년 12월 2일(수요일), 9면. 해빙되는 동토(凍土)에서 얻어지는 자원들과 북극 항로 개척 등 이득되는 부분이 적지 않다는 분석이다.

35) 중국의 경우 2005년 GDP당 배출량 대비 40-45%를 설정했다. 여타 국가들과 다른 기준이기에 특별히 소개한다. 중국이 이렇듯 다른 기준을 설정한 것은 감축 의지의 결여를 뜻한다고 의심받는다.

36) 이를 일컬어 '부도난 환경 예금 계좌'라 한다. 토머스 프리드먼, 위의 책, 249.

37) 구체적 예로 다음과 같은 것을 꼽을 수 있다. "휘발유를 탱크에 넣어 사용하는 것 대신 브레이크를 밟을 때 발생하는 전기를 배터리에 저장했다가 에너지로 사용하는 기술." 앞의 책, 270

38) 프리드먼은 이럴 경우 에너지 수요증가율을 2020년까지 현재와 비교하여 1/2을 줄일 수 있을 것이라 한다. 앞의 책, 277.

39) E. 윌슨, 『생명의 편지』, 권기호 역(서울: 사이언스북스, 2007). 필자는 조만간 편지 형식을 빌려 윌슨에게 신학자로서 답을 할 생각이다. 물론 직접 편지를 하겠다는 것이 아니라 신학자로서 응답하겠다는 뜻이다. 윌슨의 '생명의 편지'를 필자는 여느 신학자들처럼 부정적으로 보지 않기 때문이다. 신재식 외, 『종교전쟁』(서울: 사이언스북스, 2009), 113-139, 참조.

40) Illia Delio, *Christ in Evolution*(Marknoll, New York: Orbis, 2008), 서론 내용.

41) 이는 요한복음 1장 14절의 '육'(싸륵스) 개념을 지혜문서의 맥락에서 읽을 때 가능한 해석이다.

42) 샐리 맥페이그, 위의 책, 2장 내용.

43) 앞의 책, 52 이하.

44) 앞의 책, 54-55.

45) J. 도미닉 크로산, 『예수, 사회적 혁명가의 전기』, 김기철 역(고양: 한국기독교연구소, 2008) 참조.

46) 샐리 맥페이그, 위의 책, 150.

2장_ 생태적 수치심을 지닌 기독교

1) 이 글을 재 서술하는 경인년 새해 아침에도 정부는 삼성 이건희 회장 1인을 특수사면의 형태로 자유케 했다. 천주교정의평화사제단의 집요한 노력으로 죄과가 밝혀져 형을 받고 있었는데도 말이다. 평창 동계 올림픽 개최를 위한 IOC 차원의 로비를 위해서라는 이유로. 그러나 올림픽은 잠시이고 국민들의 법의식의 붕괴는 영원한 상처로 남을 것이다.

2) 토마스 베리, 『신생대를 넘어 생태대로』, 김준우 역(서울: 에코조익, 2006), 150

3) 『한겨레 21』(692호), 2008년 1월 8일, 26-34.

4) 이런 주장은 린 화이트라는 미국의 역사학자가 쓴 "생태학적 위기의 역사적 뿌리들"(The Historical roots of enviromental crisis)이란 논문에서부터 시작되었다.

5) 창세기 1장 26절.

6) 창세기 1장 28절.

7) 데이비드 C. 린드버그 외, 『신과 자연 - 기독교와 과학 그 만남의 역사』, 하권, 이정배 · 박우석 역(서울: 이화여자대학교 출판부, 1999), 494-520.

8) 캐롤린 머천트, 『자연의 죽음』, 전규찬 외 역(충북: 미토, 2005).

9) 자크 엘룰, 『도시의 의미』, 최홍숙 역(서울: 로고스연구원, 1992). 여기서 저자는 우리가 도시에 살고 있다는 것만으로도 카인의 후예라고 강변한다. 도시의 삶 자체가 스스로의 안정을 위해 안달하는 모습을 보이기 때문이다.

10) 창세기 9장 1-7절 참고.

11) 로마서 8장 18-25절 내용.

12) 토머스 프리드먼, 『코드 그린 - 뜨겁고 평평하고 붐비는 세계』, 최정임 외 역(서울: 21세기북스, 2008), 426-454.

13) 여기서 저자는 미국이 달라져야 세계가 달라질 수 있다는 주장을 견지한다. 부정할 수 없는 말이지만 그가 말하는 미국은 여전히 기술적, 자본적 관점에 국한되고 있다. 위의 책, 서론 부분 참조.

3장_ 신토불이의 생태적 영성과 한반도 대운하

1) 본 글은 그간 필자가 썼던 여러 글들을 새롭게 정리한 것인바, 독창성이 있다고 말하긴 어려우나 나름대로 체계를 세워 종합한 글로써 가치가 있다고 생각한다. 다음의 글들을 참고하라. 이정배, "신토불이의 신학적 신앙적 이해", 『새 하늘과 새 땅』, 한국교회환경연구소 편, 2007년 가을, 22-26. 녹색연합 편, 『작은 것이 아름답다』 2008년 3월, 19-34. 여기에는 필자가 황대권 선생과 생태적 영성을 주제로 대담한 내용이 실려 있다. 그리고 필자는 KNCC에 "'한반도 대운하' 계획안에 대한 신학자의 시각"이란 짧은 글을 제출한 바 있는데 그것도 본고에서 부분적으로 활용했다. 이 글은 동일한 내용을 지닌 다른 글과 함께 소책

자로 엮었다.

2) 이에 대한 논의는 다음 책에서 배운 것이다. 와쓰지 데츠우로, 『풍토와 인간』, 박건주 역 (서울: 도서출판 장승, 1993).

3) 더구나 댐을 만들고 운하를 파는 것이 서구에서도 실패작이 많은 상황이다. 특별히 댐 같은 것은 국가 안보 차원에서도 그리 환영할 수 없는 것이라는 판단도 있다.

4) 이정배, 『한국적 생명신학』(서울: 도서출판 감신, 1996), 151-201 참조.

5) 이정배 편저, 『생태학과 신학』(서울: 종로서적, 1992), 31-54.

6) 이은선·이정배, 『현대이후주의와 기독교』(서울: 다산글방, 1993), 235-296. 최창조, 『한국의 풍수사상』(서울: 민음사 1991).

7) 토마스 베리, 『신생대에서 생태대로』, 김준우 역(서울: 에코조익, 2006).

8) O. H. Steck, *Welt und Unwelt*(Stuttgart, 1978), 49-53, 61.

9) 시편 24편 1절을 보라. "땅과 거기 충만한 것과 세계와 그 가운데 사는 자들은 다 여호와의 것이라…."

10) Kurt Marti, "하느님의 생태학", 『생태학과 신학』, 이정배 편, 236-240.

11) C. 붸스터만, 『창조』, 황종렬 역(왜관: 분도출판사, 1992), 191. G. Liedke, *Im Bau des Fishes: Zur Oekologischen Theologie*(Stuttgart, 1979), 85-88.

12) 욥기 38장 이하 내용을 참조하라.

13) 여기서 녹색 은총이란 개념은 본래 J. B. Mcdaniel의 개념이다. 그에 대한 필자의 논문을 보라. "J. B. 맥다니엘의 탈가부장적 과정 생태신학에 대한 켄 윌버식 독해", 『켄 윌버와 신학-홀아키적 우주론과 기독교의 만남』(서울: 시와 진실, 2008), 167-191.

14) C. F. von Weiszaeker, 『시간이 촉박하다』, 이정배 역(서울: 기독교서회, 1987).

15) 지금 러시아 정교회는 공산치하에서 빼앗긴 자신의 영적 전통을 베르자이에프의 사상을 빌려 치유, 복원하고 있다고 한다. 그의 책 중 『노예냐 자유냐』, 『인간의 운명』, 『러시아 지성사』 등이 한국어로 번역 출판되었다.

16) 토마스 베리, 앞의 책, 1장 내용 참조.

17) 이하 내용은 필자가 앞선 책에서 정리한 것을 이 글의 논지에 맞게 재정리한 것이다. 이정배, 『생명의 하느님과 한국적 생명신학』(서울: 도서출판 새길, 2004), 149-162.

18) 이것은 본래 틱낫한 스님이 불교의 正見을 현대말로 해석한 것이다. 유교에서는 이를 '敬' 혹은 '主一無敵'이라고도 부른다. 필자는 이것을 성서의 다음 말로도 이해한다. "주 너희 하느님을 사랑하고 네 이웃을 네 몸처럼 사랑하라", "들의 백합화와 공중 나는 새를 보라".

19) 제레미 리프킨, 『생명권 정치학』, 이정배 역(서울: 대화출판사, 1996), 1장 내용 참고. 리프킨은 중세 교회의 '면죄부 사건'이 이후 돈의 힘을 증대하는 데 큰 역할을 했다고 지적하였다.

20) 필자는 이와 관련하여 일본 나고야 근처 高山에서 아브람 공동체를 운영하는 오고 신부의 삶의 현장을 말하고 싶다. 입교 대학의 교목으로 활동한 그는 퇴직 후 16년 이상의 세월에 걸쳐 오늘의 아브람 공동체를 일구어 냈다. 퇴직 후 그가 한 첫 번째 일이 손의 창조력을 회복하는 것이었다. 소목, 대목 과정은 물론 농사기술까지 습득한 그는 그것으로 자립 공

동체를 설립할 수 있었다. 이 글의 마지막 이 말은 그곳을 처음 찾았던 필자에게 그가 고백처럼 한 것이었다.

4장_ 생태 영성의 빛에서 본 '동물권(動物權)'

1) 당시 토론에 참가했던 학자들은 필자와 서울대 수의학과 우회종 교수 그리고 생명체 학대 방지 포럼 대표인 박창길 선생을 비롯하여 모두 4명이었다. 이때 발표된 글들은 「새길 이야기」(2009, 겨울), 20-77에 수록되어 있고 청중들의 질문과 그에 대한 대답도 정리되어 있다.

2) R. F. Nash, *The Rights of Nature-A History of Environmental Ethics*(The Univ. of Wisconshin Press, 1989), 13-17.

3) '원(原)역사' 란 '太古史' 로도 불리는데, 역사 이전의 역사, 곧 신화의 다른 표현이다. 구약신학자 웨스터만이 특별히 '원(原)역사' 를 강조하여 신학과 과학 간의 대화를 위한 기초로 삼았다.

4) Kurt Marti, 『창조신앙과 생태학』, 이정배 역(서울: 설우사, 1987), 이하 내용은 본문을 기초로 필자가 재서술한 내용이다. 이정배 편, 『생태학과 성서』(서울: 종로서적, 1989), 41 참조.

5) 프리드만, 『뜨겁고 붐비며 평평한 세계』. 여기서 저자는 우리 시대에 필요한 것은 '백만 명의 노아' 와 '백만 척의 방주' 라고 말했다. 자신이 위치한 공간을 필요/불필요를 넘어서는 방주로 만들라는 것이다.

6) 에른스트 케제만 같은 신약학자는 로마서 8장 18-25절에 있는 '피조물의 탄식' 을 창세기 9장의 시각에서 읽어야 함을 천명했다. 이 두 가지 전제가 지켜지지 못한 결과가 바로 피조물을 삶과 죽음의 경계선상으로 몰아가고 있다는 것이다.

7) 여기서 '피' 란 의당 고깃덩어리가 아니라 생명 그 자체를 의미할 것이다.

8) 이정배 편, 위의 책, 42-43 참조. 인간과 자연의 적대감은 인간이 타락한 이후에 생겨난 현상이란 것이 프리드리의 생각이다. 그렇기에 예수에게 있어 동물은 가장 어려운 순간 삶의 동반자였던 것이다.

9) 루퍼트 셸드레이크, 『세상을 바꿀 7가지 실험들』, 박준원 역(서울: 양문, 1995). 이 책에서 저자는 비둘기, 개 그리고 흰개미 등을 예로 들고 있고 인간 정신 및 신체의 신비도 밝혀내고 있다.

10) M. 폭스/R. 셸드레이크, 『창조, 어둠 그리고 영혼에 관한 대화』(Natural Grace), 이정배 역(서울: 동명사, 1999). 3장 내용 참조.

11) 토마스 베리, 『위대한 과업』, 이영숙 역(서울: 대화문화아카데미, 2009), 75-84.

12) M. 폭스/R. 셸드레이크, 위의 책, 235-239 이하 내용 참조. 형태 공명은 자연을 법칙이 아니라 일종의 습관, 내적인 기억을 지닌 습관으로 이해한다. 즉 집단 기억과 같은 것으로서 시공을 통하여 같은 종에게 미치는 영향력을 일컫는다.

13) 위의 책, 125-134.

14) 이 말은 영성 철학자 켄 윌버(Ken Wilber)의 핵심 개념이다. 수직적인 하이어라키와 수평적인 헤테라키를 종합, 통합시킨 개념으로서 양자의 의미를 모두 함축하고 있다. 켄 윌

버, 『모든 것의 역사』, 조효남 역(서울: 대원출판, 2004). 이정배, 『켄 윌버와 신학 - 홀아키적 우주론과 기독교의 만남』(서울: 시와 진실, 2008), 49-56. 이하 내용은 본고 내용을 요약 정리한 것이다.

15) 이 점에서 필자는 불교를 배경으로 하는 다른 발제자인 수의학자 우희종 교수와 논쟁점을 지닐 수밖에 없었다. 약한 인간 중심주의라도 불교 입장에선 불편하게 여겨졌던 까닭이다.

16) 여기서 말하는 Kosmos로서의 우주는 Cosmos와 달리 물질로부터 정신에 이르는 홀아키적 구조를 지닌 우주를 말한다. 단순히 물질적 우주(Cosmos)가 아닌 것이다.

17) 필자는 인간의 무의식이 치유됨이 없이 구원이 없다는 윌버의 말을 동양적(불교적) 시각에서 대단히 의미 깊다고 생각한다. 인간의 뿌리 깊은 훈습(薰習)은 좀처럼 사라지지 않고 무의식 세계 속에서 인간을 괴롭히기 때문에 서구 심리학이 밝혀 놓은 무의식의 세계에 대한 이해가 많아야 한다고 보는 것이다. 본고와 관련해서 필자는 무의식을 인간 자신의 동물성(층위)으로 이해할 수 있다고 생각한다.

18) 지금껏 같이 지내면서 필자는 대략 진진의 얼굴 표정 5-6가지 정도로 그의 상태를 가늠할 수 있게 되었다. 좋을 때, 싫을 때, 슬플 때, 난처할 때, 화가 날 때, 아플 때 각각의 경우에서 진진은 다른 얼굴 표정을 하고 있었다. 이런 발견은 필자에게 대단히 뜻 깊은 사건이 아닐 수 없다.

19) 스페인 '투우'를 가장 잔인한 동물 학대 경기라고 비판했던 슈바이처였기에 잔혹하게 다뤄지던 동물이 인간에게 똑같은 방식으로 되갚을 수 있다는 그의 생각을 진지하게 성찰할 수 있었으면 한다.

2부_ 생태적 회심과 기독교의 재주체화

1장_ 기독교 생태 영성

1) 켄 윌버는 종교와 과학 간의 통합을 시도한 학자로서 홀아키론에 근거하여 기존의 가부장적 하이어라키 세계관은 물론 에코 페미니즘이 주장하는 헤테라키적 세계관도 넘어서려고 한다. 홀아키란 존재하는 일체의 것은 모두 부분/전체의 양면을 지닌다는 이론으로 하이어라키의 '깊이'와 헤테라키의 '넓이' 모두들 강조하는 세계관을 나타낸다. 윌버의 책으로는 조효남이 번역한 『감각과 영혼의 만남』(서울: 범양사, 2000), 『모든 것의 역사』(서울: 대원출판, 2004) 등이 있고 관계된 중요한 책으로 Sex, Ecology & Spirituality(1995) 등이 있다.

2) 이 책은 특별히 한국어로 번역 되어있다. 김준우, 『신생대를 넘어 생태대로』(서울: 에코조익, 2006). 이 책의 원제목은 Befriending the Earth(1991)이다.

3) B. Swimme & T. Berry, The Universe Story(HaperSanfrancisco, 1992).

4) 김준우, 앞의 책, 235.

5) 위의 책, 20.

6) 위의 책, 93-94.

7) 그러나 베리 신부는 과정신학을 따르지 않는다. 왜냐하면 과정신학에는 우주 이야기가 없고 오로지 원리만 있다고 보기 때문이다. 이야기가 없는 우주론은 사람을 추동할 힘(역사성)이 없다는 것이다. 이는 인간이 신화 없이는 살 수 없는 존재임을 환기시킨다. 이것은 화이트헤드에게 있어서는 과정의 진행 방향이 명확치 못하다는 베리의 비판으로 명확해진다. 위의 책, 56-57.

8) 위의 책, 68.

9) 이하 내용 위의 책, 34-37.

10) G. Schroeder, *The Science of God, the Convergence of scientific and biblical wisdom*(New York, 1997), 5. 이 책은 필자가 『신의 과학』(서울: 범양사, 2000)으로 번역 출간했다.

11) 토마스 베리, 앞의 책, 36.

12) 위의 책, 50.

13) 일반적으로 종교(신학)와 과학 간의 대화를 시도할 때 우주의 인간학적 원리를 근간으로 한다. 이것이 하느님을 인격적으로 설명할 수 있는 근거로 제시되고 있다. 그러나 동양의 시각에서 볼 때 이것 역시도 인간 중심주의로 보인다. 이 점에서 신학은 강한 인간 중심주의, 약한 인간 중심주의로 입장을 구별하고 있기는 하지만 문제가 없지 않다. 그러나 베리 신부는 필자가 보기에 하느님의 인격적 초월성을 말하기 위해 이 개념을 차용하지는 않았다. 이 점이 샤르뎅과 다소 구별되는 진보적인 시각이라 여겨진다. 베리 신부는 인간과 자연의 상호 관계성에 더욱 치중한 것이다.

14) 위의 책, 38 이하 내용 참고.

15) 위의 책, 39-40 필자는 본 책의 내용이 번역상 온전치 못하다 보고 책과 다소 다르게 번역하여 소개하였다.

16) 존 힉, 『성육신의 새로운 이해』, 변선환 역(서울: 이화여자대학교 출판부, 1997), 132 이하 내용.

17) O. H Steck, *Welt und Umwelt*(Stuttgart, 1978), 198. 위의 책, 127-129.

18) 윌버에게서는 종교의 공동 토대가 '존재의 대사슬'(The Great Chain of Being)이란 말로 정리된다. 이 역시 우주의 연속성, 친족 관계성을 의미할 수 있다. 나중에 언급하겠지만 윌버의 눈에는 베리 신부의 생태적 사유 속에는 '헤테라키적 깊이'의 차원이 결여된 듯 보일 수 있다.

19) 토마스 베리, 앞의 책, 73-74. 여기서 이 말은 신생대에서 생태대로, 인간 중심주의에서 생명 중심주의로, 초월적 신관에서 내재적 신관으로, 영혼 구속자 예수에서 우주적 그리스도로의 전환을 의미한다.

20) 위의 책, 94-95. 베리 신부는 여기서 '신학의 돌연변이'라는 말도 사용한다.

21) 위의 책, 84-85.

22) 베리 신부는 이를 출애굽 이후 시대의 영성훈련이라 부른다. 이는 일종의 문화적 치유 과정으로, 신생대 시대의 중독 증세를 치료하는 과정이라고 말할 수 있다. 위의 책, 82.

23) 이 점에서 베리 신부는 다른 종교 전통에 있는 우주 이야기를 진지하게 귀담아 들을 것을 주창한다. 위의 책, 146-147.

24) 욥기 38장 이하 내용을 보라. 인간 중심주의 관점이 자리할 여지가 없다.

25) 이 점에서 베리 신부는 원죄보다 원은총을 말하는 매튜 폭스와 깊은 관계성을 맺고 있다. 위의 책, 140-141.

26) 베리 신부에게 이것이 문화적 치유의 핵심이다. 수치심의 은총이라고도 명명한다. 위의 책, 150.

27) 이 점에서 필자는 환경 선교란 말을 하고 싶다.

28) 위의 책, 151 이하 내용.

29) 위의 책, 205.

30) Fritz Buri, *Zur Theologie der Verantwortung, hrsg. von Guenter Hauff*(Bern/Stuttgart, 1971).

31) 토마스 베리, 앞의 책, 154-165.

32) 각주 1번 참조.

33) Mark. I. Wallace, *Fragments of Spirit*(New York: Continuum Press, 1966), 228.

34) 여기서 윌버의 '네 상한론'을 정확히 설명할 지면이 없다. 간략히 말하자면 윌버는 근대 이전에 미분화된 'I', 'We' 그리고 'It'의 세 영역이 근대 이래로 분화되었으나 그것이 분리로 고착화됨으로 재앙이 되었다고 말한다. 이 세 영역은 각기 개인(종교), 공동체(문화) 그리고 자연(인간 뇌 포함)을 지칭한다. 이 세 영역을 다시 재통합하는 것이 인류의 미래적 과제인바, 칸트, 독일 낭만주의, 이상주의 그리고 포스트모더니즘 사조가 이를 시도했으나 실패했다고 보았다. 이 점에서 베리가 말하는 생태대 역시도 'It'의 외적 영역(우하상한)으로 다른 영역을 통합하려는 오류라고 윌버는 말하고 있다. 켄 윌버, 『감각과 영혼의 만남』, 2부, 3부 내용 참조.

35) 켄 윌버, 『모든 것의 역사』, 335.

36) 위의 책, 335-336.

37) 윌버는 이 단계 위로 정묘 영역, 인과 영역 그리고 비이원적 영역 등을 말하고 있다.

38) 이 말은 본래 철학자 한스 요나스의 핵심 단어이다. H. Jonas, *Das Prinzip verantwortung*(Frankfurt am Main, 1983), 392. 이은선 · 이정배, 『현대이후주의와 기독교』(서울: 다산글방, 1993), 111-136 참조.

2장_ 多夕사상과 생태학적 회심

1) 필자는 多夕에게 '동양적' 혹은 '한국적'이란 한정사를 의도적으로 붙이지 않았다. 多夕 사상은 그 자체로 칼 바르트의 신학만큼이나 신학적이라 생각했기 때문이다.

2) 필자는 多夕사상의 본질을 이 말 속에서 찾았고 이를 본고에서 생태학적으로 이해할 것이다. 마지막 장에서 이에 대한 논의를 구체화할 생각이다.

3) 토마스 프리드먼, 『코드 그린 - 뜨겁고 평평하고 붐비는 세계』, 최정임 외 옮김(서울: 21 세기북스, 2008), 50 이하.

4) 이에 관한 대표적 사례로 필자는 다음 두 책을 꼽는다. Illia Delio, *Christ in Evolution* (New york: Merknoll, 2008). S. 맥페이그, 『기후 변화와 신학의 재구성』, 김준우 역(고양: 한국기독교연구소, 2008).

5) 안옥선,『불교윤리의 현대적 이해』(서울: 불교시대사, 2002), 157-158.

6)『불교평론』30(2007년 봄), 만해사상 실천선양회 편, 87-129.

7) 이정배,『없이 계신 하느님, 덜 없는 인간』(서울: 모시는 사람들, 2009), 255-287 참조.

8) 본래 여래장 사상과 불교의 관계에 대한 비판적 논의가 많이 있으나 여기서는 생략하겠다. 松本史郎,『연기와 공 – 여래장 사상은 불교가 아니다』(서울: 운주사, 1994).

9) 유영모 · 김흥호 풀이,『명상록』3권, (서울: 성천문화재단, 1998), 228.

10) 니시다니 케이지,『종교란 무엇인가』, 정병조 역(서울: 대원정사, 1993), 1장 내용 참고.

11) 이 점에서 우실하는 한국 전통문화의 구성 원리를 '삼재론 중심의 음양 오행론'이라 풀었다. 삼재론은 시베리아 샤머니즘 문화의 핵으로서 중국의 농경 문화의 산물인 음양 오행론과도 구별된다. 중국의 영향을 받았으되 그것을 삼재론 중심으로 재편한 것이 한국 문화의 본질이라 했고 한글 속에는 이런 세계관이 잘 반영되어 있다고 보았다. 우실하,『전통문화의 구성원리』(서울: 소나무, 1998), 268 이하 내용. 이정호,『훈민정음의 구조원리, 그 易學적 구조』(서울: 아세아문화사, 1990).

12) 多夕은「天符經」을 '하늘에 꼭 댕길 말씀'이라 하여 전문 81자를 순수 한글로 풀어냈다. 한글로 풀이된 전문은 박영호의『다석사상으로 본 반야심경』(서울: 두레, 2001)의 부록으로 실려 있다.

13) 이정배, 앞의 책, 132-140 참조.

14) 다석학회 편,『다석강의』(서울: 현암사, 2006), 47.

15) 위의 책, 334.

16)『다석강의』, 690 이하.

17) 다석의 다음 말을 기억하라. "몸성히 건강한 육체를 갖고 남을 도와주다 죽는 것이 죽음이다", "욕심이 없는 사람에겐 가난이란 없다". 김흥호,『다석일지 공부』2권(서울: 솔출판사, 2001), 94, 267, 355.

18)『다석강의』, 671.

19) Illia Delio, 앞의 책, 179. 우주적 그리스도론에 의하면 인간 역시도 그리스도를 낳도록 창조된 존재일 수밖에 없다.

20) 유아사 야스오,『몸과 우주(신체의 우주성) – 동양과 서양』, 이정배 · 이한영 역(서울: 지식산업사, 2004), 23-38.

21) 이는 본래 김흥호가 스승인 多夕의 사상을 정리한 말이지만 多夕 역시도 그리 생각했다. 김흥호, "다석 유영모의 동양적 기독교 이해", 다석 선생 탄신 101주기, 서거 10주기 기념 강연(1991. 3. 9), 8.

22)『다석강의』, 539.

23)『다석강의』, 567.

24)『다석일지 공부』1권, 870.

25)『다석강의』, 499.

26)『다석강의』, 446, 622.

27)『다석일지 공부』2권, 656.

28) 유영모,「소식」2,『제소리: 다석 유영모 강의록』(서울: 솔, 2001), 348, 656.

29) 유영모 · 박영호 편, 『다석어록: 죽음에 생명을 절망에 희망을』(서울: 홍익재, 1993), 344.

30) 『다석일지 공부』 2권, 562-563.

31) 이은선, 『유교와 기독교 그리고 페미니즘』(서울: 지식산업사, 2003).

32) 『다석강의』, 458.

33) 『다석강의』, 529.

34) 『다석강의』, 622.

35) 『다석일지 공부』, 2권, 383; 박영호 편, 『동방의 성인 다석 유영모』(서울: 성천문화재단, 1994), 122.

36) 『다석강의』, 740 이하.

3장_ 공생공빈(共生共貧), 21세기를 사는 길

1) 쓰찌다 다까시, 『共生公貧』, 김영원 · 김성순 역(서울: 도서출판 흙과 생기, 2007). 본 저자의 책으로 한국에 널리 알려진 것으로 『지구를 부수지 않고 사는 방법』, 양윤옥 역(서울: 한살림, 1993)이 있다.

2) 역자 중의 한 분인 김영원 장로님은 한국 생명 농업의 대부로 경북 의성에서 농사를 지으며 기독교 환경운동에 뜻을 모으신 분이다. 이 글을 번역하실 무렵 몸이 극도로 허약한 상태라 들었다. 이미 고인이 되셨으나 그때 그분께서 이 책을 번역하신 심정을 헤아리며 이 글을 정리했다.

3) 각 장의 제목을 소개하면 다음과 같다. '자연의 뜻을 따라 삶을 즐기고 싶다'(서장), '21세기에 추구하는 것', '마음으로 맺어지는 먹을거리와 농사를 추구해 온 30년', '자연환경과 마주한 확실한 삶의 방식', '작은 텃밭의 사계(四季)', '자연을 착취하는가? 신뢰하는가?', 그리고 부록 논문으로 '멸망해 가는 공업사회의 앞날'이 그것이다.

4) 여기서 말하는 '자연법이'(自然法爾)는 자연현상이나 사물을 꿰뚫고 있는 당연한 법칙성, 유교적으로는 所以然과 所當然을 아우른 '리'(理)를 일컫는다. 쓰찌다 다까시, 『共生公貧』, 35.

5) 금주주의(金主主義)는 저자가 만든 신조어로서 한문으로 표기될 때 그 의미가 강력하게 전달된다.

6) '良知'란 본래 중국 유학자 왕양명이 백사천난(白死千難)의 노고 끝에 발견한 진리이다. 인간은 신분고하를 막론하고 날 때부터 선한 능력을 갖고 태어났기에 평등하다는 급진적 사상을 담지하고 있다. 저자는 여기서 '양지'를 양심과 연결되는 지(知)란 의미로 사용하고 있다. 앞의 책, 50.

7) 앞의 책, 72-74. 아미쉬 공동체는 문명의 이기를 거부하는 종교적 성향을 띤 단체로서 생태학적 위기 시대에 크게 주목을 받고 있다.

8) 욥기의 첫 두 장을 보면 욥의 신실함을 두고 하느님과 사탄 간의 내기가 벌어진다. 하느님이 보는 인간과 사탄이 보는 인간 이해와의 가치 투쟁인 셈이다. 여기서 사탄은 인간이란 결국 '자신의 생명을 물질로 바꾸는 존재'라고 선언하며 그 틀에서 욥을 이해하고 있다. 저자의 이런 통찰은 욥기의 시각과 맞닿아 있다.

9) 허브란 본래 특별한 어떤 식물이 아니다. 마늘, 쑥, 파 등이 우리나라의 자생적 허브인 것을 아는 사람이 그리 많지 않을 것이다. 사람들이 필요/불필요의 관점에서 이름 붙인 '잡초' 역시 허브의 일 수 있는 것이다.

10) 물론 저자는 '엔트로피'란 말도 선호하지 않는다. 이를 부정해서가 아니라 너무도 당연한 사실을 과학적 용어로 포장하는 것이 싫기 때문이다. 선량한 백성의 자연스런 앎의 과정을 그는 중시했던 것이다.

11) 제레미 리프킨, 『생명권 정치학』, 이정배 역(서울: 대화문화아카데미, 1996), 3부 마지막 부분 참조.

12) 쓰찌다 다까시, 앞의 책, 258. 여기서 저자는 자신이 과학자의 길을 포기한 이유를 상세히 설명한다. 과학을 '罪科의 學'이라 명명하고 있을 정도다.

13) 박병상, 『내일을 거세하는 생명공학』(서울: 책세상, 2002). 여기서 저자는 특별히 '불평등'의 관점에서 생명공학의 도래를 거부하고 있다. 그러나 다까시는 이런 인간 범주를 넘어서는 시각을 중시했다.

14) 제임스 A. 내쉬, 『기독교 생태윤리: 생태계 보전과 기독교의 책임』, 이문균 역(서울: 한국장로교출판사, 1997), 290-299 내용 요약.

15) 이 말에는 기독교적 창조신앙과의 변별력이 전제되어 있다. 신적 섭리로서의 타력을 그리 신뢰하지 않는 듯 보인다. 내용적으로는 현금의 생태신학적 논의와 크게 차이가 없음에도 불구하고.

16) 쓰찌다 다까시, 앞의 책, 36-37.

17) 제레미 리프킨, 『육식의 종말』, 신현승 역(서울: 시공사, 2002).

18) 쓰찌다 다까시, 앞의 책, 215-216. 이 점에서 필자는 '신생대를 넘어 생태대로의 전환'을 꿈꾸며 애니미즘의 중요성을 역설하는 토마스 베리 신부를 생각하게 되었다. 그에게 '원시 감각'은 '유기체를 향한 감정'이란 말로 언표되었다. 토마스 베리, 『신생대를 넘어 생태대로』, 김준우 역(서울: 에코조익, 2006), 158.

19) 앞의 책, 218-220.

20) 필자는 이를 '무위적 인위'(無爲的 人爲)라 부른다.

4장_ 자연 은총의 재발견

1) G. Liedke, *Im Bauch des Fisches: Zur Ökologischen Theologie*(Stuttgart, 1979), 서문 참고.

2) Ronald Cole, Turner, *The New Genesis: Theology and the Genetic Revolution*(Wester Minster: John Knox press, 1993), 51-62.

3) F. 카프라 외 2인, 『신과학과 영성의 시대』, 김재희 역(서울: 범양사, 1997), 10-15 참고. J. 리프킨, 『생명권 정치학』, 이정배 역(서울: 대화출판사, 1996), 379-381.

4) Mark I. Wallace, *Fragments of the Spirits*(New York: continuum press, 1996), 74. 이정배, 『하느님 영은 불고 싶은 대로 분다』(서울: 한들출판사, 1998), 96-132.

5) Mark I. Wallace, 위의 책, 167.

6) 湯淺泰雄, 『身體の 宇宙性』(岩波書店, 1993), 1-12.

7) 그러나 우리 민족은 이에 역행하여 경제 대통령을 선택했다. 그렇기에 4대강을 대운하로 만들겠다는 대통령의 의지는 실상 국민이 자초한 일이다.

8) M. Fox & R. Sheldrake, 『창조, 어둠 그리고 영혼에 관한 대화 – 자연은총』, 이정배 역(서울: 동명사, 2000), 1장 내용 참고.

9) D. Soelle, *Nicht nur Ja und Amen*(Bonn, 1984). 이정배, 『진리에 이르기까지』(서울: 설우사, 1989), 142-144

10) G. 쉬뢰더, 『신의 과학』, 이정배 역(서울: 범양사, 2001), 필자의 해설논문 참고.

11) M. Fox & R. Sheldrake, 위의 책, 59-66면

12) J. B. Mcdaniel, *With Roots and Wings*(New York, 1995). 이정배, 『신학의 생명화, 신학의 형성화』(서울: 기독교서회, 1999), 251-388.

13) G. Liedke, *Im Bauch des Fishes: Zur Ökologischen Theologie*(Stuttgart, 1979), 163.

14) G. Liedke, 위의 책, 179-208.

15) 선순화, 『공명하는 생명신학』(서울: 다산글방, 1999), 61.

16) 이 일은 지금도 여전히 반복되고 있다. 최근 농민들이 배추를 갈아엎고 쌀을 불태운 사건도 발생했다.

17) M. Volf, *ZuKunft der Arbeit der Zukunft, Der Begriff bei K. Marx und seine theologische Wertung*(Kaiser Grunewald Verlag, 1988), 44-45.

18) 「유전자 조작 식품 무엇이 문제인가?」, 유전자조작식품반대 생명운동연합, 2000. 8, 33-34.

19) J. 리프킨, 위의 책, 116-119.

20) 정호완, 『우리말의 상상력』(서울: 정신세계사, 1991), 40-41.

21) 구도완, 『마을에서 세상을 바꾸는 사람들의 이야기』(서울: 창비, 2009), 109-146. 여기서 말하는 '농(農)의 가치'를 숙고해야 할 것이다. '마을 살리기' 운동은 교회가 녹색 선교의 차원에서 배워야 할 내용이다.

22) M. 보그, 『예수 새로보기』, 김기석 역(서울: 한국신학연구소, 1997), 5-6부 내용 참고.

23) 반 퍼슨, 『급변하는 흐름 속의 문화』, 강영안 역(서울: 서광사, 1994). 이에 관한 필자의 논문 "한국적 생명신학의 새로운 메타포 – 절뚝거리는 야곱", 『신학의 생명화, 신학의 영성화』(서울: 기독교서회, 1999), 259-273.

3부_ 생태 영성과 신학의 재구성

1장_ 기후 변화와 신학의 재구성

1) 이 책은 김준우 박사에 의해 기독교연구소에서 2008년 10월 번역 출판되었다. 원 저서가 2008년 3월에 출판(Mineapolis: Fortress press)된 것을 감안할 때 세계적 차원에서도 생태신학에 관한 가장 최근 저서라 하겠다. 이에 대한 필자의 서평이 「기독교사상」 2008년 11월호에 게재되었고 본 원고는 그 서평을 중심으로 논리를 개진하여 재서술된 것임을 밝힌다.

2) 토마스 프리드먼, 『코드 그린 - 뜨겁고 평평하고 붐비는 세계』, 최정임 외 옮김(서울: 21 세기북스, 2008), 50 이하 내용 참고. 여기서 저자는 'post' (後)를 접두사로 하여 우리 시대를 이해하는 제 시도를 비판한다. 직면한 현실은 '-이후' 시대를 살고 있는 것이 아니라 기후 붕괴 원년을 살고 있다고 강조한다. 기후 붕괴 원년은 대략 2000년을 기점으로 한다. 저자는 이를 적극적으로는 에너지 기후 시대의 도래라고도 표현했다.

3) S. 맥페이그, 『은유신학 - 종교언어와 하느님 모델』, 정애성 역(서울: 다산글방, 2001).

4) S. Mcfague, *The Models of God: Theology for an ecological nuclear Age*(London: SCM press, 1987).

5) S. 맥페이그, 『은유신학』, 45. J. 힉, 『성육신의 새로운 이해』, 변선환 역(서울: 이화여자대학교 출판부, 1993), 145 이하.

6) S. Mcfague, *The Body of God: An Ecological Theology*(Minneapolis: Fortress press, 1993).

7) S. 맥페이그, 『기후 변화와 신학의 재구성』, 152 이하 내용 참고.

8) S. 맥페이그, *Life Abundant: Rethinking Theology and Economy for a planet in Peril* (Minneapolis: Fortress press, 2000). 이 책의 한국어 번역본을 참고하라. 『풍성한 삶』, 장윤재 외 옮김(서울: 이화여자대학교 출판부, 2007).

9) 『기후 변화와 신학의 재구성』, 13.

10) 위의 책, 161.

11) 마크 라이더스, 『6도의 공포』, 이한중 옮김(서울: 세종서적, 2007), 21-29.

12) 『코드 그린 - 뜨겁고 평평하고 붐비는 세계』, 180, 201-211.

13) 『기후 변화와 신학의 재구성』, 22. 현재 기후 변화가 이런 상태로 지속된다면 40년 안에 육지의 삼림과 바다의 황폐화가 급속히 진행되어 돌이킬 수 없는 상태가 될 것이다. 현재 바다는 인류가 배출하는 이산화탄소량의 30%에 해당하는 양을 흡수하는데 대기 내에 그 양이 지나치게 증가하면 바다의 산성화가 급속히 진행되어 먹이사슬 구조의 하위단계인 산호와 바다 달팽이 등이 사라지고 먹이사슬 구조의 파괴로 바다 역시 죽음의 공간이 된다는 사실이다. 이미 산호 40% 정도가 사라지고 있는데 그 직접적 이유는 그들을 둘러싼 껍질이 과도한 이산화탄소로 인해 녹아내리기 때문이다. 현재의 추산대로라면 바다의 산성도는 2050년경에는 산업화 이전보다 60% 정도 강해질 것이다. 육지의 대단위 삼림이 사라지는 것도 같은 원리이다. 현재 아마존 삼림의 60%가 사라졌다는 보고서가 있다. 본래 삼림은 대기 중 이산화탄소를 흡수하여 광합성 작용을 통해 산소를 내뿜는 허파의 역할을 한다. 그러나 대기 내 이산화탄소 양이 급작스런 증가로 오히려 흡수한 이산화탄소를 배출하고 있는 것이 오늘의 현실이다. 아마존 삼림의 몰락 원인이 여기에 있다는 것이다. 이런 이유로 2050년까지 이산화탄소 방출량을 2000년 대비 85% 수준으로 감소시키는 것이 인류 생존의 실험이 되고 있다. 지난 4억 년 간 0.03%의 비율로 대기 중에 항존했던 이산화탄소가 2배로 증가하는 경우 인류의 생존은 더 이상 불가능한 것이다. 「한겨레신문」 2008년 11월 20일자 신문 참조. 고철환, "지속가능한 발전과 환경문제", 제3회 전국조직신학자대회(2008. 5. 21) 미간행 논문, 1-8 참조.

14) 위의 책, 17-27.

15) 『코드 그린 - 뜨겁고 평평하고 붐비는 세계』, 172-177. 마크 라이더스, 앞의 책, 128.

16) 『기후변화와 신학의 재구성』, 38. Tim Flannery, *The Weather makers: How we are changing and what it means for Life on earth*(New York: Harpercolins, 2005), 170

17) 위의 책, 49-80. 특히 예상 인구증가율을 보면 2007년 54억 인구가 2050년경 90억에 이를 것이라 한다.

18) 위의 책, 24.

19) 지금 미국을 위시한 인류는 앞선 세대가 남긴 잉여물과 경제적 기반에 기생하여 살고 있음을 명심해야 한다.

20) 지금껏 미국은 국내 중동 원유를 확보하여 값싼 가솔린을 자국에 공급해 왔다. 그 결과 막대한 석유 기금이 중동으로 흘러가 독재정권을 유지시키는 힘이 되었고 미국 스스로는 연비효율이 높은 자동차 산업을 발전시킬 수 없었다. 석유를 많이 사용하는 것을 정책화했기 때문이다. 미국의 석유 수입 대금 일부가 9.11사태의 자금원이 되었다는 보고는 참으로 아이러니하다.

21) 위의 책, 34-35.

22) 이런 저자의 판단에 다소 의문점이 생긴다. 왜냐하면 한국과 같은 경제 구조상 이산화탄소 배출량 1%를 줄이려면 GNP 2% 감소를 예상해야 한다는 분석도 있기 때문이다. 필자는 현재 인류가 당면한 경제 위기가 환경을 위해서는 기회라고 생각한다. 자연스럽게 에너지 사용량이 줄어들기 때문이다. 단 절대 빈곤층을 위한 배려를 열심히 한다는 전제하에서. 그렇기에 필자는 한국 정부의 부동산 감세정책에 찬성하지 못한다.

23) 생명권에 대한 이해를 위해서는 제레미 리프킨, 『생명권 정치학』, 이정배 역(서울: 대화문화아카데미, 1996), 379 이하 내용 참조.

24) 『기후 변화와 신학의 재구성』, 42-43.

25) 위의 책, 59. 맥페이그는 사사화된 종교를 공적 탐욕의 관점에서 이해한다. 본래 종교는 사사화될 수 있는 것이 아니라는 지적이다.

26) 위의 책, 55. S. 맥페이그, 『풍성한 삶』, 5장 내용 참조.

27) 우주론적 차원은 심리적, 정치적 차원을 포함하며 넘어서는 입장이다. 맥페이그가 이런 시각을 배운 책으로 언급한 것은 다음과 같다. G. Hendry, *Theology of Nature*(Philadelphia: Fortresspress, 1980).

28) 위의 책, 56.

29) Illia Delio, *Christ in Evolution*(New York: Orbis books, 2008), 1장 내용.

30) 실제로 세계 경제를 주도했던 두 인물, 케인즈와 하이에크를 비교 분석하는 한 글에는 다음의 관점이 제시되었다. 오늘의 경제 위기란 기독교의 사사화된 구원관, 개인의 자유를 강조한 서구 철학 그리고 인간 이익의 무한 추동을 부추긴 경제, 이 셋의 합작품이란 것이다.

31) 『기후 변화와 신학의 재구성』, 63.

32) 여기서 짚고 넘어가야 할 사안은 "인간은 생존을 위해 생명의 그물망이 필요하나 그들은 인간을 필요로 하지 않는다"는 사실이다. 생명의 다양성이 유지될 때 비로소 생명 유지 능력이 생겨날 수 있는 것이다. 『코드 그린 - 뜨겁고 평평하고 붐비는 세계』, 221.

33) 『기후 변화와 신학의 재구성』, 52.

34) 위의 책, 78-81.

35) 여기서 저자는 숲의 비유를 이전의 '끓는 가마솥(도가니)'이나 '꼴라주'의 비유와 대비시킨다. 끓는 가마솥은 개체를 훼손하고 꼴라주는 전체를 희미하게 만든다는 것이다. 반면 숲은 전체와 개체를 함께 유지시킬 수 있다고 보았다. 위의 책, 80-82.

36) 위의 책, 82-83.

37) 위의 책, 93-96. D. Griffin(ed), *Spirituality and Society*(New York: State Univ, press of NY, 1988) 참조.

38) 위의 책, 98.

39) 흔히 구성신학의 창시자로 하버드 대학교 신학부 조직신학 교수였던 G. 카우프만 교수가 거론된다. 그에게 신학은 사실 적합한 학문이기 위한 픽션(fiction)으로 이해되었다. 하느님이 창조한 세계 전체가 신학의 영역이었고 그래서 기독론보다 신론의 재구성에 더 관심을 갖고 있다. 맥페이그는 이런 카우프만의 신학 방법론을 계승했다. 카우프만의 신학 방법론을 소개한 책으로는 다음을 보라. 『신학방법론』, 감신대 기독교통합학문연구소 역 (서울: 한들출판사, 1998), 62-101.

40) O. H. 스텍, 『세계와 환경』, 안명옥 역(천안: 한국신학연구소, 1998).

41) 이미 앞선 책에서도 세계를 '하느님 몸'으로 보는 관점이 제시되었으나 『기후 변화와 신학의 재구성』, 102-111에서 특히 이신론, 실존신학(대화적 모델), 군주 모델 그리고 하느님을 행위하는 인격으로 제한하는 정치신학 등과 분명한 거리를 두고 있다. 이들에게서는 하느님과 세계 그리고 우리 인간을 운명 공동체로서 함께 엮는 관점이 부족하다고 보았던 것이다.

42) 본래 창조론과 성육신을 같이 보는 관점은 기독교 초기부터 있었다. 초기의 오리게네스가 그랬고 중세 신학자 보나벤투라도 그러하다. Illia Delio, 앞의 책, 서문(1-14) 내용 참조. S. Augustine, *Confession 1.2*, trans. F. J. Sheed (Indianapolis: Hackert, 1993), 3-4. 『기후 변화와 신학의 재구성』, 111-112에 실린 어거스틴의 글 전문을 소개한다. "당신이 없이는 아무것도 존재할 수 없기에, 당신은 어떤 방식으로든 만물 안에 계심이 틀림없습니다. (그러므로 제 안에도 계십니다). 만일 당신께서 이미 제 안에 계시다면, 그렇지 않다면 제가 존재할 수 없을 것이기 때문에, 왜 제가 당신께 부르짖어 제 안에 들어오기를 간구합니까? … 당신께서 제 안에 계시지 않는다면, 혹은 '만물이 당신에 의해서 그리고 당신 안에 있는' 당신 안에 제가 있지 않다면, 저는 아무것도 아니며, 전혀 아무것도 아닙니다. 그렇습니다. 주님, 그렇습니다. 제가 당신 안에 있는데, 제가 어디에 대고 당신께 오시라고 부르리이까? 하느님께서 저에게 오시도록 하기 위해 제가 하늘과 땅의 경계선을 넘어 어디로 가겠습니까? 하느님께서는 '내가 하늘과 땅을 채우고 있다'고 말씀하셨는데 말입니다."

43) 위의 책, 113.

44) 여기서 저자는 자신의 생태적 신론의 본질이 하느님 능력에 있지 않고 인간의 실천에 있음을 천명했다. 창조론 또는 창조신앙(청지기성) 역시도 교리가 아니라 실천에 무게 중심이 있다는 해방신학적 관점을 견지했다. 위의 책, 113-114.

45) C. 베스터만, 『창조』, 황종렬 역(왜관: 분도출판사, 1993).

46) 『기후 변화와 신학의 재구성』, 117-123.

47) 위의 책, 110.

48) 토마스 베리, 『신생대를 넘어 생태대로』, 김준우 역(서울: 에코조익, 2006), 19. 4장 내용 참고.

49) 『기후 변화와 신학의 재구성』, 134.

50) 위의 책, 156.

51) 제레미 리프킨, 앞의 책, 72-86 참조.

52) 장윤재, "신자유주의의 종언", 기독자 교수회의 발표논문(2009년 2월 21일, 전주 한옥마을), 1-7.

53) 『기후 변화와 신학의 재구성』, 142-143.

54) 위의 책, 146.

55) 위의 책, 140.

56) 위의 책, 149.

57) 위의 책, 150.

58) 위의 책, 152.

59) 위의 책, 154.

60) 위의 책, 155-156.

61) 위의 책, 167.

62) 위의 책, 167-168.

63) 위의 책, 164-165.

64) John D. Caputo, *More Radical Hermeneutic: On Not Knowing Who We are* (Bloomington:Indiana Univ. press, 2000), 7. 위의 책, 173에서 재인용.

65) 위의 책, 169-170.

66) 위의 책, 172-174.

67) 필자는 이 점에 착안하여 가톨릭적 생태신학과의 변별력을 강조하고 그를 통합할 수 있는 생태신학적 모델을 '없음'을 신적 지평으로 삼은 多夕 유영모에게서 모색했다. 이정배, 『없이 계신 하느님, 덜 없는 인간 - 다석 신학의 얼과 틀 그리고 쓰임』(서울: 도서출판 모시는 사람들, 2009), 2부 7장 논문 참조.

68) 이는 본래 유대인 철학자 레비나스의 '흔적' 개념으로서 타자성의 철학을 근거짓는 원리가 되었다.

69) 위의 책, 174.

70) 위의 책, 175 이하 내용.

71) 위의 책, 176.

72) 위의 책, 178.

73) S. Weil, *Waiting for God*, trans. E. Craufurd(London: Routeledge, 1951), 161. 위의 책, 178에서 재인용.

74) 위의 책, 182.

75) 위의 책, 186.

76) 위의 책, 193-195.

77) 위의 책, 195.

78) 위의 책, 198.

79) 위의 책, 196.

80) 뿐만 아니다 인간에게 주어진 자연적 능력, 예컨대 청각 같은 것도 같은 비율로 사라졌다고 J. 리프킨은 보았다. 리프킨, 앞의 책, 4부 내용 참조.

81) 『기후 변화와 신학의 재구성』, 207-208.

82) 위의 책, 218-224.

83) 우리는 매해 11월 추수감사절 예배를 드린다. 감사의 순우리말은 '고맙다' 이고 고맙다는 '이제 충분하니 고만 하세요' 라는 뜻이라 한다. 이것이 감사고 예배인 것을 명심할 일이다.

84) 위의 책, 227.

85) 위의 책, 230.

86) 위의 책, 240.

87) 위의 책, 231.

88) 위의 책, 244-245. M. 보그/J.D. 크로산, 『예수의 마지막 일주일』, 오희천 역(서울: 중심, 2008), 48-49, 145.

89) 위의 책, 247.

90) 위의 책, 241-242.

91) 위의 책, 262.

92) 위의 책, 258.

93) 위의 책, 259.

94) 위의 책, 261.

95) 위의 책, 262.

96) 위의 책, 264-265.

97) 위의 책, 267.

98) 위의 책, 270.

99) 위의 책, 273.

100) 이것은 M. Wallace의 The Fragments of spirits(New York: Continnum press, 1996)에 나타난 맥페이그에 대한 비판이다. 맥페이그가 강조한 내재성을 좀 더 철저화시키자는 것이다. 단순히 자연을 '은유' 가 아니라 '영의 단편' 이란 실재로 이해하자는 주장이다. 위 책에 대한 필자의 긴 논문을 참조하면 도움이 될 것이다. 이정배, "생태학적 성령론과 생명신학", 『하느님 영은 불고 싶은 대로 분다 - 성령의 시대, 생명의 신학』(서울: 한들출판사, 1998), 96-132. 특히 116 이하 내용이 중요하다.

101) M. Wallace, 위의 책, 141.

102) Illia Delio, 앞의 책, 156 이하 내용.

103) 켄 윌버, 『모든 것의 역사』, 조효남 역(서울: 대원출판사, 2004), 49-80. 이정배, 『켄 윌

버와 신학 - 홀아키적 우주론과 기독교의 만남』(서울: 시와 진실, 2008), 205-211.

104) 예컨대 제레미 리프킨의 저서 『쇠고기를 넘어서』와 같은 문제의식이 나타나지 않고 있다. 대단히 아쉬운 대목이다.

105) 이 점 역시 저자의 중심개념에서 빗겨나 있다. 신자유주의 경제체제에 대한 논거가 부족한 것 또한 안타까운 부분이다. 그녀가 말하는 성육신의 영성은 항차 자연을 넘어 '物' (경제)의 차원에서 전개되어야 한다.

106) 토마스 프리드먼, 앞의 책, 3부에 실린 '코드 그린 실천전략'을 참고하라. 그는 생태계 문제 해결을 과거로의 회귀에서 찾지 않았다. 하지만 저자에게 아쉬운 바는 생태적 기술에는 관심이 많았으나 윤리적 소비에 대한 의식이 부족했다는 점이다. 미국적 사유의 한계라고 생각되며 이 점에서 여성신학자인 맥페이그의 생각이 다시금 정당하다는 생각도 할 수 있다. 하지만 신학이 현실적 대답을 구체화할 수 없는 것에 비하면 프리드먼의 구체적 제안은 수용할 만하다. 존 라이언, 『지구를 살리는 7가지 불가사의한 물건들』, 이상훈 역(홍성: 그물코, 2002). 이 책에서 저자는 대표적으로 자전거를 가장 좋은 생태적 선물로 인정하고 있다.

2장_ 해석학의 주제로서 '자연과 성서'

1) Robert S. Corrington, *The Community of Interpreters: on the Hermeneutics of Nature and the Bible in the American Philosophical Tradition*(Mercer Univ. Press, 1987, 1995).

2) 위의 책, 1995년 재판에 붙인 저자의 서문(xv-xix)에 이런 문제의식이 잘 드러나 있다.

3) 이하 내용 위의 책, 1-3을 보라. 퍼어스는 하버드 대학 졸업 후 제도권 밖에서 활동했으며 로이스는 존 홉킨스 대학과 독일 등지에서 수학한 후 대학 내 미국 철학을 발전시키는 일에 주력했다.

4) 위의 책, 2.

5) 위의 책, 3-4.

6) 위의 책, 5-6.

7) 위의 책, 6. 9.

8) 위의 책, 6-7.

9) 위의 책, 7.

10) J. Royce, *The Problem of Christianity*, ed. John E. Smith(Chicago: Univ. of Chicago Press, 1968).

11) 위의 책, 232-33. R: 코링턴. 앞의 책, 17.

12) 위의 책, 381.

13) R. 코링턴, 위의 책, 23.

14) J. Royce, 앞의 책, 337. R. 코링턴, 위의 책, 24.

15) J. Royce, 위의 책, 248. R. 코링턴, 위의 책, 16.

16) R. 코링턴, 위의 책, 19.

17) R. 코링턴, 위의 책, XViii.

18) J. Royce, 앞의 책, 356. R.코링턴, 위의 책 26.

19) J. Royce, 위의 책, 387. R 코링턴, 위의 책, 26-27

20) J. Royce, 위의 책, 403-404. R. 코링턴, 위의 책, 27.

21) 지평 해석학이란 개념은 본 장 후반부에서 중점적으로 다룰 사안이다. R. 코링턴, 위의 책, 47 이하 내용 참조.

22) R. 코링턴, 위의 책, 31-32.

23) H. G. Gadamer, *Truth and Method*(New York: Seabury Press, 1975), 217.

24) 버츨러는 퍼어스와 로이스의 영향하에 있던 학자로서 가다머가 말한 '조망'(Perspective)이란 개념을 적극 활용하여 공동체 개념과 연관시켰는데 공동체를 '조망'들의 소통과 공유의 자리로 이해했다. 코링턴은 본 책에서 버츨러의 다음 책을 많이 인용하고 있다. J. Buchler, *Toward a General Theory of Human Judgement*, 2rd. ed. (New York: Dover Publication, 1979).

25) R. 코링턴, 앞의 책, 32-33.

26) 위의 책, 33-34.

27) 위의 책, 34.

28) 위의 책, 35-36.

29) 위의 책, 35.

30) 위의 책, 81.

31) 위의 책, 48.

32) 이것은 본 책 6장(85-99)의 중심 내용이 될 것이다.

33) 이하 내용은 위의 책 51-53을 요약 정리한 것이다.

34) 위의 책, 53.

35) 이하 내용은 저자 코링턴 교수가 기호학을 성서 해석학의 전거로 삼은 퍼어스의 견해를 근거로 기호학의 본질과 삶과 관계하는 6가지 측면을 말한 부분이다. 위의 책, 53-59의 내용을 정리했다.

36) 저자는 이것을 획일성과 구별되는 기호 전달의 민주화라고 부른다. 위의 책, 57.

37) 위의 책, 58.

38) 위의 책, 57-58.

39) 위의 책, 58.

40) 위의 책, 59.

41) 저자도 이를 칸티안(Kantian)적 목적의 왕국이라 부르고 있다. 위의 책, 58-59.

42) 토마스 쿤, 『과학혁명의 구조』.

43) R. 코링턴, 앞의 책, 59-60.

44) 위의 책, 61. 칼 야스퍼스, 『계시에 직면한 철학적 신앙』, 신옥희 · 변선환 역(왜관: 분도 출판사, 1993).

45) 위의 책, 62.

46) 야스퍼스에게 있어 포괄자란 스스로는 주객도식을 벗어나 있으면서도 삶의 제 양태를 드러내는 삶의 바탕이라 할 수 있다. 그렇기에 특정 지평에 한정되는 것과는 거리가 있다.

47) 위의 책, 65.

48) 위의 책, 65-66.

49) 위의 책, 66-67.

50) 위의 책, 69-70.

51) 위의 책, 69.

52) 위의 책, 70.

53) 위의 책, 같은 면.

54) J. 로이스, 앞의 책, 41. R. 코링턴, 위의 책, 70-71

55) J. 로이스, 위의 책, 66. R. 코링턴, 위의 책, 71.

56) R. 코링턴 위의 책, 72.

57) J. 로이스, 앞의 책, 69. R. 코링턴, 위의책, 같은 면.

58) R. 코링턴, 위의 책, 74-75.

59) J. 로이스, 앞의 책, 84. R. 코링턴, 75.

60) R. 코링턴, 위의 책, 76.

61) 위의 책, 77.

62) 위의 책, 77-78.

63) 코링턴은 *The Problem of Christianity*(기독교의 문제)를 썼던 로이스에게 있어 은총론이
기독교 이해의 핵심이었음을 천명해 주었다. 위의 책, 78. 참조.

64) 위의 책, 78.

65) 위의 책, 같은 면.

66) J. 로이스, 앞의 책, 134-135. 여기서 로이스는 기독교 공동체의 보편화 과정이야말로 이
웃 종교와 구별되는 기독교의 특이한 점이였다고 말했다. 아마도 서세동점의 시기였던 19
세기 말 20세기 초엽의 사고방식이 아닐까 여겨진다. "…가시적 공동체의 이상, 보편적이
어야 할 그의 이상, 즉 교회라 불렀던 이상을 파악하고 사랑하고 섬기던 성장의 초기 단계
들에서 가졌던 구체성과 강도가 기독교를(다른 종교들과) 구별시켜 왔다…."

67) R. 코링턴, 위의 책, 82-83.

68) 의의 책, 85-100 내용 참조.

69) 위의 책, 85.

70) Ralph Waldo Emerson, *Nature, Addresses and Lecture*(Boston : Houghton, 1883). 이
책에 대한 내용은 위의 책, 88에서 재인용한 것임. 에머슨의 자연 신비주의에 관해서는
다음 책을 참고하라. Arther Versluis, *American Transcendentalism and Asian Religion*
(New York : Oxford Univ. press, 1993), 51 이하 내용.

71) E. 코링턴, 앞의 책, 86-87.

72) 위의 책, 86. 여기서 차이 속의 조화란 말은 'an harmony(identity) within difference'로
표현된다.

73) 위의 책, 87 이하 내용.

74) 위의 책, 87.

75) 위의 책, 88.

76) 위의 책, 같은 면.

77) 위의 책, 89.

78) 위의 책, 같은 면.

79) 위의 책, 90.

80) 위의 책, 91.

81) 위의 책, 92.

82) Ralph Waldo Emerson, 앞의 책, 31. 위의 책, 92-93.

83) 위의 책, 93.

84) 위의 책, 93-94.

85) 위의 책, 94.

86) 위의 책, 같은 면.

87) 위의 책, 95.

88) 위의 책, 같은 면.

89) Ralph Waldo Emerson, 67-68. 위의 책, 95-96.

90) R. 코링턴, 96.

91) 위의 책, 같은 면.

92) 위의 책, 97.

93) 위의 책, 같은 면.

94) 위의 책, 98.

95) 위의 책, 98-99.

96) 위의 책, 99.

97) Ernst Bloch, *The Principle of Hope*, trans. Neville Plaice, Stephan Plaice & Paul Knight(Cambridge: MIT press, 1986). 75. 위의 책, 103을 보라.

98) 위의 책, 104.

99) 위의 책, 같은 면.

100) 위의 책, 105.

101) 이 점에서 판넨베르크의 입장도 이와 유사하다. 바르트의 계시 실증주의를 부활(미래) 신앙의 빛에서 후일로 미뤄 놓았던 판넨베르크 신학을 생각하면 좋을 법하다. 이에 대한 필자의 글 참조. "보편사 얼개에서 본 기독교 자연신학, 『기독교 자연신학』(서울: 기독교서회, 2004) 참조.

102) 물론 이 본문은 지난 JPIC 발의 時에도 읽혀졌다. 역사 속에서 그래왔듯 하나로 인도하는 '영'은 지금도 좋게, 나쁘게도 쓰일 수 있는 법이다. C. F. 폰 봐이젝커, 『시간이 촉박하다』, 이정배 역(서울: 기독교서회, 1987).

103) 역사적 예수에 관한 좋은 책들이 많이 번역되었다. 그 책들의 진정성을 깊게 파악하는 것이 오늘의 상황에서 기독교의 희망을 말할 수 있지 않을까 생각해 본다. 로버트 펑크, 『예수에게 솔직히』(고양: 한국기독교연구소, 1999), 존 도미니크 크로산, 『예수는 누구인가』(고양: 한국기독교연구소, 1998), 마커스 보그/톰 라이트, 『예수의 의미』(고양: 한국기독교연구소, 2001) 등 참고.

3장_ 하느님 살림살이를 돕는 현대 생태신학자들

1) C. Westermann, *Erträge der Forschung: Genesis 1-11*(Darmstadt, 1972).

2) Mark I. Wallace, *Fragments of the Spirits*(New York: Continuum Press, 1996).

3) S. Mcfague, *Life Abundant, Rethinking Theology and Economy for a Planet in Peril* (Mineapolis: Fortress Press, 2001).

4) 이 책은 『기후 변화와 신학의 재구성』으로 김준우에 의해 번역되었다.

5) 이 점에서 맥페이그는 과학과 종교(신학) 간의 대화를 공명론(Assonance)의 입장에서 수정하고 있다.

6) R. 류터, 『가이아와 하느님』, 전현식 역(서울: 이화여자대학교출판부, 2000). 가이아에 관계된 논문으로 이정배, 『토착화와 생명문화』(서울: 종로서적, 1993), 241-50 참조.

7) J. 리프킨, 『생명권 정치학』, 이정배 역(서울: 대화출판사, 1996).

8) 이정배 편, 『생태학과 신학』(서울: 종로서적, 1993), 44-50.

9) M. Fox & R. Sheldrake, 『창조, 어둠 그리고 영혼과의 대화 - 종교와 과학 안에서』, 이정배 역(서울: 동명사, 2000).

10) 참고: 숀 맥도나휴, 『땅의 신학 - 새로운 신학에로의 부름』, 황종렬 옮김(왜관: 분도출판사, 1993), 239 이하.

11) M. Fox & R. Sheldrake, 위의 책, 1장 내용.

12) 맥다니엘의 생태학적 해석학에 관해서는 이정배, 『신학의 생명화, 신학의 영성화』(서울: 기독교서회, 1999), 251-8을 참고.

13) 링크 교수에 대한 신학적 입장은 다음을 참고하라: 이정배 편, 『생태학과 신학』, 13-29; 동저자, 『종교와 과학: 대화에 근거한 기독교 자연신학』(서울: 기독교서회, 2005), 23-47.

14) O. H. Steck, *Welt und Umwelt*(Stuttgart, 1978), 5, 195, 198.

15) 몰트만의 성령론에 대한 비판적 논문으로는 이정배, 「한국적 생명신학」(서울: 도서출판 감신, 1996), 332-88.

16) J. 몰트만, 『생명의 샘 - 성령과 생명신학』(서울: 대한기독교서회, 2000), 97-119.

17) J. Cobb, "The Role of Theology of Nature in Church", *Liberating Life: Contemporary Approaches to Ecological Theology*, S. Mcfague(ed), (New York, 1999), 216-76.

18) D. Griffin (ed.), *The Reenchantment of Science: Postmodern Proposal*(Albany: State Univ. of New York, 1998), 22-30.

19) 쿠르트 마르티 목사의 『창조신앙 - 하느님의 생태학』은 아래의 책에 수록되어 있다. 이정배 편, 『생태학과 신학』, 207-45.

20) C. Westermann, *Der Segen in der Bible und in Handeln der Kirche*(München, 1968); G. Liedke, Im Bauch des Fisches: Zum ökologischen Theologie, 85-8.

21) 제임스 A. 내쉬, 『기독교 생태윤리』, 이문균 역(서울: 장로교출판사, 1997), 290-9.

22) 이정배, 「생태학적 성령론과 생명신학」, 『신학사상 100호 기념논문』, 1998.

23) 본 개념은 프랑스 사회학자 르네 지라르의 용어이다: 르네 지라르, 『폭력과 성스러움』, 김진식 · 백무호 역(서울: 민음사, 1983).